W0031562

Malcolm Bosse

Der Elefantenreiter

Malcolm Bosse

DER ELEFANTENREITER

Aus dem Amerikanischen von
Ulli und Herbert Günther

Carl Hanser Verlag

Die Originalausgabe erschien 1995 unter dem Titel
Tusk and Stone
beim Verlag Front Street in Arden, North Carolina, USA.

Die Schreibweise in diesem Buch folgt
den Regeln der neuen Rechtschreibung.

1 2 3 4 5 02 01 00 99 98

ISBN 3-446-19261-1

Umschlag: Peter Andreas Hassiepen, München
Karte: Achim Norweg, München
Satz: Satz für Satz. Barbara Reischmann, Leutkirch
Druck und Bindung: Franz Spiegel Buch GmbH, Ulm
Printed in Germany

für Mark

Die Erde bebte, als wolle sie ihn abschütteln;
alle Bäume und Tiere auf der Welt zitterten,
und Angst wühlte das Meer auf.
Es gab ein hartes, knirschendes Geräusch –
Arjuna hatte den Bogen Gandiva gespannt
und stand auf der Erde.

MAHABHARATA

Vorbemerkung

Indiens Gesellschaftssystem, das seit drei Jahrtausenden besteht, kann für Bewohner westlicher Länder sehr verwirrend sein. Vier soziale Klassen oder ›varnas‹ beherrschten das alte Indien: die Brahmanen (Priester und Gelehrte), die Kshatriyas (Krieger) und die Vaishyas (Händler und Bauern); sie alle wurden durch Rituale wiedergeboren, was sie berechtigte, das Heilige Band zu tragen. Die Shudras (Kleinbauern), die nicht zweimal geboren wurden, bildeten die vierte und niedrigste varna. Es gab außerdem eine fünfte Gruppe, die Panchamas, die als die ›Unberührbaren‹ bezeichnet wurden, weil sie außerhalb der orthodoxen religiösen Ordnung lebten. Sie durften keine Tempel betreten, kein Wasser aus öffentlichen Brunnen schöpfen und für andere kein Essen zubereiten.

Im Mittelalter wurden die varnas ergänzt durch eine weitere Einteilung, um noch mehr Unterschiede zwischen Menschen herzustellen. Die sogenannten ›jatis‹ oder Kasten gründeten sich auf bestimmte Berufe und streng eingehaltene soziale Bräuche. Heute hat die Kaste höhere Bedeutung gewonnen als die gesellschaftliche Klasse. Es gibt beinahe zweitausend jatis, jede mit ihren eigenen Regeln und Traditionen. Falls sich das kompliziert anhört – im alltäglichen Leben ist und wird es noch weit komplizierter.

Die blühende Hafenstadt, die ich als Mamallapuram erwähne, ist heute eine ziemlich heruntergekommene Stadt mit Namen Mahabalipuram. An den Hügeln ringsum findet man weltberühmte Skulpturen, die vor mehr als einem Jahrtausend aus dem Stein gehauen wurden.

Ein kleiner Hinweis noch zur Schreibweise. Ś und Ş klingen in indischer Aussprache wie sch im deutschen Wort ›Schuppen‹

oder sie sh im englischen Wort ›shed‹. Demzufolge habe ich Shiva geschrieben und nicht Śiva oder Şiva, wie man es ab und zu in Büchern über Indien findet. Bei ähnlichen Wörtern bin ich nach der gleichen Methode vorgegangen.

Vorwort

Die Ära zwischen dem Untergang Roms und dem Aufstieg der Stadtstaaten in der westlichen Zivilisation hat man das Dunkle Zeitalter genannt. Erschöpft von einer turbulenten Vergangenheit und eingeschläfert von einer ereignislosen Gegenwart erfuhren die Europäer nur wenig neue Impulse in ihrer Lebensweise.

Anderswo jedoch wurde die Welt von Eroberungskriegen gerüttelt und geschüttelt und durch neue Denkanstöße in Kunst und Religion verändert. Man braucht nur an den Nahen Osten und an China zu denken. Oder an das mittelalterliche Indien. Heute noch haben wir einige Steinmonumente als sichtbares Zeugnis für das rege Leben im Indien des siebten Jahrhunderts. Umwälzung und Erneuerung gingen Hand in Hand. Selten in der Weltgeschichte haben Menschen so viel Aufruhr und Veränderung schicksalsergeben auf sich genommen. Es ist jammerschade, dass wir von ihrem Alltagsleben nur bruchstückhafte Zeugnisse haben.

Doch – wie wäre es, wenn wir uns dieses ferne Land zu dieser weit zurückliegenden Zeit durch die Augen eines Jungen betrachten würden, der gerade auf der Schwelle vom Jungen zum Mann steht? Wenn wir, sagen wir einmal, durch die Augen von Arjun sehen würden …

TEIL 1

1

Bevor Arjun in den pfadlosen Wald eintauchte, sah er über die Schulter zur Lichtung zurück. Mit einem Blick nahm er alles in sich auf: die erschöpften Träger, die sich, alle viere von sich gestreckt, gegen Baumstämme gelehnt hatten, ihre Lasten neben sich gestapelt; Ochsen, befreit vom Zuggeschirr der Speichenwagen, die sich müde zum Grasen vorbeugten; Kaufleute und Karawanenführer, die ziellos auf dem Lagerplatz herumliefen und die Hitze verfluchten; Frauen, die von einem nahen Bach zurückkamen und Wasserkrüge auf den Köpfen balancierten.

Nachdem er dieses Bild in seinem Kopf gespeichert hatte, drehte sich der Junge um und eilte davon. Für diesen Tag hatte Arjun genug vom Rattern, Ächzen und Lärmen der Karawane. Er wollte sich dem Trubel für eine Weile entziehen. Bevor die Straße zuletzt in den Wald eingebogen war, hatte sich der Weg der Karawane den ganzen Tag unter einer hämmernden Sonne hügelauf und hügelab gewunden, ungeschützt inmitten des grellen Gleißens, das einem Tränen in die Augen trieb. Ein Wagen war gebrochen. Nach viel Gezänk hatte man den Eigentümer zurückgelassen. Ein alter Kaufmann hatte Verdorbenes gegessen und alles über seinem Maultier erbrochen. Zwei Fuhrleute hatten sich den halben Tag lang von ihren Wagen aus Beleidigungen an den Kopf geworfen. Der Karawanenführer hatte Befehle gebrüllt, als wäre er Gott Shiva persönlich, der vom Berg Kailasa auf die Sterblichen herabblickt. »Trödelt nicht rum, bleibt nicht wegen jeder Kleinigkeit stehen!« Doch die Leute achteten kaum auf ihn. Sie hielten an, um zu trinken, zu rasten, ihre Ladungen neu zu ordnen. Die einzelnen Glieder der Wagenschlange schoben sich in immer größer werdenden Abständen durch die heiße Landschaft, sodass der Führer an der Spitze des Zuges vom Ende aus nicht mehr gehört und gesehen werden konnte. Arjun, der seinen Platz etwa in der Mitte der zerrissenen Kolonne hatte, wäre lieber unabhängig gewesen, lieber allein und schnell gegangen. Er hätte den Tagesmarsch gern zügig hinter sich gebracht statt dahinzuzockeln wie eine schläfrige Kuh. Kaum zu glauben, dass er sich der Karawane erst vor zwei Wochen angeschlossen hatte. Es schien so viel länger her!

Solche Gedanken gingen Arjun durch den Kopf, als er der Lichtung den Rücken kehrte und eilig im Wald verschwand. Bald außer Hörweite des lärmenden Lagers, überließ er sich ganz den Bildern des langen, trübseligen Tages. Der Onkel hatte ihm heute Morgen erklärt, wenn alles gut ginge, würden sie Kashi in einem Monat erreichen. Und wenn nicht alles gut ginge? Der Onkel hatte über Arjuns Frage gelächelt. Man musste immer noch mit Überschwemmungen rechnen. Schließlich war die Regenzeit erst seit kurzem zu Ende. Noch stürzte Wasser von den Monsunregenfällen die Berghänge herab, spülte Schlamm in die Flüsse und ließ die Wasserläufe anschwellen. Vielleicht war irgendwo am Weg der Karawane ein Fluss über die Ufer getreten, und die Fähren konnten nicht ablegen. Doch das würde nichts weiter bedeuten als eine kleine Verzögerung beim Übersetzen. Wie lange? Der Onkel schob die Lippen vor. Eine Woche, oder zwei, oder – drei. Ein anderer Grund für Verzögerungen könnten Soldaten sein. Irgendwo marschierten immer irgendwelche Armeen. Bei einer solchen Begegnung müsse die Karawane wohl ausweichen und die Straße Kriegselefanten, Pferden und Bogenschützen überlassen. »Im Umgang mit Soldaten muss man höflich sein«, hatte der Onkel bemerkt und sich nachdenklich über die Wange gestrichen. Und manchmal seien auch Banditen eine Gefahr. Beruhigend hatte er Arjuns Arm getätschelt und hinzugefügt: »Kein Grund zur Furcht. Unsere Karawane ist gut bewaffnet. Banditen sind feige Burschen. Die greifen nicht an, wenn sie nicht einen klaren Vorteil sehen.« Doch überzeugt schien der

Onkel nicht. Unter düsterem Seufzen hatte er gemurmelt: »Wissen kann man es nie. Natürlich könnten sie auch nachts ins Lager schleichen und sich mit ein paar Säcken Waren davonmachen. Möge Gott Shiva uns beschützen.« Er hatte sich geräuspert, als wolle er seinen Kopf von solchen Vorstellungen freimachen. »Nach meiner Einschätzung gibt es nichts zu befürchten, alles in allem. Das Schlimmste, womit ich rechne, ist, dass die Reise länger dauern wird als vorgesehen.«

Arjun hoffte eigentlich sogar, dass die Reise länger dauern würde, als der Onkel dachte. Zwar reiste er nicht gern in einer Karawane, doch gefiel ihm die Vorstellung, dass sich ihre Ankunft in Kashi verzögern könnte. Waren sie erst mal dort, würde er einem Brahmanenlehrer übergeben werden. Jeder wusste, was das hieß: Jeden Tag stundenlanges Gebeteaufsagen, Sanskritgrammatik lernen, Astrologie, und den Meister ständig wie einen Gott behandeln. Doch der Onkel, der immer helfen wollte und dabei oft alles schlimmer machte, hatte den Vater darauf gebracht, dass ein sorgfältiges Studium bei einem der namhaften Lehrer in Kashi Arjun nützlich sein werde. Der Onkel reiste jedes Jahr nach Kashi, um die im Dorf gefertigten Bronzefigürchen gegen Waren aus Baumwollstoff einzutauschen – den weichsten Baumwollstoff in ganz Indien. Deshalb meinte er bestens Bescheid zu wissen über die Gelehrten, die in der Stadt des Lichts lebten.

Vielleicht hatte Arjuns Vater seinen ältesten Sohn ziehen lassen, weil auch seine einzige Tochter mitreiste. Gauri war neun, fünf Jahre jünger als Arjun. Die Familie hoffte darauf, einer der Heiligen Männer in Kashi würde ein Heilmittel gegen das Leiden des armen Mädchens finden.

So sollte Arjun also nach Kashi, einer Gott Shiva geweihten Stadt, Heimat für zahllose Heilige Männer und Gefängnis für junge Schüler wie ihn. Wäre es nach Arjun gegangen, hätte die Reise ewig dauern können, wenn auch nicht gerade auf einer heißen Straße zwischen schwerfällig trottenden Ochsen und Betel kauenden Trägern.

Was Arjun wirklich gern sehen wollte, war das Meer, nicht der Fluss Ganges, an dem Kashi lag, sondern der weite Ozean, eine Wasserfläche so unermesslich, dass man die andere Seite nicht sehen konnte. Er fand, spätestens mit vierzehn sollte jeder Junge das Meer gesehen haben. Wo Arjun lebte, war es nach dem Monsun trocken und staubig. Jenseits der Dorfumfriedungen gab es nichts zu sehen als Reis- und Bohnenfelder. Die Leute zogen Hühner auf, molken Kühe, bearbeiteten ihre Gemüsegärten. Tag um Tag um Tag. Deshalb war Arjun froh, aus dem Dorf wegzukommen, wenn es auch bedeutete, dass er seine Familie verlassen musste. Mutter hatte bitter geweint, als er aufbrach. Seine beiden jüngeren Brüder hatten ihn mit offenen Mündern und aus bestürzt aufgerissenen Augen angestarrt. Und Vater hatte ihm den halben Vormittag lang alle möglichen Ratschläge gegeben. Arjun, tu dies, Arjun, tu das nicht.

Obwohl Brahmane, Angehöriger der höchsten Gesellschaftsschicht, war Arjuns Vater nie erfolgreich gewesen. Er hatte Land geerbt, doch wegen anhaltend schlechter Gesundheit – vor allem Lungenproblemen – hatte er sich sein Leben lang bei der Bestellung seiner Felder nicht tatkräftig einsetzen können. Er war von Verwaltern abhängig, die ihn betrogen, und von Arbeitern, die sich selten anstrengten, es sei denn, sie konnten etwas stehlen. Trotzdem wurde Vater als Anführer der bedeutendsten Sippe im Dorf geachtet. Er traf die Entscheidungen, nicht der Onkel, und das erfüllte Arjun mit Stolz.

Doppelt stolz war er, dass Vater ihm Gauri anvertraute. »Du bist ihr großer Bruder«, hatte Vater gesagt und mahnend den Finger erhoben. »Deshalb musst du dich immer um sie kümmern. Der Onkel wird dir helfen, aber du, Arjun, musst sie beschützen und für sie sorgen, sowohl auf der Reise als auch in Kashi.«

Das war eine schwere Verantwortung, doch Arjun nahm sie auf sich, wenn er dafür das Dorf verlassen und etwas Neues, Aufregendes kennen lernen konnte. Während des Monsuns war er jeden Morgen ungeduldig aufgestanden in der Hoffnung, die Regenfälle würden nachlassen. Kein Mensch brach während der Regenzeit auf. Nicht einmal heilige Männer besaßen die Kühnheit, sich aus Tempeln oder Höhlen zu wagen, solange der Monsun von West nach Ost über Indien hinwegfegte. Während des Regens hatte jeder zu leiden, besonders Vater, der bei solchem Wetter schon immer ein Opfer von Hustenanfällen und Kopfschmerzen gewesen war. Drei volle Monate lang weichte der Regen jede Wand auf, verdreckte jeden Fußboden und hinterließ auf jedem Kleidungsstück Stockflecken. Arjuns jüngster Bruder, der erst fünf war, bekam trotz Einreibungen mit Öl immer juckenden Hautausschlag und wimmerte nachts vor Angst, wenn Schakale, rastlos im stürmischen Regen, von den umliegenden Feldern her heulten.

Endlich drehte der Monsun nach Norden ab und ließ das dampfende Land trocknen. Als an einem wolkenlosen Tag die erste Karawane durchzog, hatte der Vater Arjun und Gauri erlaubt, sich dem Onkel anzuschließen.

Arjun erinnerte sich an den letzten Blick auf seine Familie, bevor sie außer Sicht geriet: Vater, wie er groß und mit finsterem Blick dastand; Mutter, wie sie mit dem Zipfel ihres Tuchs die tränennassen Augen abtupfte; der eine Bruder, wie er einen Stock umklammert hielt, als hätte er ein Schwert; und der jüngere, wie er ernst am Daumen lutschte.

Lebhaft sah Arjun die vier vor sich. Er konnte sich immer gut an das erinnern, was er gesehen hatte. Obwohl er nun schon eine ganze Weile durch unbekannten Wald gelaufen war – es war dichterer Wald als zu Hause –, hatte er keine Angst sich zu verirren. Auch wenn seine Gedanken bei seiner Familie waren, seine Augen prägten sich jeden Baum und jeden Strauch ein.

Arjun blieb stehen, nahm etwas Sandelholzpaste aus einem kleinen Beutel und rieb sich den Hals ein. Das hielt Moskitos fern. Außerdem kühlte die Paste die Haut in der feuchtdumpfen Hitze des Waldes, der so dicht war, dass kaum Sonnenlicht durch die Bäume drang. Arjun trug einen dhoti, ein rockähnliches Stück Baumwollstoff – das vordere Ende zwischen den Beinen hindurchgezogen und am Rücken zu einem Bund geknotet. Über die linke Schulter und die rechte Hüfte hatte er das Band aus drei Baumwollfäden geschlungen, das Zeichen seiner Aufnahme in den Orden der Brahmanen. Sein Kopf war geschoren bis auf einen Haarknoten, der nie geschnitten wurde.

Nachdem er sich die Haut mit der Paste eingerieben hatte, fühlte sich Arjun wieder frisch genug, um seinen Streifzug fortzusetzen. Ob er besser zum Lager zurückkehren sollte? Bis zur Essenszeit hatte er dort nichts zu tun. Gauri schlief, nachdem sie den ganzen Tag auf einem Maulesel gesessen hatte. Sie brauchte ihn jetzt nicht. Der Onkel würde mit den Fuhrleuten Geschichten tauschen und dabei seine Tabakmischung aus Kardamom, Harz und Banyanrinde rauchen. Immer wieder hatte Arjun zugesehen, wie er diese Bestandteile zu Brei zerrieb und dick um ein fingerlanges Stöckchen schmierte. Nachdem der Brei zu einer Röhre getrocknet war, drehte er das Stöckchen heraus und bestrich die aromatische Rolle mit Ghee, ausgelassener Butter. Der Onkel behauptete immer, dass solcher Rauch die Zähne kräftige, Husten, Ohrenschmerzen und Trägheit kuriere. Aber Arjun glaubte ihm nicht, denn Vater hielt dagegen, dass der Rauch den Husten nur schlimmer mache. Vater lehnte vieles ab, was der Onkel sagte. Arjun fand es ein Wunder, dass die zwei Brüder sich einig waren, als es um Arjuns Reise nach Kashi gegangen war.

War es Zeit, zum Lager zurückzukehren? Obwohl die Karawane heute wegen der günstigen Örtlichkeit nahe an einem Bach schon früh Halt gemacht hatte, war der Nachmittag bereits halb vorüber. Wenn das Licht allmählich nachließ, würde es schwierig werden, die eigene Spur zurückzuverfolgen. Und wer konnte wissen, was hier draußen lauerte? Arjun sah zu Boden und entdeckte eine Ameisenstraße. Ihm fiel ein, dass Schwarzbären Ameisen für eine Delikatesse hielten. Er hatte nie einen Schwarzbären gesehen, aber jemand hatte ihm mal erzählt, Schwarzbären hätten eine weiße, geschwungene Zeichnung auf der Brust, großen Appetit, schlechte Laune, und wenn sie einen Menschen angriffen, dann immer zuerst das Gesicht.

Arjun dachte über Schwarzbären nach, während er langsam in einen sumpfigen Teil des Waldes geriet. Der übel riechende Boden war von Riedgras bedeckt, das ihm bis an die Hüften reichte. Ein Gewirr aus Zweigen und breiten Blättern machte es Arjun fast unmöglich, sich aufrecht durch das dichte Unterholz zu schieben. Gerade wollte er umkehren, da hörte er hinter einem Schilfdickicht einen schnarrenden Laut, dann ein Schlürfen, als ob ein Tier laut keuchend Luft holte. Arjun blieb stehen. So etwas hatte er noch nie gehört. Da war es wieder – trotz kurzer Dauer tief und voll, fast wie ein Seufzer. Dann wieder ein schlürfendes Einatmen. Rings um den Jungen war es plötzlich still. Kein Vogel rief, kein Insekt summte, keine Blattspitzen wippten gegeneinander. Es war totenstill, als hätten sich die Luft und alle Lebewesen plötzlich zu Stein verwandelt. Was konnte so einen grässlichen Laut von sich geben?

Arjun blieb keine Zeit zum Überlegen. Ein großer Sumpfvogel hob sich aus dem Riedgras, das Klatschen seiner schwarzen Schwingen hörte sich an wie der harte Knall, mit dem Frauen nasse Wäsche gegen einen Felsen schlagen. Das Gekreisch, mit dem der Vogel seinen Aufbruch begleitete, trieb Arjun zum Handeln. Er machte einen Schritt, bog mit einem einzigen Hieb die Halme vor sich auseinander und spähte auf eine kleine Lichtung im Schilf.

Er starrte in Augen – nicht mehr als sechs Schritte von ihm entfernt.

Große gelbliche Augen in einem gelblich braunen Kopf.

Arjun erkannte ihn sofort: den massigen, braunen Körper mit den schwarzen Querstreifen, der sich auf einem Lager aus gebrochenen Riedhalmen räkelte, die zuckenden, büscheligen Ohren, die markanten weißen Flecken auf der breiten, starken Stirn und eine feuchte schwarze Nase.

Bis jetzt hatte er noch nie einen Tiger gesehen. Auch hatte er gehofft, nie einen zu sehen, schon gar nicht aus solcher Nähe. Es gab keine Möglichkeit zur Flucht. Drehte er sich um und rannte davon, konnte ihn die Bestie mühelos mit einem einzigen Sprung erreichen. Immer noch umklammerte Arjun die auseinander gebogenen Riedhalme. Er wagte nicht zu atmen aus Furcht, er könnte das Tier reizen, das gerade bei einer Sambar-Mahlzeit unterbrochen worden war.

Der Kadaver des Hirsches lag zwischen den Pranken des Tigers. Das dreisprossige Geweih sah aus wie ein kleiner Baum und das Haar über dem Nacken stand hoch wie eine Mähne. Doch der lohfarbene Bauch war von oben bis unten aufgerissen, die Eingeweide, soweit nicht schon gefressen, lagen bloß. Der Kopf des Sambars, in Arjuns Richtung gedreht, war von rußigem Schwarzbraun und die runden, glasigen Augen schienen ihn traurig anzustarren. Arjun hatte Sambar-Hirsche zu Hause in den Wäldern gesehen. Sie wälzten sich gern im Schlamm, nahmen hinterher ein Bad im Fluss und schnaubten dabei vor Vergnügen.

Der Tiger gähnte, und zwischen seinen langen gelben Fängen wurden blutige Fleischfetzen sichtbar. Schläfrig blinzelte das große Tier mit den Augen. Seine Ohren zuckten und scheuchten dabei eine Wolke von Fliegen auf. Es rülpste.

Aus dieser trägen Gleichgültigkeit schloss Arjun, dass er vielleicht doch eine Chance zur Flucht hatte. Der Tiger musste lange und reichlich gefressen haben. Sein Hunger war gestillt, ihm war nicht nach Angriff zu Mute. Vielleicht würde er sich bald ins Unterholz trollen, um ein Schläfchen zu halten.

Langsam ließ Arjun die zur Seite gebogenen Riedhalme zurückgleiten. Er holte tief Luft, drehte sich um und setzte einen Fuß vor. Sein Herz hämmerte, bevor er einen zweiten Schritt wagte. Als nichts geschah, schob er sich weiter, Zentimeter um Zentimeter weg vom Tod. Noch ein paar Schritte, hinter sich hörte er das übersättigte Tier pfeifend einatmen.

Wieder blieb Arjun stehen, er griff nach dem Heiligen Band,

seinem Glücksbringer. Wenn das Pochen seines Herzens nicht so laut gewesen wäre, hätte er besser hören können, was hinter ihm geschah. Wieder ein Schritt. Noch einer. Wenn er mit dem Fuß auf einen Riedhalm am Boden trat, zuckte er zusammen. Noch ein Schritt und noch einer, endlich stand er am Rand des Sumpfgebiets.

Kaum hatte er das Schilfrohr hinter sich, setzte er zu einem wilden Spurt an und rannte und rannte, bis ihm der Atem ausging. Er warf sich zu Boden und sah zur Sonne hoch, deren Strahlen schräg durch die Bäume fielen.

Sein Atem wurde ruhiger, sein Kopf klarer. Was eben passiert war – es war ein Zeichen. Zu solchen Begegnungen kam es nicht zufällig. Vielleicht wollten die Götter ihm auf geheimnisvolle Weise ihr Wohlwollen zeigen. Ganz bestimmt war es ihr Werk, dass er dem sicheren Tod entgangen war. Er tastete nach dem Heiligen Band. Schon seit seiner Aufnahme in den Orden der Brahmanen hatte Arjun das Gefühl gehabt, dass sein Leben einen bestimmten Zweck habe, wenn ihm dieser Zweck auch verborgen war. Vielleicht hatte seine Mutter ihm das in den Kopf gesetzt, als sie einmal gesagt hatte: ›Weißt du, Arjun, warum dein Vater dich nach einem Pandavahelden des Großen Krieges genannt hat? Nicht, weil er glaubt, du wirst einmal Bogenschütze wie Prinz Arjuna. Dein Namensvetter war viel mehr als ein Krieger. Er war ein Mann, der mit den Göttern sprach, einer, der hinter die Geheimnisse des Lebens blickte. Dein Vater setzt in dich ähnliche Hoffnungen, obwohl du voller Bosheit steckst und kein Interesse am Lernen zeigst. Wir glauben beide an deine Bestimmung.‹

Arjun setzte sich auf. Deutlich sah er in diesem Moment das Gesicht seiner Mutter vor sich, wie sie so zu ihm gesprochen hatte. Das Leuchten in ihren Augen hatte ihn fast erschreckt.

2

Arjun stand auf und versuchte sich zu orientieren. Als er ein Gebüsch zwischen zwei wilden Feigenbäumen wieder erkannte, war er sich seiner Richtung sicher und schlug eine rasche Gangart an. Er konnte das Lager noch vor der Dunkelheit erreichen. Die wundersame Begegnung mit dem Tiger machte seine Schritte leicht und sicher. Als der Priester des Dorfes ihm das Heilige Band verlieh, hatte er dieses Ritual eine zweite Geburt genannt. Arjun kannte nun eine dritte.

Sollte er es dem Onkel erzählen? Der Onkel würde nur weise lächeln und erklären, man müsse die Deutung eigentlich einem Heiligen Mann überlassen. Und nach dieser Feststellung würde er dann seine eigenen Interpretationen, eine nach der anderen, von sich geben, jede fromm auf Sprüche aus dem Veda* gegründet und keine überzeugend. Wahrscheinlich würde er behaupten, der Tiger sei Gott Shiva in anderer Gestalt gewesen, weil der Große Gott Tigerfelle trug – der Onkel war ein treuer Shiva-Anhänger. Also müsse der erlegte Hirsch Vishnu gewesen sein – von dem rivalisierenden Vaishnava-Kult hielt der Onkel nichts. Höchstwahrscheinlich würde er sich dann am Kopf kratzen und murmeln: »Wissen kann man es nie.«

Gern hätte es Arjun seinem Vater erzählt, der nie Dinge erklärte, die er nicht verstand. Wie würde Vater reagieren? Er würde wahrscheinlich eine vernünftige Frage stellen. »War es ein großer Tiger?«

Blitzartig sah Arjun wieder alles vor sich: das große Maul, weit zum Gähnen aufgerissen, der dickflüssige Geifer, der

* siehe Worterklärungen S. 275

leuchtend rosa Rachen, die Fleischfetzen zwischen den gelben Fängen, die klobige Scheibe der pulsierenden roten Zunge. Und in diesem Augenblick sah er etwas vor sich auf dem Waldboden.

Ein Mann lag da, das Gesicht nach unten.

Arjun rannte hin und kniete sich auf den Boden. Der Mann rührte sich nicht. Behutsam drehte Arjun ihm den Kopf zur Seite. Fassungslos starrte er auf einen verzerrten Mund, in offene Augen, die ihn an den glasigen Blick des Sambar-Hirsches erinnerten. Arjun erkannte den Toten. Es war ein Fuhrmann aus der Karawane.

Arjun spürte Feuchtigkeit in den Händen. Aus einer großen Bauchwunde des Mannes sickerte Blut. Arjun schloss aus der dunkelroten Zickzacklinie auf dem Waldboden, dass der Fuhrmann eine Strecke getaumelt sein musste, ehe er verblutet war.

Er richtete sich auf und folgte vorsichtig der Blutspur. Fast im selben Augenblick hörte er, nicht weit entfernt, Tumult und lärmende Stimmen, dann Schmerzensschreie und entsetzte Rufe.

Gebückt schob er sich langsam in die Richtung, aus der der Lärm kam. Die Schreie jagten ihm Angst ein, doch er kroch weiter, bis er durch Lücken im Dickicht hin und her hastende Männer sah. Er presste sich dicht an einen dickstämmigen Banyanbaum, legte sich flach auf den Boden und konnte aus dieser geschützten Stellung die Lichtung überblicken, die er vor ein paar Stunden verlassen hatte.

Sie war kaum wieder zu erkennen. Leichen und Waren lagen überall verstreut. Männer mit Turbanen und gezückten Schwertern feuerten sich gegenseitig mit ausgelassenen Rufen an und jagten hinter Karawanenleuten her. Ein alter Kaufmann wurde durchbohrt, als er versuchte zu fliehen. Ziegen meckerten, Maultiere zerrten in panischer Angst an ihren Seilen, und von jenseits der Lichtung gellte immer wieder der durchdringende Schrei einer Frau.

Arjun rollte sich hinter den Baum zurück und sah zum Himmel, als suche er Halt in einer ihm vertrauten Welt.

Banditen.

Banditen! Wie gewöhnlich hatte sich der Onkel geirrt. Es waren nicht viele, vielleicht nicht mehr als zwanzig, und doch sah es so aus, als hätten sie die Karawane fast kampflos überwältigt.

Wieder spähte Arjun hinter dem Baumstamm vor. Mindestens ein Dutzend Leichen lagen auf dem Boden. Nur eine davon trug den Turban der Banditen. Die Karawane war auf den Überfall nicht vorbereitet gewesen. Die meisten der Fuhrleute und Händler mussten versucht haben zu fliehen.

Wo war Gauri?

Verzweifelt starrte Arjun über den Schauplatz. Alle, die nicht tot waren oder im Sterben lagen, wurden zu einer Gruppe ängstlich geduckter Gefangener hingetrieben. Frauen waren nicht zu sehen. Aus dem Unterholz erschienen zwei Banditen mit einem Kaufmann, der seinen einen Arm behutsam auf den andern gelegt hatte und vor Schmerzen wimmerte. Ein paar der Räuber versuchten die schnaubenden, mit den Augen rollenden Ochsen zu beruhigen. Andere hatten sich über die Toten gebeugt und durchwühlten die Geldbeutel.

Arjun sah, wie ein Bandit eine Ziege an einen kleinen Baum band, wie er das Seil straffte und dabei das Tier mit dem Hals gegen den Baumstamm zerrte. Ein anderer zog die Ziege am Schwanz, so dass sie gezwungen war, sich mit weit gespreizten Beinen dem Druck entgegenzustemmen. Ein Dritter hackte ihr mit einem einzigen Hieb seines krummen Schwertes den Kopf ab. Einer begann, dem Tier die Haut abzuziehen, während ein anderer aus einem Ast einen Bratspieß zurechtschnitt.

Gauri! Wo war Gauri?

Von der anderen Seite der Lichtung kam immer noch das erbärmliche Schreien der Frau. Und jetzt hörte Arjun auch aus der entgegengesetzten Richtung eine Frau schreien.

Wo war seine Schwester? Wo war Gauri?

Wieder die Schreie von Frauen. Ein Fuhrmann wurde an einem Fuß auf die Lichtung geschleift. Als er um Gnade flehte, spießten sie ihn mit einer Lanze auf. Arjun wandte sich ab und übergab sich. Hörten ihn die Plünderer? Spielte das eine Rolle? Wo war Gauri? In einer plötzlichen Anwandlung richtete er sich hinter dem Banyanbaum auf und war drauf und dran, auf die Lichtung zu laufen, mit den Armen zu winken und seine Schwester beim Namen zu rufen. Dann, ebenso plötzlich, duckte er sich wieder. Ungewöhnliche Ruhe überkam ihn. Es war, als sei nichts passiert. Er war zu Hause und ließ sich von der Sonne trocknen, nachdem er auf dem Rücken eines Dorfbüffels durch die Wasserstelle geritten war. Er schaute über die Wasserstelle, an dem Büffel und den spielenden Jungen vorbei, er sah ein Reisfeld, auf dem mit einer durch Gewichte ausbalancierten Stange Wasser von einer Furche in die andere gefördert wurde. Alles war, wie es sein sollte. Er erwachte gerade aus einem Alptraum. Er war neben der Wasserstelle eingeschlafen und jetzt war er aufgewacht.

Doch der Tumult jenseits des Banyanbaumes machte ihm deutlich: Es war kein Alptraum, aus dem man aufwachen konnte. In plötzlicher Panik kroch er los, fort, ins Dickicht. Kriech weg hier! Lauf, lauf, lauf! Lauf nach Hause! Nichts wie weg hier!

Er hielt inne und sah das getrocknete Blut an seinen Händen. Die Männer da draußen würden ihm auf der Stelle die Kehle durchschneiden, wenn sie ihn fänden. Er musste rennen. In einer Woche konnte er zu Hause sein. Er würde schnell laufen und sich von Beeren ernähren.

Und wenn er zu Hause war?

Ha, wenn er zu Hause war! Konnte er seiner Mutter in die Augen sehen und ihr erklären, dass er ihre einzige Tochter, seine einzige Schwester, im Stich gelassen hatte? Konnte er seinem Vater gegenübertreten und eine Entschuldigung finden? ›Ja, Vater, ich bin weggerannt und habe mich in Sicherheit gebracht. Und Gauri, tja, ich habe sie nicht gesehen, ich weiß nicht, ob sie lebte oder tot war, als ich weggerannt bin.‹

Arjun drehte sich um, kroch zum Baum zurück und linste

hinter dem Stamm hervor. Die Szene hatte sich jäh verändert. Die Tiere waren ruhig geworden, selbst die Ziegen. Die Gefangenen hatte man vor einem Wagen zusammengetrieben und sie an Händen und Füßen mit Stricken gefesselt. Zu Boden geworfen, lagen sie da wie Schafe, die man für den Markt zusammengebunden hatte.

Der Onkel war nicht dabei.

Zwei aufgespießte Ziegen drehten sich über einem großen Feuer, das die Schatten der Dunkelheit zurückdrängte. Viele der Banditen lagerten um das Feuer. Sie tranken aus Tonkrügen und kauten Tabak aus Betelnuss, den sie in Arecablätter gewickelt und mit gebranntem ungelöschtem Kalk beschmiert hatten. Das Rauschmittel des Kautabaks tat seine Wirkung. Selig grinsend rühmten die Räuber ihr glückliches Schicksal, das ihnen eine Karawane mit Messingwaren, haufenweise Honig und Eisenstangen beschert hatte.

Zwei der Banditen saßen abseits, ernst und mit finsteren Mienen. Plötzlich rief der Ältere, der einen Bart trug, den um das Feuer lümmelnden Männern etwas zu. Es gebe noch zu tun, ehe die Ziegen gebraten würden, sagte er. Seine Männer machten dumme Gesichter und schwiegen. Der Alte befahl ihnen, die Gefangenen, einen nach dem andern, heranzuschaffen.

Von jenseits der Lichtung kam ein schriller Schrei.

»Und lasst die Frauen in Ruhe!«, brüllte er zu den Büschen hin. Er wandte sich seinem Komplizen zu und murmelte: »Wir haben nichts zu verkaufen, wenn sie nicht damit aufhören.« Einem andern rief er zu: »Bring die Frauen her und bind sie da drüben an.« Er deutete auf einen Wagen in der Nähe. »Wer sie noch einmal anrührt, dem lass ich die Kehle rausschneiden!«

Ein Bandit kam, kniete sich neben den Anführer und sagte etwas, aber er sprach zu leise, als dass Arjun es verstand.

»Wo?«, fragte der Anführer und warf einen Blick in die Runde.

Der andere stand auf, eilte davon und kehrte mit einem zerbrechlich wirkenden Mädchen aus dem Dickicht zurück. Es trug einen blauen Sarong*. Um die Schultern ein graues Tuch. Das Haar war straff zu einem Knoten zurückgekämmt.

Gauri.

Arjun beugte sich gefährlich weit vor, um einen besseren Blick zu erhaschen. Die Goldreifen an ihren Armen fehlten, die mussten ihr die Banditen abgenommen haben. Doch um ihren schlanken, linken Fuß hatte sie noch den schmalen Fußring. Mutter hatte ihn ihr an dem Tag angelegt, als die Karawane das Dorf verließ. Der Tilakipunkt auf der Stirn des Mädchens war verschmiert, doch sonst schien sie unversehrt, wenn auch ihre Hände hinter dem Rücken gefesselt waren.

Gauri. Ihr Name bedeutete Die Leuchtende. Mutter hatte gesagt, die Göttin Gauri sei der Ursprung der Welt. Sie sei das Universum und schon da gewesen, bevor alle Einzelheiten der Schöpfung entstanden.

Der Bandit, der Gauri geholt hatte, versetzte ihr nur einen leichten Schubs, aber das reichte, um das Mädchen vor dem Anführer zu Boden zu strecken. Der strich sich über den Bart und betrachtete eine Weile prüfend das zarte, blasse, kleine Geschöpf.

»Zu jung, als dass man sie für Vergnügungen verkaufen kann«, bemerkte sein Kumpan.

»Kannst du kochen?«, fragte der Räuberhauptmann Gauri.

Das Mädchen starrte ihn aus großen, runden Augen an.

Nie in seinem Leben hatte Arjun sich hilfloser gefühlt. Er wollte vorstürmen und rufen: »Meine Schwester spricht nicht. Wir wollen sie gerade nach Kashi zu den Heiligen Männern bringen. Aber sie kann singen!« Er dachte an ihr Lied – wenn Gauri ihre Stimme zu einem wortlosen Gesang erhob, waren die Zuhörer so hingerissen von dem klaren, betörenden Klang, dass ihnen die Tränen kamen.

»Kannst du nähen? Putzen?«, drängte der Anführer.

Gauri sah ihn an, als wäre er nichts als ein Baum.

Der Räuberhauptmann schien von ihrer Gleichgültigkeit überrascht und gleichzeitig fasziniert. Dann zuckte er mit den Schultern. »Da, wo du hinkommst, wirst du schnell lernen, dich nützlich zu machen. Ich weiß genau den richtigen Markt für dich.« Zu dem Banditen, der sie hergeführt hatte, sagte er: »Halt sie abseits. Und mach das Ding da von ihrem Fuß ab«, fügte er stirnrunzelnd hinzu und deutete auf den Fußring. »Sind wir so reich, dass wir einen Goldreifen übersehen können?« Er warf einen funkelnden Blick über die Runde der Banditen, die erwartungsvoll ihrem Ziegenbraten entgegenschmachteten.

Nachdem der Bandit Gauri vor einem der Wagenräder zu Boden gestoßen hatte, sodass Arjun nicht mehr viel von ihr sehen konnte, half er seinen Genossen, die männlichen Gefangenen, einen nach dem andern, zum Lagerfeuer zu schaffen. Der Anführer betrachtete jeden eingehend und entschied dann dessen Schicksal. Manche wurden an der Lichtung vorbei nach rechts gebracht, und ihre kurzen, verzweifelten Schreie machten überdeutlich, was mit ihnen geschah. Andere wurden zum Wagen zurückgeführt und auf den Boden geworfen. Arjun begriff, dass es die jüngeren, kräftigeren, unverletzten Männer waren, die man am Leben ließ.

Dann wurden die Frauen auf die Lichtung gebracht. Arjun konnte nicht hinsehen, doch an ihr Wehgeschrei würde er in Zukunft oft denken müssen.

Er lehnte sich gegen den Banyanbaum, sog den würzigen Duft des Ziegenbratens ein und hörte die begeisterten Ausrufe, als die Banditen ihr Mahl begannen. Er lauschte ihrem Schlürfen und Schmatzen, dem ausgelassenen Gelächter und dem Rülpsen, mit dem sie ihr Festmahl beendeten – es erinnerte ihn an den Tiger.

Er rührte sich nicht, sondern blieb vornübergebeugt hocken und war zu niedergeschlagen, zu verzweifelt und besorgt um Gauri, als dass er den eigenen Hunger gespürt hätte.

Der Mond stieg auf, von den Banditen war ab und zu Gemurmel zu hören, und die schluchzenden, gefesselten, zusammengekauerten Frauen wurden still. Arjun saß reglos, bis die Geräusche auf der Lichtung in gelegentliches Stöhnen übergingen, in Wimmern und Husten im Schlaf.

Zu Hause in der ebenholzschwarzen Nacht würden jetzt die guten, alten Ochsenfrösche ihr dumpfes Gequake anstimmen. Zur Zeit des Monsuns kam es jedes Mal zu einem merkwürdigen Ereignis: Winzige braune Frösche tauchten aus dem Nichts auf, krabbelten überall herum, eine zappelnde, pulsierende Masse aus kleinen, feuchten Körpern. Ein paar Wochen lang schienen sie dicht wie der Regen selbst, dann verschwanden sie und kein einziger war mehr zu sehen. Später, wenn der Monsun vorbei war, lagen ihre kleinen, ledrigen Leichen wie Laub in den Gräben. Arjun hatte die winzigen, rätselhaften Frösche lange vergessen. Vielleicht hatte er vieles von zu Hause vergessen. Zu Hause – genau dort hätte er jetzt sein müssen, und Gauri auch und der Onkel. Sie hätten nie weggehen sollen.

Mit einem Seufzer schob er sich an den Rand des Banyanbaums und sah forschend zu dem Wächtertrio hin, das um die Glut des Lagerfeuers saß. Wenn er versuchte, einen Bogen um sie zu schlagen und sich an Gauri heranzuschleichen, was könnte er dann tun? Sie losbinden und von hier wegbringen? Der Wagen, hinter den man sie geworfen hatte, war keine zehn Schritte von den argwöhnischen Wachen entfernt. So leise konnte er sich gar nicht bewegen. Also musste er warten.

Irgendwie verging die Zeit. Doch wie konnten die Götter zulassen, dass sie verging, dass sie nach diesem schrecklichen Augenblick einfach weiterlief? Die Zeit musste stehen bleiben. Die Götter mussten die Zeit zurückdrehen und die Welt so ordnen, wie sie vor dem Überfall gewesen war, erst danach konnten sie die Zeit wieder laufen lassen. Das wäre genau das, was der Priester göttliche Gnade nannte.

Arjun würde jedenfalls nicht schlafen. Schon der Gedanke an Schlaf war unmöglich. Er musste wach bleiben, bis sich der Alptraum aufgelöst haben würde. Nie wieder würde er schlafen, es sei denn, der heutige Tag erwiese sich nur als ein schlechter Traum.

Und doch schlief er.

Am nächsten Morgen fuhr er so plötzlich aus dem Schlaf hoch, dass er nach Luft schnappen musste. Arjun starrte in dichten Bodennebel, der alles in feuchte Düsternis tauchte.

Die Banditen waren bereits bei der Arbeit. Er hörte ihren Anführer Befehle brüllen und zur Eile antreiben. »Zieht die Gurte stramm! Du da! Vergiss nicht den Packen dort drüben! Wir sind nicht umsonst so weit hergekommen und haben geschuftet! Jedes Messingteil will ich, jede Eisenstange! Alles aufladen! Nur deshalb sind sie noch am Leben!«

Nach einem raschen Blick um den Stamm des Banyanbaums begriff Arjun, dass der Räuberhauptmann von den Überlebenden der Karawane sprach, die jetzt Lasten schleppen mussten, auch die Waren, die in den Wagen gelagert hatten. Die Banditen gingen über den Platz und schnitten allen Ochsen und Maultieren die Kehlen durch. Dann schoben sie die Wagen in der Mitte der Lichtung zusammen und zündeten sie an. Die Beute nahmen sie zwar mit, doch das schwerfällige Drum und Dran einer Karawane, so musste der Anführer beschlossen haben, sollte besser zurückbleiben. Es würde ihm nichts ausmachen, wenn ein paar seiner Gefangenen als Lastenträger vor Erschöpfung tot umfielen. Die Räuber brachten ihre Turbane in Ordnung, steckten ihre Schwerter in den Hosenbund, stellten sich in Kolonne auf und nahmen Gauri und die Frauen samt einer kleinen Ziegenherde in die Mitte. Dahinter folgten die Träger, vorwärts getrieben von den Lanzen der Wächter am Ende des Zugs.

Arjun sah zu, wie die Kolonne davonzog. Nebelfetzen wehten um Arme und Beine, bis alle Lebenden von der Lichtung verschwanden wie Sträucher, die im Sturm eines Monsunregens außer Sicht gerieten.

Jetzt also, dachte er, jetzt ist Gauri weg.

Dann Stille. Absolute Stille hüllte ihn ein. Durch Nebelschleier sah er die Toten, die seit gestern auf der Erde lagen, ihre Körper wie versteinert im trüben Licht.

Arjun hatte den Onkel heute Morgen in der Kolonne nicht

gesehen, auch nicht bei den Gefangenen gestern Abend. Er musste irgendwo auf der Lichtung liegen oder jenseits, dort wo die Räuber jeden Fliehenden umgebracht hatten.

Arjun wartete, bis er sicher war, dass die Banditen nicht noch einmal zurückkehren würden, dann trat er auf die Lichtung hinaus. Eine nach der andern drehte er die Leichen um. Schließlich stand er neben der Asche des gestrigen Feuers. Der Anblick eines Knochens, an dem noch Fetzen von Ziegenfleisch hingen, traf ihn wie ein plötzlicher Hieb. Arjun spürte, wie hungrig er war. Er hob den Knochen auf, riss das Fleisch mit den Zähnen ab und schlang es hastig hinunter, bis er würgen musste.

Als der schlimmste Hunger gestillt war, blickte Arjun in den aufziehenden Nebel ringsum. Was musste er tun? Zuerst den Onkel suchen.

Es dauerte nicht lange. Jenseits der Lichtung, dem Banyanbaum direkt gegenüber, hinter dem er sich versteckt gehalten hatte, fand Arjun die Leiche.

Mit der Hand hielt der Onkel noch die an einem Ende verkohlte Tabakrolle umklammert. Er musste gerade mit dem Rauchen begonnen haben, als die Räuber aufgetaucht waren, und in seiner Hast hatte er das brennende Röllchen beim Versuch zu fliehen vergessen und festgehalten bis in den Tod. Immer hatte der Onkel gesagt: ›Man darf nie rauchen, wenn man wütend ist. Man muss dabei aufrecht sitzen, immer drei Züge machen, einatmen durch den Mund, aber ausatmen nur durch die Nase. Das ist den Göttern wohlgefällig, verstehst du, weil man auf diese Weise besser in die geistige Welt gelangt. Im Rigveda* gibt es eine Stelle, einen aufschlussreichen Satz in einem Vers, der mich immer daran erinnert – aber jetzt fällt mir die Stelle nicht ein ...‹

Arjun kniete nieder und schluchzte. Als er schließlich wieder aufsah, hatte sich der Nebel gelichtet.

Menschen lagen in entehrender Weise auf dem Boden. Aber er konnte kein so großes Feuer machen, um sie alle zu verbrennen. Ein Gemeinschaftsgrab auszuheben würde Tage dauern, und wo waren dann die Banditen? Wahrscheinlich hatte der Anführer vor, Gauri auf einem nahen Sklavenmarkt zu verkaufen.

Außerdem war es ein Problem, die Toten anzufassen. Als Brahmane würde Arjun sich verunreinigen, wenn er die Leichen selber wegschaffte. Doch immerhin lagen hier besondere Umstände vor. Sicher würden die Götter nicht ungehalten sein. Was würde Vater sagen? ›Tu etwas, Junge. Erweise ihnen irgendwie die letzte Ehre.‹

Ja, das würde Vater von ihm erwarten. Doch die Zeit verstrich; es war anzunehmen, dass die Banditen – was immer ihr Ziel war – eine rasche Gangart anschlagen würden. Arjun unterzog den Lagerplatz und die nähere Umgebung einer gründlichen Untersuchung. Zweiunddreißig Leichen lagen herum. Der Anblick so vieler Toter erfüllte ihn eher mit Ruhe, als dass er ihn aufwühlte. Zweifellos musste für alle gelten, was er für wenige tat.

Er schleifte vier Leichen neben die Glutreste des Lagerfeuers. Dann brach er so viele Palmblätter ab, dass er die Leichen damit bedecken konnte. Eine war eine alte Frau, die einzige Frauenleiche, die er gefunden hatte. Eine andere war ein Junge, nicht viel älter als sein Bruder Nakula. Er fand den Jungen mit dem Kopf in die Ausbuchtung eines Baumstamms gezwängt – anscheinend hatte er gedacht, er könne der Lanze hinter sich entgehen, wenn er sein Gesicht versteckte. Arjun blieb stehen und betrachtete den toten Jungen. Das letzte Mal, als Arjun Nakula gesehen hatte, hatte der Bruder einen Stock umklammert wie ein Schwert. Nakula hätte sich gegen die Räuber gewehrt, doch mit dem gleichen Ergebnis wie dieser Junge hier.

Die dritte Leiche war ein Mann mittleren Alters, der kaum einmal mit jemandem aus der Karawane gesprochen hatte, obwohl alle wussten, dass er der Beauftragte eines Chalukyer* Prinzen war. Der Mann hatte in Kashi Geschenke für die bevorstehende Hochzeit des Prinzen kaufen wollen. Die Chalukyer, die über den größten Teil Westindiens herrschten, würden in Wut geraten, wenn sie erführen, dass man ihren Bevollmächtigten unterwegs ermordet hatte.

Zuletzt zerrte Arjun die Leiche seines Onkels auf die Lichtung und legte sie neben die drei andern. Er breitete die Palmwedel über die Leichen, dann trat er zurück, faltete die Hände zum Gebet und suchte nach geeigneten Worten, die sich auf alle Toten anwenden ließen.

Er hatte das erste Wort noch nicht ausgeprochen, da rief eine fröhliche Stimme: »Zeitverschwendung, dass du Blätter drüberlegst! Bevor morgen die Sonne untergeht, haben die Geier, die wilden Hunde und die Ameisen aus dem Wald alle Knochen blank genagt!«

3

Ein schmächtiger kleiner Mann stand am Rand der Lichtung. Er trug einen Dhoti, und um seine schmalen Schultern hing ein schmuddeliges Tuch. Kein Heiliges Band war auf seiner Brust zu sehen, er gehörte also nicht einer Kaste der Zweimalgeborenen an. Er war entweder ein Shudra der niedrigsten Kaste oder ein ausgestoßener Panchama. Doch hatte er nichts von der unterwürfigen Schüchternheit eines Panchamas an sich. Grinsend stand er da, als würde der Schauplatz des Todes ihn heiter stimmen.

Arjun, der ihn eingehend gemustert hatte, wartete darauf, dass der kleine Mann noch mehr sagte.

In gespielter Furcht deutete der Mann auf die zugedeckten Leichen und rief: »Hoffentlich ist das nicht *dein* Werk, Junge!«

»Unsere Karawane ist überfallen worden«, antwortete Arjun.

Der kleine Mann nickte und kam einen Schritt näher. »Banditen gibt es dieser Tage wie Ungeziefer in einem gefällten Baumstamm. Mehr noch.« Er breitete die Arme aus. »Die treiben sich auf den Hügeln und in den Wäldern der Gegend herum, weil hier ein wichtiger Karawanenweg durchgeht. Leben davon, dass sie arme Unschuldige wie dich ausrauben und verkaufen.« Er kam noch näher und sah sich kritisch um. »Nichts mehr übrig.« Prüfend beugte er sich über eine Leiche, streckte die Hand aus und zog sie wieder zurück. »Schlechte Zeiten, schlechte Zeiten«, murmelte er. »Erst gestern habe ich eine einäugige Frau auf der Landstraße gesehen. Ein böses Vorzeichen. Na los, tu, was du tun wolltest.«

Arjun sprach ein flüchtiges Gebet für die Toten und bat Gott Shiva inständig, er möge ihnen in ihrem nächsten Leben ein glückliches Schicksal gewähren. Als er die Augen öffnete und sich mit einem unsicheren Blick umdrehte, sah er, dass sich der kleine Mann in den Schatten gekauert hatte, weil die Sonne hervorgekommen war.

»Gratuliere«, sagte der Mann augenzwinkernd, »ein pflichtbewusster, religiöser Junge.« Seine blutunterlaufenen Augen erinnerten Arjun an einen Dorfschmied, der zu viel Holzapfelwein trank. »Was willst du jetzt tun?«

»Den Banditen folgen«, sagte Arjun ohne zu zögern und spürte dabei Stolz in sich aufwallen.

Der Mann lachte schallend. »Den Banditen folgen. Was für eine komische Idee!«

»Sie haben meine Schwester.«

»Ach, zu dumm. Wie alt ist sie?«

»Neun.«

Der Mann zog die Schultern hoch. »In diesem Alter wird man sie auf einem der Märkte als Dienerin verkaufen. Nicht so schlimm.«

»Ich folge ihnen.«

Der Mann drohte Arjun mit dem Finger, als wolle er ihm einen dummen Streich vorwerfen. »Ihr Brahmanenjungen. So streng mit euch selbst! Ich weiß schon, warum du dein Leben aufs Spiel setzen willst.« Er wartete, aber Arjun fragte ihn nicht, warum. »Du hast Angst, deiner Familie zu sagen, dass du weggelaufen bist, ohne zu wissen, was mit ihr passiert ist.«

Überrascht von dem Scharfsinn des Mannes, antwortete Arjun förmlich: »Es ist nichts Unrechtes an solcher Angst.«

»Nicht unrecht, nur dumm. Aber dein Leben gehört dir, bevor es zu den Göttern zurückkehrt.«

»Ihr habt gesagt, sie werden meine Schwester auf einem der Märkte verkaufen. Auf welchem Markt? Wo?«

Der kleine Mann kräuselte die Lippen; sein mehrere Tage alter Bart ließ das Gesicht um Wangen und Mund herum schmutzig wirken. Er hatte einen kräftigen Wanderstab bei sich. »Kommt drauf an, welche Richtung sie einschlagen. Sie gehen gern auf Märkte, die von Mitgliedern ihrer eigenen

Sippschaft oder Kaste abgehalten werden. Nicht, dass ich mich mit ihren Gepflogenheiten besonders auskenne«, fügte er mit einem Grinsen hinzu.

Ohne einen weiteren Blick wandte sich Arjun zum Gehen. »Ich muss los. Lebt wohl«, sagte er entschlossen.

Er ging über die Lichtung, um die Spur der Räuber zu suchen, da merkte er, dass der kleine Mann unmittelbar hinter ihm war. Eine leichte Unruhe überkam ihn, aber keine Furcht. Obwohl erst vierzehn, war er kräftig gebaut und groß für sein Alter, vielen erwachsenen Männern ebenbürtig.

Der kleine Mann schien Arjuns Unbehagen zu bemerken. »Keine Angst, ich folge dir nicht. Aber eine Weile würde ich gern mitkommen.«

»Ist das Euer Weg?«

»Kann sein, kann sein. Die ganze Welt ist mein Weg. Ja, ich werde mit auf deinem Weg gehen.«

Sie brachen gemeinsam auf und arbeiteten sich durch das Unterholz, bis sie einen Trampelpfad entdeckten, der auf einen breiteren, nach Norden führenden Weg stieß. Dieser Weg weitete sich zu einer Straße mit vielen Fußabdrücken. Arjun fiel jetzt in einen entspannten Rhythmus.

»Ja, es stimmt«, sagte der kleine Mann, als wolle er ein Gespräch fortsetzen. »Diese Frau mit dem einen Auge war ein böses Vorzeichen. Und dann habe ich aus einem Dorf Getrommel gehört, und als ich hinkam, erfuhr ich, dass gerade eine Frau Sati beging. Und das für einen Ehemann, doppelt so alt wie sie. Hast du das schon mal gesehen, Junge? Sati?«

Arjun schüttelte den Kopf. Ritueller Selbstmord auf einem Scheiterhaufen, das gehörte in der Gegend, aus der er kam, nicht zum Leben.

»Die Frau saß auf dem Scheiterhaufen, als ob sie das Ganze nichts anginge. Sie hätte ebenso gut in einem Bad sitzen können.«

Sie schraken zusammen, als mit federnden Sprüngen ein Chital ihren Weg kreuzte, das Geweih wie Arjuns Arme so lang, das goldbraune Hinterteil weiß gefleckt. Das Tier war kleiner als ein Sambar, hatte aber den gleichen Blick. Arjun sah flüchtig das linke Auge des Tiers im Vorbeistürmen, klar und rund.

»Als sie den Stoß angezündet haben, legte die Frau eine Hand auf die Schulter von ihrem toten Mann. Als ob sie *ihn* hätte trösten wollen. Hörst du, was ich sage? Als ob sie ihn hätte trösten wollen. Danach hat sie sich nicht mehr gerührt, nicht mal, als die Flammen sie erfassten. Und ihre Hand blieb immer auf seiner Schulter, bis sie miteinander zu einem einzigen schwarzen Klumpen verkohlt waren.« Wehmütig lachte der kleine Mann vor sich hin. »Ein Ehemann wäre nie so tapfer. Gut, dass nur Frauen sich für ihre Ehemänner aufopfern. Umgekehrt würde es nie klappen. Hast du Hunger?«

»Ja.«

Der kleine Mann blieb stehen und sah Arjun eindringlich an. »Ich weiß, wie dir zu Mute ist. Sie haben alles mitgenommen, was? Also, wenn wir zu einer Bauernhütte kommen, kaufe ich uns was zu essen.«

Arjun klopfte sich an die Seite, wo ein kleiner Geldbeutel verborgen war. »Nicht nötig, aber danke. Ich kann selbst bezahlen.«

Der kleine Mann zog die Schultern hoch. »Wie du willst. Aber ich bin gern bereit dir zu helfen. Nicht etwa, dass ich reich bin. Ich bin nur ein armer Vedar.«

Arjun sah ihn kurz an. Ein Vedar gehörte der Kaste der Jäger an. Der kleine Mann bezeichnete sich so, doch hatte er keine Waffen bei sich. Trotzdem schwatzte er weiter vom Jagen. »Wenn ich auf die Jagd gehe, nehme ich einen guten Hund mit und ein Netz, eine Schlinge aus Hirschleder zum Vögelfangen und Pfeile mit Widerhaken an der Seite, die im Fleisch stecken bleiben.«

»Kommt Ihr von der Jagd?«

Der Mann sagte nichts, als ob seine Aufmerksamkeit auf etwas anderes gerichtet sei. Indem er die Augen zu Schlitzen verengte, musterte er die Straße. »Kann sein, deine Banditen kommen aus dem Norden. Das ist die Gegend, wo der große Harsha regiert. Es heißt, wenn er irgendwo durchzieht, stehen die Menschen dicht an dicht an der Straße und bitten ihn um Geschenke, und er schenkt ihnen kandierte Zuckerstücke.«

Arjun starrte auf die halbmondförmigen Ziegenspuren und die tiefen Fußabdrücke der ehemaligen Karawanenreisenden, die als Lastenträger gehen und von dem Gewicht erschöpft sein mussten. »Ob die Banditen in Harshas Land wollen?«, fragte er. »Ob sie keine Angst haben vor so einem großen König?«

»Sie müssten Angst haben, natürlich. Aber Banditen sind furchtlos.«

Arjun dachte an den Onkel, der die Banditen Feiglinge genannt hatte. Armer Onkel.

»Ich hab gehört, dass König Harsha ein extra Zelt dabei hat, wenn er auf Reisen ist. Nicht für sich selbst, sondern für seinen Lieblingselefanten Darpashata.« Der kleine Mann stieß einen Pfiff der Bewunderung aus. »Man sagt, Darpashata kann auf drei Beinen tanzen.«

Dann fing er übergangslos an, von Dämonen zu reden, die sich von den Leichen auf den Schlachtfeldern ernährten, und von umherirrenden Geistern, die nur um Menschen zu quälen auf die Erde kämen. Er behauptete, er wisse aus eigener Kenntnis Bescheid über Kapalikas – glühende Shiva-Anhänger, die auf Friedhöfen lebten und ihr Haar verfilzen ließen, die aus Totenschädeln tranken und sich Schnüre aus Menschenknochen um die Taille hängten. Er erzählte von Eremiten, die fürchterliche asketische Übungen machten, um von den Göttern Zauberkräfte zu erlangen. Sie legten sich auf Nagelbretter, hängten sich tagelang verkehrt herum an Äste oder hielten die Arme bewegungslos ausgestreckt, bis sie welk wurden wie Reben.

Arjun hörte nur Bruchstücke dieser schillernden Geschichten. Seine Gedanken konzentrierten sich auf das, was er sah, und das waren Fußspuren, von denen sich einige tief in den weichen Boden eingedrückt hatten. Sie führten seine Schwester ins Unbekannte.

Irgendwann verließ die Straße den Wald und zog sich über offenes Land. In der Ferne war es in Reisfelder unterteilt. Arjun beschattete seine Augen und sah nach den verräterischen Abdrücken der Banditenkolonne mit den Gefangenen.

»Komm hier weiter«, drängte der kleine Mann plötzlich und deutete auf einen Fußweg, der nach Westen abbog.

»Aber seht doch, die Banditen sind geradeaus gegangen.«

»Natürlich sind sie geradeaus gegangen. Ich bin ja nicht blind. Ihre Spuren sind deutlich wie Elefantenspuren. Komm trotzdem hier rüber. Ich kenne ein paar Bauern in der Nähe, die uns billig etwas zu essen verkaufen.«

Arjun war versucht. Er hatte großen Hunger.

Neugierig musterte ihn der kleine Mann. »Beschämt es dich, wenn du als Brahmane Essen von Menschen einer niedrigen Kaste annimmst?«

»Mein Vater glaubt nicht an die strikte Einhaltung der Regeln. Wir essen mit jedem. Der Dorfpriester sagt, wir verstimmen die Götter, doch Vater sagt, die Götter sind eher verstimmt von zu viel Hochmut.«

Beifällig nickte der kleine Mann. »Trotzdem, man sagt, ein Brahmanenkoch ist der beste Koch. Jeder kann deshalb von ihm Essen annehmen. Was er berührt, ist rein für die Höchsten und die Niedrigsten. Kommst du also mit und isst mit mir?«

Arjun zögerte immer noch.

»Erst essen wir etwas, dann gehen wir schnell weiter.«

»Ihr meint, hinter den Banditen her?«

»Ja, ich meine hinter den Banditen her«, sagte der kleine Mann mit breitem Grinsen. »Ich habe beschlossen, mit dir zu gehen.«

Arjun grinste zurück. Komischer Kerl. »Warum tut Ihr das?«

»Weil ich sehen will, ob es mir die Gunst der Götter einbringt, wenn ich dir helfe.«

Schon bald erreichten Arjun und der kleine Mann eine Stelle, wo zwischen mehreren Feldern ein halbes Dutzend Hütten stand. Sie bestanden aus Lehm und einem Ruten-Flechtwerk. Kletterpflanzen wucherten über die Strohdächer und gaben ihnen ein pflanzenähnliches Aussehen, als wären sie wie Unkraut aus der Erde geschossen. Ein alter Mann saß mit gekreuzten Beinen vor einer der Hütten und kämmte mit der Hand einem kleinen Jungen die Haare. Eine Frau stand in gebückter Haltung am Eingang und breitete frischen Kuhmist aus, damit der Staub nicht aufwirbelte. Neben der nächsten Hütte brannte ein offenes Feuer. Ein Mädchen bereitete Ghee in einem Topf, indem es das Fett der geschmolzenen Butter abschöpfte. Dahinter mühten sich drei Frauen, einen gewaltigen Mahlstein über die auf einem Brett ausgelegten Gewürze zu rollen.

Die Frauen sahen kurz zu Arjuns Begleiter hin und warfen ihm ein leises Lächeln zu, als ob sie ihn kannten. Eine Gruppe Bauern kam aus dem Reisfeld, die Augen rot gerändert von der grellen Sonne. Ein paar trugen lange, geschwungene Schnurrbärte. Alle hatten schwarze Zähne und leuchtend rote Lippen vom Betelkauen. Einer tuschelte den andern etwas zu, dann grinsten sie Arjun auf eine Art an, die ihm unangenehm war. Als sie vorbei waren, drehte Arjun sich nach ihnen um und sah, dass auch sie sich nach ihm umgedreht hatten.

»Warum schauen sie mich an?«, fragte Arjun.

Der kleine Mann gab keine Antwort. »Hier ist es«, sagte er und deutete auf eine abseits stehende Hütte. Der wehmütige Klang einer Bambusflöte wehte ihnen entgegen. Das verschlungene Trillern erinnerte Arjun an die wortlosen Lieder seiner Schwester.

Während er an Gauri dachte, hob der kleine Mann einen schmutzigen Stofffetzen am Eingang und wies Arjun mit einer Verbeugung in das dämmrige Innere. Ein junger Mann saß in der Ecke, er legte die Bambusflöte weg, auf der er eben gespielt hatte. Eine bucklige Frau in einem anderen Winkel des Raums fuhr in ihrer Arbeit mit dem Schiffchen eines kleinen Webstuhls fort. Sie webte an einem Tuch in Rot und Blau. Beide Bewohner zeigten mit einem Nicken, dass sie den kleinen Mann kannten, sonst aber kam nichts, nicht mal die Andeutung eines Lächelns.

Ihr kühler Empfang ließ den kleinen Mann aber ungerührt. Er setzte sich, als sei er selber der Hausherr, und fing an zu erzählen. Überschwänglich, mit Gesten und Grimassen, teilte er seiner gleichgültigen Zuhörerschaft mit, dass der arme Junge fast verhungert sei, ein Brahmanenjunge noch dazu, was die Götter ganz sicher verstimmen werde, da sie doch Brahmanen mit besonderem Wohlwollen betrachteten, und so hätte er also – um Gott Vishnu, Gott Shiva und auch alle Göttinnen zu besänftigen, ihren Zorn zu dämpfen und ihren Segen zu erlangen – Ausschau gehalten nach einem Ort, wohin er den hungrigen Jungen bringen könne, und da sei ihm ihr großzügiges Heim, voll von göttlicher Gnade, frischem Büffelkäse und starkem Palmwein, eingefallen, und so habe er den Jungen zum Essen hierher gebracht und werde natürlich bezahlen, wenn auch nicht viel, denn ein Vedar habe wenig Geld, zumal er vor einem Tempel schon Almosen an die Armen verteilt habe. Als er mit seiner wortreichen Rede am Ende war, lehnte er sich zurück und sah zu, wie die bucklige Frau zwei kleine Schalen mit Palmwein holte.

Arjun lehnte ab. In seiner Familie war Alkohol verboten. Die Frau stieß eine Hintertür auf und machte zwei Schritte in eine kleinere Hütte, die als Küche diente. Die hatte ein Strohdach, das mithilfe eines Seils gehoben und gesenkt werden konnte; die Frau senkte es jetzt und es wurde dunkel im Innern.

Der redselige kleine Mann sprach inzwischen über Banditen. Glucksend kippte er sich Palmwein in die Kehle. »Gib ihm den besten Käse, nicht den, den du mir gibst!«, befahl der kleine Mann lautstark. Bald kam die bucklige Frau mit zwei Schüsseln und warmer Würztunke zurück.

Arjun nahm sich mit den Fingern der rechten Hand Käse und sog die milchigen Brocken schlürfend in den Mund. Büffelkäse war gewöhnlich mild oder auch leicht säuerlich, doch der hier schmeckte bitter. Die Verblüffung war Arjun offenbar anzusehen, denn der kleine Mann lachte, streckte die Hand aus und tätschelte beruhigend den Arm des Jungen.

»Du kennst den Weißkäse dieser Gegend nicht«, sagte er und tauchte die Finger in seine Schüssel. »Sie haben hier ein Gewürz, das ist etwas ganz Besonderes. Spiel was«, sagte er zu dem jungen Mann, der, wie um dem nachdrücklichen Befehl zu folgen, die Flöte aufnahm.

Der kleine Mann schlürfte Palmwein und atmete tief aus vor Wohlbehagen. »Die Leute hier sind Musiker. Sie bauen Gewürz an und machen Musik. Haben nichts Schlechtes an sich. Aber Banditen? Die haben nichts Gutes an sich. Leben vom Elend anderer. Vielleicht haben deine Banditen Pech und treffen unterwegs auf böse Geister. Davon gibt es Unmengen hier in der Gegend. Sie sitzen in den Wipfeln der Palmen auf der Lauer. Manchmal fliegen sie in der Luft herum. Oft machen sie sich unsichtbar. Iss noch vom Käse, Junge. Wirst dich schon an den besonderen Geschmack gewöhnen. Ja, die Geister verlangen Gebete, Blumen und Kokosnüsse. Sonst kommen sie herabgefahren.«

Sonst ... Arjun konnte den Worten des kleinen Mannes nicht folgen. Sonst ... Kokosnüsse ... kommen herab ... Sie haben einen besonderen Geschmack. Ja, haben sie tatsächlich. Bitter. Sonst bitter herabgefahren. Er war schläfrig. Das Letzte, woran Arjun sich erinnerte, war, dass die Schüssel mit den Käsestücken auf seinem Schoß umkippte und er zur Seite fiel.

Vorsichtig schlug Arjun die Augen auf, er erkannte verschwommen die vom Wetter gegerbten Züge eines stämmigen Mannes, der einen hohen Turban und einen Schnurrbart mit zwei langen Spitzen trug. Als er sah, dass Arjun wach war, lachte der wuchtig gebaute Mann leise in sich hinein und schüttelte den

Kopf. »Müssen dir eine ordentliche Dosis verpasst haben. Du bist gestern gebracht worden.«

Arjun setzte sich auf und warf einen Blick durch einen großen Raum, der wie ein Stall mit Stroh ausgelegt war. Männer lagen ausgestreckt auf Decken und schliefen, während durch Ritzen in den Bretterwänden Sonnenlicht hereinfiel. »Wo bin ich?«, fragte Arjun verschlafen.

»In der Armee«, sagte der Mann mit dem Turban, der mit gekreuzten Beinen neben ihm saß. Arjun registrierte, dass der Mann eine Lederscheide mit einem Schwert darin trug. »Das hier ist eine Kaserne der Chalukyer. Du bist an die Armee verkauft worden.« Er zwirbelte ein Ende seines Schnurrbarts und sprach leise weiter. »Ich seh dir an, dass du dir so was nicht im Traum vorgestellt hast.« Mit gedämpfter Stimme, damit er seine Kameraden nicht weckte, erzählte der Soldat Arjun, dass er von einem kleinen Mann und einer buckligen Frau in einem Wagen hergebracht worden sei. Man habe ihn betäubt, aber das sei üblich in der Gegend. Die Leute hier bauten Gewürze an, von denen manche einen Menschen lange in Schlaf versetzen könnten. Wachte einer vor der Zeit auf, würden sie ihm mit einem Stück Bambusrohr noch mehr einflößen. Auf diese Weise könnten sie einen tagelang ruhig stellen. »So hat man dich hergekarrt, Junge, und an die Armee verkauft.«

Als Arjun kraftlos nach seinem Hosenbund tastete, merkte er, dass sein Geldbeutel weg war. Der kleine Mann hatte ihn bestohlen und dann verkauft! Doch das erklärte noch nicht dieses merkwürdige, ungewohnte Verlustgefühl, ein Gefühl, als ob ihm, während er geschlafen hatte, etwas weit Wichtigeres als Geld abhanden gekommen sei. Er fuhr sich mit beiden Händen über den Kopf und stellte fest, dass man ihm seinen Haarknoten geschoren hatte. Sein Brahmanen-Haarknoten war weg! Er griff sich an Brust, Schulter und Hüfte und entdeckte, dass auch sein Heiliges Band, das Yajnopavita, fehlte. Bei der Einführung in die Kaste der Brahmanen hatte der Priester Arjun eingeschärft, es niemals abzulegen. Das Yajnopavita, ein geflochtenes Band aus drei weißen Schnüren, jede Schnur gewebt aus drei Baumwollfäden, kennzeichnete ihn als Brahmanen, wie das Heilige Band aus rotem Hanf das Zeichen der Kshatriyas und das aus brauner Wolle das Zeichen der Vaishas war. Ohne sein Heiliges Band, wer war er? Niemand! Nicht einmal ein Shudra. Man hatte ihm die Hauptsache genommen, das, was ihn überhaupt erst ausmachte. Jetzt war er so niedrig wie der niedrigste Panchama.

»Mein Band ... mein Band ...« Er fing an zu schluchzen.

Der Soldat mit dem Turban sah ihn kühl an. »Der Dom hat dich hergebracht, wie du bist. Hättest du tatsächlich ein Band besessen, hätte es der Dom abgeschnitten. Die Armee kauft keine Banditen, die Bänder tragen.«

»Banditen?«

Wieder lachte der Soldat leise vor sich hin. »Heilige Unschuld. Natürlich bist du ein Bandit. Die Armee kauft immer Banditen.«

»Ein Dom hat mich hergebracht?« Doms gehörten zur Kaste der Totengräber.

»Ein schmächtiger kleiner Mann.«

»Der ununterbrochen schwatzte?«

Der Soldat nickte. »Er ist ein Dom oder schlimmer. Vielleicht ein Vampir. Aber hier in der Gegend berühmt dafür, dass er Banditen betäubt und verkauft. Die Dorfbewohner arbeiten mit ihm zusammen, weil sie einen Teil seiner Prämie abbekommen. Lieber verkauft er Leute wie dich, als dass er sich von rechtschaffener Arbeit ernährt.« Der Soldat sah flüchtig zu einem laut Schnarchenden hinüber, dann wandte er sich leise lächelnd wieder an Arjun. »Zum Glück bist du jung und kräftig. Sonst würde man dich in der Armee vielleicht hinrichten für deine Verbrechen. Das hab ich schon mal gesehen, als man Banditen zum Verkauf ins Lager gebracht hat. Der kleine Mann und seine Leute werden in jedem Fall bezahlt.«

»Ich bin kein Bandit!«

Unbekümmert zwirbelte der Soldat seinen Schnurrbart.

»Jetzt nicht mehr. Du wirst für den Ruhm der Chalukyer kämpfen.«

»Meine Schwester ist von Banditen geraubt worden!«

In einem Anflug von Mitgefühl runzelte der Soldat die Stirn.

Ermutigt fuhr Arjun fort. »Der kleine Mann weiß, wo sie sie verkaufen werden.«

»Das könnte stimmen«, räumte der Soldat ein.

»Wo kann ich ihn finden?«

»Wahrscheinlich unterwegs auf der Jagd nach mehr von deiner Sorte.«

»Ich muss ihn finden.« Arjun setzte sich aufrecht. »Ich muss wissen, wohin sie sie bringen.«

Verdrießlich sah der Soldat ihn an. »Du willst hinter ihnen her?«

»Ich muss.«

»Ha, du kannst aber nicht. Das hier ist ein Militärgefängnis mit einem einzigen Tor, und das ist bewacht. Kletter über die Mauer und du hast einen Pfeil im Rücken, bevor du fünf Schritte getan hast.«

Arjun stieß einen kurzen Schrei aus und fuhr mit der Hand an seinen linken Fuß. Um seinen Knöchel war ein Eisenring, die Enden mit zwei Kupfernieten aneinander befestigt. »Was ist das?«, fragte er voller Furcht, als er merkte, dass sich der Ring nicht abstreifen ließ.

»Als du von der Armee gekauft worden bist, haben sie dir das Eisen um den Fuß gehämmert. Jetzt bist du als Infanteriesoldat der Chalukyer gekennzeichnet. Sie haben dir dein Schicksal an den Fuß gehängt.«

»Ich bin kein Bandit. Ich bin kein Soldat. Ich bin Brahmane«, murmelte Arjun.

»Du bist Soldat, gekauft und bezahlt.«

»Mein Varna ist Brahmane.«

Der Soldat schüttelte belustigt den Kopf. »Vergiss dein Varna. Offiziere befehlen, Soldaten gehorchen. Das ist hier alles. Mehr ist nicht zu sagen. Doch wenn es dir beliebt, mein edler, junger Kamerad, dass du dich gern im Zusammenhang mit einem Varna siehst, dann entscheide dich lieber für das Varna eines Kshatriya.« Er strich sich über den Schnurrbart und ergänzte: »In einem Heerlager braucht man keine Brahmanen mit ihren Gebeten und Büchern und ihrer Musik. Du tust viel besser dran, wenn du das Ganze vergisst und lieber lernst, wie ein Kshatriya das Schwert zu gebrauchen.«

»Krieger spielen.«

»Es wird mehr sein als auf dem Schlachtfeld zu spielen. Aber gut, spiel.«

»Lila«, murmelte der Junge.

»Was ist das?«

»Spiel der Götter«, sagte Arjun. Der Dorfpriester hatte erklärt, ›Lila‹ sei der Grund für die Erschaffung der Welt. Die Götter hatten die Welt nur zu ihrem Vergnügen erschaffen. Alles Existierende war im Grunde Spiel. Rätselhaftes, fernes, unwägbares Spiel.

Arjun fragte sich, was daran sein mochte. Ein Schauer überfiel ihn.

Der raubeinige Soldat schien zu begreifen. Mit hartem Griff fasste er nach Arjuns Schulter. »Ich verstehe nichts von Göttern und was die sich als Spiel vorstellen. Ich weiß nur, dass es manchmal ganz gut ist, wenn Leute wie du und ich das Leben für ein Spiel halten und für sonst nichts.«

»Warum?«

»Weil es alles leichter macht.« Der Soldat ließ Arjuns Schulter los und blickte nachdenklich über die schlafenden Männer. »Du wirst schon sehen.«

4

Was in den nächsten Tagen auf Arjun zukam, hätte er durchaus nicht als Spiel bezeichnet – weder als göttliches noch als menschliches. Ungeachtet der Worte des stämmigen Soldaten, war es in der Armee ganz und gar nicht so, dass Soldaten nur den Offizieren zu gehorchen hatten. Als Neuling hatte es Arjun mit alten Soldaten zu tun, mit Veteranen; sie, und nicht Kshatriya-Offiziere, erteilten ihm Befehle. Jeden Tag musste er die Unterkünfte ausfegen und die Latrinen säubern – demütigend für einen Brahmanen, der es gewöhnt war, solche Arbeiten von Panchamas erledigen zu lassen. Er bekam jede niedrige Arbeit aufgetragen, die den Soldaten einfiel. Bring mir das. Geh hierhin. Los, los. Nicht dorthin. Bist du dumm? Nicht so fest. Schnell. Halt. Lauf.

Arjun sah sich derben Püffen ausgesetzt, willkürlichen Stößen, verächtlichem Gelächter. Der stämmige Soldat musste bald zum Einsatz in den Norden, damit verschwand auch der einzige Arjun wohlgesonnene Mensch. Von dem Palapati, einem Unteroffizier, der für die Pala, eine Einheit von vierzig Soldaten, verantwortlich war, wurde Arjun gar nicht zur Kenntnis genommen. Für einen Rekruten, den man wie einen Sklaven gekauft hatte, gab es keine Instanz zur Beschwerde.

Alle Offiziere waren Kshatriyas. Sie trugen das rote Hanfband der Kriegerkaste. Kein Brahmane befand sich unter ihnen, kein Vaishya, nicht einmal ein Shudra. In Arjuns friedlichem Dorf hatte es keinen einzigen Kshatriya gegeben, deshalb wusste er nur wenig über sie. Er wusste allerdings, dass aus ihren Reihen Könige ernannt wurden. Als Berufskrieger empfanden sie es als Schande, friedlich im Bett zu sterben. Sie lebten, um zu kämpfen.

Die großspurig auftretenden Chalukyer-Offiziere trugen leuchtend rote Umhänge und grüßten einander durch Ausstrecken des rechten Arms in Brusthöhe, die Hand zur Faust geballt. Truppen salutierten mit geneigtem Kopf und durch Beugen der Taille. Die Offiziere hielten sich abseits der Truppen und teilten sich ihren Soldaten durch Unteroffiziere mit, die Palapatis. Täglich übten sich die Offiziere auf ihrem eigenen Exerzierplatz in den Kriegskünsten. Sie schwangen Keulen, Streitäxte und zweihändige Khadga-Schwerter gegen Holzpfähle. Sie attackierten Zielscheiben aus Stroh mit Chakras, Metallscheiben mit gezackten Rändern. Die Chakras erzeugten beim Werfen ein lautes Schwirren, sie bohrten sich tief in die Zielscheiben und blieben wie schimmernde Halbmonde stecken. Veranstalteten die Offiziere Wettkämpfe im Bogenschießen, traten sie mit extra langen Bogen aus Palmyraholz an, die mit Blatt- und Blumenmalereien verziert waren. Der Wettkämpfer zog die Bogensehne mit dem Daumen zurück und schoss einen Pfeil mit Metallspitze in einen Kreis auf einem Lederschild, der in mehr als hundert Metern Entfernung aufgestellt war. Häufig bohrte sich der Pfeilschaft bis zu einem Drittel ins Ziel.

Viele der Offiziere tranken während des Wettkampfes, und zwar übermäßig. Dutzende von Soldaten, darunter Arjun, wenn er nicht gerade arbeitete, gaben aus Mangel an anderer Beschäftigung das Publikum ab. Sie standen schweigend da und hörten sich an, wie die Offiziere mit ihrer Tüchtigkeit prahlten.

Arjun sah zu, doch seine Gedanken waren meistens woanders; nie schweiften sie weit ab von den entsetzlichen Fragen: Was war seiner Schwester zugestoßen? War Gauri am Leben? Verkauft? Wo war sie? Wie hatte er sich von der Karawane entfernen und sie schutzlos zurücklassen können?

Allmählich betrachtete er sein gegenwärtiges Leben als Ausdruck einer himmlischen Strafe. Durch Leichtsinn und mangelndes Urteilsvermögen hatte er für seine Seele ein hohes Maß an schlechtem Karma* erworben, für das er in diesem oder im nächsten Leben büßen musste. Es war eine trostlose Vorstellung. Doch sie gab ihm die innere Kraft, seine täglichen Arbeiten zu erledigen, ohne zu murren. Die Zukunft jedes Menschen war bestimmt vom Gesetz des Dharmas, nach dem die bei Lebzeiten begangenen guten und schlechten Taten gegeneinander aufgerechnet wurden. Vielleicht konnte er das Karma, mit dem seine Seele ins nächste Leben eingehen würde, ein ganzes Stück verbessern, indem er sein elendes Schicksal bereitwillig hinnahm. Anders als der stämmige Soldat konnte Arjun deshalb sein gegenwärtiges Leben nicht als Spiel betrachten; er sah es als Buße. Ganz und gar erfüllt von dieser bitteren, doch wirkungsvollen Vorstellung tat er seine Arbeit mit der melancholischen Geduld eines gehorsamen Sklaven.

Solche willfährige und demütige Haltung wurde schließlich vom Unteroffizier bemerkt. Für die Vergangenheit der Rekruten interessierte sich der wetterharte Palapati nicht. Manchmal behauptete einer in der Hoffnung auf Beförderung, Brahmane oder Vaishya zu sein. Er beklagte sich, veranstaltete ein wehleidiges Getue und forderte bessere Behandlung auf Grund seines angeblichen Geburtsrechts. Doch den meisten fehlte jede Spur dieser gewissen ruhigen Würde, die der alte Unteroffizier von einem Zweimalgeborenen erwartete. Der Junge Arjun war anders. Und an die Armee verkauft hatte ihn eine dieser jämmerlichen Kreaturen, die Jagd auf Karawanen machten. Unter diesen Umständen konnte er durchaus ein Zweimalgeborener sein.

Um seine Neugier zu stillen, fragte der Unteroffizier, was Arjun wirklich sei.

Der Junge antwortete: »Ich bin Soldat, gekauft und bezahlt.«

Die Bereitwilligkeit, mit der Arjun sein Los auf sich nahm, beeindruckte den Unteroffizier. Er beschloss, dem jungen Rekruten eine Chance zu geben, der Launenhaftigkeit alter, mürrischer Soldaten zu entgehen. Einen richtigen Soldaten wollte er aus dem Jungen machen.

So wurde Arjun mit Berufssoldaten, die täglich ihre militärischen Übungen abhielten, auf einen Exerzierplatz geschickt. Er lernte die Grundlagen im Umgang mit dem Schwert und der dreizackigen Lanze, Trisula genannt.

Nachdem der Unteroffizier zugesehen hatte, wie Arjun unbeholfen die zweieinhalb Meter lange Trisula schwang, sagte er dem Jungen, er solle sie lieber weglegen. »Für so eine Lanze bist du noch nicht kräftig genug. Und wenn du es wärst – du müsstest damit im letzten Glied gehen, die neuen Truppen marschieren nämlich ganz hinten. Hinter den Elefanten. Üb lieber eine Weile mit den Bogenschützen.«

Nach einer Woche kam der Unteroffizier wieder, um sich ein Bild zu machen, wie Arjun mit dem Bambusbogen umging. Beifällig nickte er. »In einem Jahr bist du ein prächtiger Bogenschütze. Dein Auge ist gut, du stehst einwandfrei und spannst und lockerst die Bogensehne, wie man es dir erklärt hat, und du zielst den Pfeil schon recht gut. Möchtest du Bogenschütze werden?«

»Ich werde, was man mir sagt.«

»Besser Bogenschütze als Lanzenträger. Da marschierst du vor den Elefanten. Das ist wichtig, wenn sie in Panik geraten. Dann drehen sie sich nämlich erst um, bevor sich durchgehen. Verstehst du? Sie drehen sich um. Sie rennen nicht die Bogenschützen vor sich über den Haufen. Sie zertrampeln die Lanzenträger hinter sich.«

Der Unteroffizier mochte den unerschütterlichen Jungen, der sich so willig der Disziplin fügte und sehr lernbegierig schien. Er schenkte Arjun einen Lederschutz für den linken Arm, damit er sich beim Loslassen der Bogensehne nicht verletzte, und eine Lederhülle für den rechten Daumen. Ab und zu nahm er den Jungen beiseite und erklärte ihm das Soldatenleben. »In alten Zeiten«, sagte er, »war es eine große Sache, wenn einer Wagenlenker war, denn die führten den Angriff. Aber Streitwagen kippen leicht um und ihre Räder brechen. Heute werden Streitwagen nur noch von Generälen benutzt, und Generäle bleiben immer abgeschirmt in der Mitte. Das ist keine Position für richtige Soldaten. Manche Jungen, die in die Armee eintreten, wollen unbedingt Mahouts werden – auf Elefanten reiten und das Gefühl haben, dass sie hoch über allen andern thronen. Doch glaub mir, mit den Elefanten wird es genauso kommen wie mit den Streitwagen. Sie sind unberechenbar und schwierig.« Er machte eine Pause und dachte nach. »Ich beneide auch Kavalleriesoldaten nicht, weil sie sich genauso auf Tiere verlassen müssen. Besser, man ist im Gefecht nur auf sich selbst gestellt. Deshalb wollen die Generäle immer mehr Infanterie einsetzen. Auf Fußsoldaten können sie sich verlassen. Und auf Bogenschützen. Für Bogenschützen, Junge, wird es immer einen Platz geben. Nichts und niemand nimmt es mit einem Bogenschützen auf, wenn es darum geht, den Feind im Fernkampf zu töten. Gut. Du wirst Bogenschütze.«

Arjun lernte, wie man hart gepolsterte Wülste um Bauch und Leistengegend band, um sich gegen Schwerthiebe zu schützen. Veteranen trugen oft dreieckige Lederschurze um die Hüften. »In der Schlacht zahlt sich jeder Vorteil aus«, erklärten sie Arjun. Jetzt, da der Palapati ihn offiziell anerkannte, behandelten sie ihn weniger grob. Bald schon unterstützten sie den jungen Rekruten beim Lernen. Sie zeigten ihm Dolchstöße, wie man ein Schwert richtig am Griff packte und wie man beim Angriff mit einem schweren Spieß umging. Sie brachten ihm die Bedeutung von Signalflaggen bei, von unterschiedlichen Trommelschlägen und Sammelrufen auf der Muschelschale. Sie machten ihm vor, wie er ihren Schlachtruf ausstoßen musste. Jede Gulma von zweihundert Soldaten hatte ihren eigenen charakteristischen Schlachtruf, so konnte im Kampf jeder die Position seiner Kameraden ausmachen. Arjun übte den Schlachtruf seiner Gulma, bis er viermal schnell hintereinander kreischen konnte und danach – indem er die Hände als Trompete benutzte – ein lang gezogenes lautes Heulen ausstieß. Die lauschenden Veteranen grinsten beifällig.

Dann kauerte sich einer auf die Erde und ritzte bestimmte

Schlachtaufstellungen der Armee, sogenannte Vyuhas, in den Staub. Es gab die Schlangenformation, die Krokodil-, die Keulen- und die Kreisformation. In jeder Vyuha nahmen Infanterie, Kavallerie und Elefanten jeweils andere Positionen ein. Der Soldat zeichnete ein X in den Staub. Das stand für den Senapati, der in einem von vier Pferden gezogenen Streitwagen fuhr und zwanzigtausend Fußsoldaten, zweitausend Reiter und zweihundert Elefanten befehligte.

»Und das ist nur eine einzige Armee«, erklärte der Soldat. »Eine Sena. Manchmal ziehen zwei oder sogar drei Senas in die Schlacht. Ich habe schon gekämpft, da waren tausend Elefanten auf dem Schlachtfeld.« Er rollte mit den Augen. »Die Erde hat gebebt von ihrem Gedonner. Der Himmel wurde dunkel von den vielen Pfeilen, sodass man die Sonne nicht mehr sehen konnte.« Er warf einen finsteren Blick nach einem Soldaten in der Nähe, der über die wortreiche Beschreibung verächtlich schnaubte. »Du glaubst wohl, es ist nicht wahr. Was weißt du schon? Du warst ja nicht dabei.« Der alte Soldat drehte sich wieder nach Arjun um und gab ihm einen Knuff gegen die Brust. »König Pulakeshin war nicht viel älter als du, aber von seinem Streitwagen aus hat er den ganzen Angriff befehligt. Ich weiß Bescheid. Ich war keine sieben Meter von ihm entfernt. An diesem Nachmittag hat er die Aufständischen besiegt, seinen Onkel mit der Streitaxt in einer einzigen Schlacht getötet und ist Herr der Westlichen Meere geworden. Die Götter haben ihm einen großen Sieg geschenkt.«

Der andere Soldat sagte scharf: »Warum erzählst du dem Jungen nicht, was er wirklich wissen muss? Tausende sind gestorben an diesem Tag, Tausende, und viele von ihnen haben nach ihrer Mutter geschrien. Warum erzählst du ihm das nicht?«

Lachend blinzelte der alte Soldat Arjun zu. »Stimmt schon. Viele sind umgekommen. Sie haben im Sterben nach ihrer Mutter geschrien.«

Arjuns Haar wuchs. Zu Hause hatte er seinen Kopf immer kahl geschoren, nur der Haarknoten war stehen geblieben. Jetzt betrachtete er sein Spiegelbild in einer Schüssel voll Wasser, und zum ersten Mal in seinem Leben hatte er dichtes schwarzes Haar hinter den Ohren und oberhalb der Stirn. In vollem Bewusstsein, dass ein Brahmane, der sein Haar lang trug, seinen Rang als Zweimalgeborener verwirkt hatte, beschloss Arjun, es nicht zu schneiden. Nicht, bevor etwas geschah. Nicht, bevor er Gauri fand und sie vor einem Leben in Sklaverei bewahrte. Bis dahin musste er vergessen, wer er gewesen war. Er hatte nur eins im Sinn: den Göttern gehorchen, indem er ohne zu murren tat, was ihm das Schicksal auferlegte. Schweigsam erledigte er seine Arbeit in der Kaserne, lernte die Gepflogenheiten des Krieges und wartete auf ein Anzeichen von Wandel.

Eines Tages war dieses Zeichen da. Arjun hörte zufällig, wie Soldaten von einem fremden Offizier sprachen. Der sei hier, um sich Rekruten für das Elefantencorps auszusuchen. Von den alten Soldaten war kein einziger interessiert. Wie der Palapati konnten auch sie Elefanten und Pferde nicht leiden. Sie waren Fußsoldaten mit kräftigen Armen und stämmigen Beinen. In Grüppchen saßen sie vor ihren Schüsseln mit dem in Milch zusammengekochten Gericht aus Reis und Bohnen und rissen Witze über das Getue der Mahouts und der Reiter. Schämen würden sie sich, auf einem Elefanten oder einem Pferd zu sitzen, besonders auf einem verrückten Elefanten.

Doch Arjun war interessiert. Er erfuhr, dass die, die für das Elefantencorps ausgewählt wurden, zur Ausbildung in den Norden kamen. Das bedeutete: weg von der Infanteriegarnison. Soviel er verstand, sollte die Truppe von tausend Fußsoldaten hier vor Ort bleiben, bis man sie in einem groß angelegten Krieg brauchen würde. Womöglich würde er auf Jahre festsitzen, während Gauri weit weg als Sklavin dahinsiechte.

Vielleicht gaben die Götter ihm diese neue Chance? Zum ersten Mal, seit er in der Armee war, beschloss Arjun, auf eigene

Faust zu handeln. Er machte den Ort ausfindig, wo die Anwärter geprüft werden sollten, es war ein Zelt auf dem Offiziersareal, das gewöhnliche Soldaten nicht betreten durften. Vor dem Zelt hatten sich mindestens zwanzig Soldaten angestellt, die meisten jung, nicht viel älter als Arjun.

Als Arjun an die Reihe kam, konnte er zuerst im Innern des Zelts nichts sehen, weil er zu lange im gleißenden Sonnenlicht gestanden hatte. Dann erkannte er einen Mann in Offiziersrot, der mit gekreuzten Beinen hinter einem kleinen, niedrigen Tischchen saß. Der Offizier hatte Korkenzieherlocken, die ihm bis auf die Schultern hingen, und Haarfransen wie einen Vorhang über der bleichen, glatten Stirn. An den Ohren trug er mächtig große Silberringe.

Weil es sich um ein formelles Gespräch handelte, sank Arjun auf die Knie und berührte mit dem Kopf den Boden. Der Offizier trank Palmwein aus einer Schale, die auf dem Tisch stand. Neben ihm saß ein Schreiber an einem kleineren Tisch, darauf lagen getrocknete Streifen Palmblätter, auf die er mit einer in Holzkohlen-Tinte getauchten Feder aus Riedhalm schreiben konnte. Im Moment jedoch sah der Schreiber schläfrig nach dem Rekruten hin und machte keinerlei Anstalten, die Feder zu heben, so als sei er überzeugt, dass es über diesen Jungen nichts einzutragen gebe.

Der Offizier trank noch einen Schluck Wein und sah dann Arjun einen Augenblick forschend an. »Warum bist du hier?«, fragte er mit tiefer Stimme.

»Ich bin Soldat, Shri Pati.«

Verdrießlich schüttelte der Offizier den Kopf und sagte: »Ja, das weiß ich. Warum willst du zum Elefantencorps?«

Arjun suchte nach einer Begründung und verfiel schließlich auf die, die sein Unteroffizier angedeutet hatte. »Ich sitze gern hoch oben.« Doch das brachte ihm ein Stirnrunzeln des Offiziers ein, deshalb ergänzte er: »Und ich liebe Tiere, Shri Pati. Ich habe früher viel Zeit mit Büffeln verbracht. Ich konnte sie im Sitzen und im Stehen reiten.«

Der Offizier zog leicht die Augenbrauen hoch. »Im Stehen? So ein gutes Gleichgewichtsgefühl hast du?«

Arjun nickte. Es stimmte. Er konnte sich auf einem Büffel halten, auch dann, wenn das Tier schnell lief. Länger als alle anderen Jungen im Dorf hatte er sich halten können, länger sogar als die älteren.

»Zufällig können wir deine Balance testen«, sagte der Offizier mit sarkastischem Lächeln. Er deutete in einen Winkel, wo eine Bambusstange in etwa einem halben Meter Höhe über dem Boden auf eingekerbten Holzklötzen lag. »Geh hin und stell dich drauf.«

Ohne zu zögern trat Arjun vor die Bambusstange, die nicht dicker war als sein großer Zeh, und stieg hinauf. Sie schwankte unter seinem Gewicht und bog sich heftig, doch Arjun konnte sich halten.

»Dein Name?«, fragte der Offizier schroff.

»Arjun Madva, Shri Pati.« Schließlich glitt er hinunter.

Der Offizier beugte sich vor und sagte etwas zu dem Schreiber, der daraufhin anfing, auf die Palmstreifen zu kritzeln.

»Was weißt du über Elefanten?«, fragte der Offizier.

»Nichts, Shri Pati.«

»Du nennst mich Shri Pati. Bringen sie euch hier nicht die richtige Anrede für Offiziere bei? Ich bin Vahinipati«, erklärte der Offizier streng. Arjun wusste, das bedeutete, der Major befehligte eine Truppe von einhundert Elefanten. »Antworte. Was weißt du darüber, wie man mit ihnen umgeht?«

»Nichts, Shri Vahinipati.«

»Wir wollen nur die besten. Darauf sind wir stolz«, sagte der Major. »Jeder kann sein Schwert schwingen und lernen, wie man mit Pfeil und Bogen schießt. Mit Elefanten umgehen, das können nur wenige.« Er unterbrach sich und musterte Arjun von Kopf bis Fuß. »Du bist sehr jung. Das ist gut. Wir wollen Mahouts, die zusammen mit den Elefanten heranwachsen – so ähnlich wie Brüder. Und du hast mindestens eine weitere Eigenschaft, die wünschenswert ist: ein gutes Gleichgewichtsgefühl. Ein Mahout auf einem Kriegselefanten braucht das mehr als alles andere. Nur zwei von euch konnten sich auf der Stange halten. Das ist es wert, dass ich euch nehme. Doch von zehn Männern, die ins Ausbildungslager gehen, kommt vielleicht einer weiter. Die andern kehren zur Infanterie zurück.« Mahnend hob der Offizier seine Rechte, die Handfläche nach außen gekehrt. »Allerdings nicht in eine ruhige Garnison wie diese, sondern nach Norden an die Grenze, wo es ständig Kämpfe gibt. Nun, Soldat? Fragen?«

»Nein, Shri Vahinipati.«

»Du siehst nicht dumm aus, aber du benimmst dich auch nicht gerade wie einer, der den Beruf des Mahouts lernen könnte.« Er machte eine Pause, betrachtete Arjun noch einmal abschätzend und trank wieder einen Schluck Palmwein. »Warum bist du eigentlich zur Armee gegangen?«

In knappen Worten erklärte Arjun, wie die Karawane überfallen und er an die Armee verkauft worden war. Die Auskunft schien den Offizier zu befriedigen, obwohl er nicht weiter nach Arjuns Vergangenheit fragte. Stattdessen fragte er, während er mit einer seiner Korkenzieherlocken spielte: »Warum, meinst du, wählen wir unsere Rekruten so sorgfältig aus? Warum, meinst du, verwendet ein Major der Chalukyer-Armee so viel Zeit auf dich? Für die Infanterie ist es nichts Ungewöhnliches, dass sie Rekruten einzieht, indem sie welche kauft. Sie sind weiter nichts als Körper, die auf einem Schlachtfeld Lücken schließen. Soldaten der Infanterie halten Elefanten für leichtsinnig und dumm. Sie glauben, ein Mahout tut weiter nichts als herumreiten. Denkst du das Gleiche?«

Arjun sagte nichts.

»Im Elefantencorps führen wir ein ungewohntes Leben. Aufregend, hart, fordernd und viel gefährlicher als die Soldaten *hier* – « Er machte eine weit ausholende Geste, als wolle er die ganze Infanteriegarnison einschließen. »Ich möchte mich nicht mit dir abgeben, wenn du nicht sicher bist, dass du wirklich zum Elefantencorps willst. Nun? Schnell. Bist du sicher?«

»Ich bin sicher, Shri Vahinipati. Ich bin bereit.«
Der Schreiber schrieb.

Am nächsten Tag wurde Arjun vom Unteroffizier, der ihn säuerlich musterte, beiseite genommen. »Was hast du gemacht, Junge? Ich hab dir doch alles über die Bestien gesagt. Ich habe gesehen, wie Mahouts in der Schlacht erschossen wurden, viele, viele. Willst du wissen, warum so viele? Weil sie nämlich ein leichtes Ziel abgeben da oben. Und weil der Feind weiß, dass die Tiere durchgehen ohne sie.« Grob fasste der Unteroffizier Arjuns Arm. »Dummer Junge. Willst du denn mit solchen Monstern leben? Es kommt vor, dass sich ein Tier, das jahrelang vom selben Mahout gefüttert und gewaschen worden ist, plötzlich umdreht und ihn zertrampelt. Bleib hier, werd Bogenschütze. Ich rate dir, was ich auch meinem eigenen Sohn raten würde.«

Arjun ließ sich nicht abbringen. Die Götter hatten ihn auf diesen Weg gestellt, also musste er ihn gehen. Wohin er auch führen mochte, er würde ihm folgen, immer weiter folgen und nie zaudern, bis er irgendwie, irgendwo seine verlorene Schwester finden würde.

5

Der Vahinipati der Chalukyer und seine Abordnung von vierzig Mann waren mit zehn Rekruten für das Elefantencorps aus der südlichen Hauptstadt Vatapi gekommen. Die Garnison bei Wadi stellte weitere fünf Rekruten, einschließlich Arjun. Der Trupp war inzwischen von Wadi aus in nordwestlicher Richtung unterwegs, sein Ziel ein Ausbildungslager in der Nähe der Stadt Paithan. Die Reise durch das Hochland von Dekkan sollte etwa zwei Wochen dauern. Bis auf den Vahinipati und seinen jungen Adjutanten, einen Kshatriya, die beide auf großen, kräftigen Pferden saßen, marschierten die Soldaten zu Fuß durch die flache, trockene Landschaft. Es war ein wolkenloser Tag, und über die Hochebene fegten kühle Winde aus nordöstlicher Richtung. Ein kleiner Tross, bestehend aus drei von Ochsen gezogenen Wagen, bildete den Schluss.

Mochte der Vahinipati auch lange, aufgerollte Locken tragen und Silberohrringe – eine zur Schau gestellte Eleganz, für die die alten Fußsoldaten nur Spott übrig hatten –, er saß gewandt im Sattel und erteilte seine Befehle mit der festen Überzeugung eines richtigen Kriegers. Nie wäre den Banditen ihr Überfall gelungen, glaubte Arjun, wenn an jenem schicksalhaften Tag ein solcher Mann die Karawane angeführt hätte. Ein solcher Anführer hätte Wachposten aufgestellt und seine Männer hätten tapfer gekämpft.

Im Gehen träumte Arjun einen Rachetraum gegen die Männer, die seine Schwester geraubt hatten. In Gedanken sah er, wie die verwegene Räuberbande diesmal die Abordung der Chalukyer angriff, weil sie sie mit einer anderen, dürftig verteidigten Karawane verwechselt hatten. Arjun stellte sich ihre Verblüffung vor, dann ihre Bestürzung, dann ihr Entsetzen über den Trupp bewaffneter Soldaten. Zitternd vor dem Bild in seinem Kopf malte er sich aus, wie sie unter Schwerthieben stürzten, um ihr Leben rannten oder um Gnade flehten.

Die Bilder der Vergeltung befriedigten Arjun aber nicht, sie hinterließen nur ein unangenehmes Gefühl. Die gleiche Hilflosigkeit hatte er damals empfunden, als er während des Überfalls der Banditen hinter dem Baum gekauert war. Jeden Abend, wenn die Soldaten ihre Schlafsäcke im Gras ausbreiteten, lag Arjun lange wach und starrte nach den Sternen über seinem Kopf. Wieder durchlebte er die Verzweiflung über Gauris Anblick, als sie – mit hinter dem Rücken zusammengebundenen Händen – gestoßen wurde und lang vor die Füße des Anführers hinschlug. Viele Male sah er die Szene am Nachthimmel, bis ihn schließlich das immer gleiche Muster der Sternbilder in den Schlaf lullte.

Während der ersten Tage kam die Truppe der Chalukyer-Soldaten an Reisfeldern vorüber, die schon fast reif für die Ernte waren. Es war Winterreis, Sali genannt, der in der Regenzeit gesät worden war. Auch die Bauern aus Arjuns Gegend bauten ihn an, zusammen mit Kalama-Reis, der noch später reifte. Hier wie dort spießte man Büffelschädel auf Pfähle, um die Vögel von den Halmen abzuschrecken. Arjun sah Bauern, die durch sprödes Waldland heimwärts gingen. An Schnüren um den Hals trugen sie Wasserkrüge, mit Blättern zugestöpselt. Jeden Nachmittag versank die Landschaft hinter Staubschleiern; das schwächer werdende Licht mischte sich mit dem Qualm der Kochfeuer aus versteckt liegenden Dörfern. Altersschwache Ochsen zockelten über die Wege. Arjun musste an zu Hause denken. Die zeitlose Ruhe des Sonnenuntergangs erinnerte ihn an Gauri, an ihre freundliche Art, ihre Ruhe und ihre plötzlichen Ausbrüche wortloser Lieder, die einem Zuhörer Tränen in die Augen trieben.

Die Landschaft nahm eine rußig braune Färbung an, als die kalten, trockenen Winterwinde über die ausgedörrte Ebene des Dekkan wehten. Nachts schliefen die Reisenden auf rauem, grobfaserigem Gras, und sie fröstelten in ihren Decken. Arjun fragte sich, ob die Banditen wohl so weit nach Norden gezogen waren. Ob auch Gauri sich irgendwo unter einer dünnen Decke verkroch und darauf wartete, dass sich der Wind legte? Hatte sie genug zu essen? Wurde sie geschlagen? Fürchterliche Fragen drängten sich in Arjuns Gedanken wie Wolken, die sich am Himmel türmten.

Wenige Tage, bevor sie das Lager erreichten, fiel Arjun auf, dass die Menschen dieser Region anders aussahen. Die Männer trugen lange Baumwolldhotis, die ihnen bis an die Knie reichten. Sie hatten hängende Schnurrbärte und schwarze Zähne vom Betelblattkauen. Sie schauten mürrisch, als sie die Soldaten sahen, doch jeder trat einen Schritt zur Seite, um den Vahinipati vorbeireiten zu lassen, und beugte respektvoll den Oberkörper. Dieser Teil des Dekkan war schon immer von den Vorfahren des gegenwärtigen Königs Pulakeshin regiert worden. Jeder, vom Kind bis zum Landarbeiter, kannte das Symbol des Chalukyschen Ebers, das auf einem vom Adjutanten des Vahinipati getragenen Banner dargestellt war. Arjun spürte eine Woge des Stolzes in sich aufsteigen, weil er zu Männern gehörte, die solche Achtung einflößten. Es war fast, als ob er das Heilige Band seiner Kaste wiederhätte.

Das Elefanten-Ausbildungslager lag inmitten bewaldeter Hügel, die sanft von der Hochebene aufstiegen und sich bis an das südliche Ufer des großen Flusses Godavari vorschoben. Die unmittelbare Nähe von Wasser für die Elefanten war ein Hauptgrund gewesen, das Lager hier aufzuschlagen. Außerdem bedeutete eine Hügellandschaft in der kommenden Regenzeit weniger Moskitos, und das hieß weniger Qual für die großen Tiere. So bekam es Arjun von einem der Rekruten erklärt. Die meisten redeten wenig, marschierten aber unerschütterlich voran. Arjun stellte bald fest, dass keiner dem andern einen Vorteil gönnte, weil man nur wenige für das Corps auswählen würde. Drei ließen durchblicken, dass sie schon einiges über Elefanten wussten, doch teilten sie ihre Kenntnisse nicht mit. Ein junger Mann gab zu, dass er schon einen Elefanten geritten habe. Zu der Schar Fragender, die ihn wissbegierig umringten und mehr erfahren wollten, sagte er nur: »Ach, ihr werdet schon sehen. So schwer ist es gar nicht. Für mich jedenfalls.«

Im Lager angekommen, wurden die Rekruten in eine lange, enge Kaserne geschickt, deren Wände aus verwitterten Balken bestanden mit Ritzen dazwischen, die den Wind durchließen. Die Mahouts und ihre Gehilfen, die Kavadais, wohnten in Hütten in der Mitte des Lagers. Einige der älteren Mahouts lebten mit ihren Frauen in Hütten aus Stein und Flechtwerk auf einem Steilfelsen zum Fluss hin. Der Vahinipati und andere Offiziere blieben in ihren Unterkünften in Paithan. Die Elefanten durften, mit Fußfesseln aus starken Seilen um die Vorderbeine, nachts durch die Wälder streifen. Am Morgen schwärmten die Kavadais aus und holten sie zurück. Eins lernte Arjun schon in seiner ersten Nacht im Lager: Elefanten hatten kühles, frisches Wetter lieber als dampfende Hitze.

Die Ausbildung begann am nächsten Morgen mit dem Vortrag eines alten Mahouts, der nicht mehr mit Elefanten arbeitete. Die Rekruten drängten sich im Schatten eines mächtigen Regenbaums und lauschten. Sie erhaschten nicht viel mehr als einen flüchtigen Blick auf die Elefanten, die sich zwischen Laubwerk in der Ferne bewegten.

Der alte Mahout erklärte ihnen, dass der Elefant, von seinem Führer und Betreuer Gaja genannt, früher als Matanga bekannt war – einer, der nach Lust und Laune durch das Land streifte. So zogen die Tiere herum, bis die Götter sie mit den Menschen zusammenbrachten – zum wechselseitigen Nutzen. Einer der Götter hatte sogar Kopf und Körper eines Elefanten. Das war Ganapati, der weise Sohn von Shiva und Parvati. Trotz seines dicken Bauchs ritt der Gott auf einer Maus, weil Mäuse jedes Hindernis durchnagen – so wie auch er selbst jedes Hindernis überwand. Ganapati besaß nur einen einzigen Stoßzahn, weil er den andern abgebrochen hatte, um ihn als Feder zu benutzen. Damit schrieb er die Worte des großen Dichters Vyasa nieder. In den alten Legenden, so erzählte der Mahout, flogen Elefanten auf Schwingen, schwarz wie Ebenholz. In anderen Geschichten trugen sie die Welt auf ihrem Rücken. Wo man Wolken fand, fand man auch Elefanten, denn beide brachten Regen. Manche Menschen glaubten, dass der Buddha in einem früheren Leben ein Elefant gewesen sei. »Aber wir glauben hier nicht an den Buddha«, sagte der alte Mahout. »Wenn ihr an ihn glaubt, dann fasst unsere Elefanten nicht an. Das würde sie beflecken.«

Der Mahout legte eine Pause ein, gerade so lange, dass er ein Stück Betelblatt zwischen Unterlippe und Oberkiefer platzieren konnte. Dann fuhr er fort: »Der Gaja sieht schlecht, aber er kann alles riechen. Und seine mächtigen Beine sind den Schnurrbarthaaren einer Maus vergleichbar. Mit ihnen spürt er auf große Entfernung den Fußtritt eines Tigers. Manche nennen ihn Hastin – den mit der einen Hand –, weil sein Rüssel die geschickteste aller Hände ist. Ihr werdet sehen, wie wundervoll sie ist. Keine Göttin hat eine zartere Hand. Alles, was ihr von einer glatten Oberfläche aufnehmen könnt, kann er auch. An einem einzigen Tag frisst er so viel Obst, Palmblätter, Gras, Wurzeln und Baumrinde, dass es dem Gewicht von sechsen von euch entspricht. Doch seine Haut ist dünner als sie aussieht, sie reißt leicht und verbrennt in der Sonne. Wird Gaja von Insekten gebissen, kann er schreien wie ein Baby. Er ist so schnell, dass er einen Menschen einholen und zur Strecke bringen kann, und doch kann er nicht höher springen als bis zur Höhe eurer Hüfte. Gaja schlurft und schwankt wie ein Kamel, doch ist er wendig genug, auf Berge zu steigen. Mit seinen Stoßzähnen kann er eine Wand aus Balken durchbohren, doch seine Zähne und der Kiefer sind noch tödlicher. Gaja ist versöhnlicher als wir, obwohl er eine Beleidigung oder schlechte Behandlung niemals vergisst. Werdet ihr nicht wirklich sein Herr und Meister, dreht er sich eines Tages um, ohne Vorankündigung, und tötet euch. Verschreibt ihr ihm euer Leben, wird Gaja treuer zu euch halten als jeder Mensch, den ihr je gekannt habt.«

Nach dem Ende seiner Rede brachte der Mahout die Rekruten zu ihren ersten Prüfungen. Sie mussten auf einen hohen Baum steigen und sich ganz oben von einem Ast hängen lassen, erst mit beiden Händen, dann nur mit einer. Zwei Rekruten sträubten sich, in solche Höhen zu klettern, einem wurde schwindlig, als er beim Höherklettern zu Boden schauen sollte; mindestens die Hälfte bemühte sich ungeschickt oder vergeblich um festen Halt auf den Ästen und musste nach anderen Abstiegswegen suchen.

Arjun stieg rasch und sicher hinauf, ganz wie früher zu Hause, als er auf den höchsten Regenbaum der Umgebung geklettert war. Er hatte, mit gekreuzten Beinen auf einem hohen Ast sitzend, damals die Bewunderung der kleineren Jungen genossen, die ihn mit offenen Mündern von unten angestarrt hatten. Jetzt schob er sich auf einen Ast, der so schwach war, dass er unter seinem Gewicht schwankte, und blieb dort, bis der alte Mahout ihn herunterrief.

Obwohl die Rekruten im Umgang mit Elefanten ausgebildet werden sollten, waren sie doch auch Soldaten und mussten sich im Kriegshandwerk üben. Unter den wachsamen Augen von einem Dutzend Mahouts führten sie vor, was sie mit Lanze, Schwert und Bogen zuwege brachten. Ein Rekrut schlug Arjun mit dem Schaft einer Tomara nieder, einer Lanze von besonderer Länge, die auf dem Rücken der Elefanten benutzt wurde. Die anderen Rekruten grinsten über Arjuns Niederlage, denn im Baumklettern war Arjun eindeutig der Beste gewesen. Doch immerhin konnte er sein Schwert mit einer gewissen Geschicklichkeit führen, und nur drei andere waren im Bogenschießen zielsicherer als er.

Zurück in der Unterkunft, wo sich die Rekruten erschöpft zu Boden warfen, sagte einer von ihnen erbittert: »Was ist mit den Elefanten? Sind wir nicht deshalb hergekommen? Den ganzen

Tag habe ich weiter nichts als ihre Rücken zwischen den Bäumen gesehen.«

Auch am nächsten Tag bekamen sie keine Elefanten zu Gesicht, sondern brachten den Vormittag wieder mit militärischen Übungen zu und den Nachmittag am Fluss. Ein Mahout erklärte ihnen, dass Elefanten manchmal beim Brückenbau halfen. Sie mussten gebadet werden, manchmal in reißenden Flüssen, und ihre Vorliebe für Wasser machte es notwendig, dass sich auch jeder, der mit ihnen zusammenlebte, im Wasser wohl fühlte. Also befahlen die Mahouts den Rekruten, durch den Godavari zu schwimmen. Bei ihrem Prüfungsgespräch hatten drei Kandidaten behauptet schwimmen zu können, doch jetzt weigerten sie sich, weiter als bis zu den Hüften ins Wasser zu gehen. Sie wurden an diesem Abend nicht zur Unterkunft zurückgebracht. Arjun hörte später, dass sie von dem wütenden Vahinipati zu einer Infanterieeinheit geschickt worden waren.

Und wieder beschwerte sich der eine Rekrut an diesem Abend, dass sie den ganzen Tag keinen Elefanten gesehen hätten, obwohl sie die Tiere vom Flussufer in der Ferne hatten trompeten hören. »Wir schwimmen, wir klettern auf Bäume, wir schießen auf Zielscheiben – aber sitzen wir je auf dem Gaja?«

Zwar saßen sie auch am nächsten Tag nicht auf Elefanten, aber sie sahen endlich einen aus der Nähe. Einzeln wurde jeder Rekrut durch die Bäume geführt zu einer kleinen Lichtung, wo ein großer Bulle mit dem linken Hinterbein an einen dicken Pfosten gefesselt stand.

Als Arjun an die Reihe kam, ging er langsam bis an den Rand der Lichtung und sah auf das riesige Tier in der Mitte. Er beobachtete, wie die Lippen des langen Rüssels behutsam über den Boden glitten, wie sie sich zierlich kräuselten und über trockene Grasflecken tasteten.

»Geh hin zu Gaja«, flüsterte ein Mahout in Arjuns Ohr und versetzte ihm einen leichten Stoß.

»Wie weit?«

»Das liegt bei dir.«

Arjun schätzte, dass die Beinfessel Gaja erlaubte, sich mindestens zwei Meter vom Pfosten zu entfernen. »Was tu ich dann?«, fragte er den Mahout.

»Das liegt bei dir.«

Also trat Arjun auf die Lichtung hinaus und ging langsam weiter, wobei er spürte, wie die braunen Augen des Elefanten prüfend auf ihn gerichtet waren. Die Augen hatten lange Wimpern und einen sanften Ausdruck, doch zugleich lag in ihrem Blick Aufmerksamkeit, Entschlossenheit. Passend zu dieser Konzentration hob sich der Rüssel zu einer S-Form, und Arjun konnte an der Öffnung stachlige Härchen erkennen. Sie zitterten, wenn das mächtige Tier Luft holte.

Inzwischen war Arjun nur noch ein Dutzend Schritte entfernt von dem Sechs-Tonnen-Wesen, das sich vor ihm auftürmte. Er wartete, blieb stehen, sah hoch und höher nach Gajas massigem Kopf. Aus solcher Nähe schienen die Augen des Elefanten überaus hell; wie ein klobiger Prügel schnalzte die rote Zunge um das V-förmige Maul; gebieterisch hatte er ein Bein erhoben. Die gigantischen Ohren schlugen gegen den Kopf und erzeugten dabei ein Klatschen wie ein großer Schwarm von Silberreihern, der von einem Teich auffliegt. Dann kam von irgendwo aus dem gewaltigen Körper ein pumpendes Geräusch, so als ob das Herz der Erde dumpf pochte.

Gaja macht mir Angst, dachte Arjun, und einen Augenblick war er versucht umzukehren und davonzurennen. Doch er blieb stehen und wartete. Er befahl sich zu bleiben. Er zwang sich, dem Blick des Tiers standzuhalten, dessen Rüssel jetzt vor Arjun in der Luft kreiste. Sollte er näher herangehen? Wenn er allzu nahe kam, könnte das runzlige Muskelseil vorschnellen und sich um seine Taille schlingen. Doch das Tier machte keine Anstalten, Arjun zu erwischen, es blieb wo es war und wandte kein Auge von dem Jungen.

Arjun hatte Angst. Doch er schob die Furcht beiseite, als sei sie der Vorhang zu einem Raum, in den er gehen musste. Dann trat er langsam in einen anderen Teil seiner Person ein, wo alles, was er bisher gewesen war, plötzlich von ihm abfiel und ein neuer Arjun Madva zum Vorschein kam, älter, stärker, mutiger. An diesem fremden Ort in seinem Innern traf sein Blick den des großen Tiers, das vor ihm aufragte. Durch ihre Blicke waren sie miteinander verbunden. Nichts sonst existierte. Dann wich Arjun zurück, langsam, vorsichtig, die Augen immer noch auf Gaja geheftet, und schob sich wieder zum Rand der Lichtung.

Der Mahout, der dort stand, flüsterte: »Geh.«

Arjun drehte sich um und ging langsam ein Stück in den Wald. Als er allein war, sank er auf die Knie, atmete tief durch und spürte die Angst aus seinem Kopf strömen. Ihm war, als ob ein Teil von ihm an diesem fremden, neuen Ort zurückblieb, an dem er älter und stärker war. Er rief sich jeden Augenblick seiner Begegnung mit Gaja ins Gedächtnis, und die Erinnerung brachte ein Lächeln auf sein Gesicht und einen Ausdruck von Freude. Dann rappelte er sich auf und machte sich auf die Suche nach den anderen Rekruten, die in der Nähe des Flusses warteten. Er ging zu ihnen, als ob nichts geschehen wäre.

Spät am Nachmittag kehrten sie zum Latrinendienst ins Lager zurück. Ein paar redeten über ihr Zusammentreffen mit dem Elefantenbullen. Drei hatten den Rand der Lichtung gar nicht verlassen. Einer prahlte mit seinem Mut und erzählte, er sei mit ausgestreckter Hand auf den Elefanten zugegangen und hätte nach Gajas Rüssel greifen wollen, doch das Tier hätte sofort damit geschlagen und ihn höchstens um eine Handbreit verfehlt. Ein anderer hatte den alten Bullen verspottet – aus sicherem Abstand. Die meisten Rekruten sagten nichts, als seien sie verlegen über ihren Auftritt oder unsicher, wie er verlaufen war.

Später erschien ein Kavadai mit einer Liste von sechs Namen in der Unterkunft. Schweigend packten die aufgerufenen Rekruten ihre Schlafsäcke zusammen und folgten dem Mann. Den verbliebenen musste niemand erklären, dass ihre Kameraden zu einer Infanterieeinheit gebracht wurden.

Schließlich kam ein anderer Kavadai an die Tür und rief: »Arjun Madva!«

Zitternd erhob sich der Junge und folgte dem Kavadai zu einer der Hütten in der Mitte des Lagers. Arjun wartete draußen, bis der Kavadai im Eingang stehen blieb und ihm winkte. Er war ein paar Jahre älter als Arjun und hatte ein breites Gesicht und finstere Augen. »Geh rein«, murmelte er, dann machte er sich davon.

Im Innern der Hütte sah Arjun einen der Mahouts neben einem Holzkohlefeuer sitzen. Der Junge erinnerte sich, dass er ihn am ersten Tag schon gesehen hatte, ein schmächtiger Mann, kleiner als Arjun und vermutlich älter als Arjuns Vater. Der Mahout hatte nie mit den Rekruten gesprochen, sondern sich immer abseits gehalten und sie aus schmalen, in tiefen Hautsäcken liegenden Augen beobachtet. Kaum hörbar begann er Fragen zu stellen, ganz in der Art des Vahinipatis. Schließlich sagte er: »Was weißt du über Gaja?«

»Sehr wenig, Shri Mahout.«

»Aber du hast dich richtig verhalten. Du bist ohne Furcht stehen geblieben. Du hast ihn nicht gequält oder dich mit ihm anfreunden wollen. Du hast dich vorgestellt, das war alles. War das alles?«

»Ja, Shri Mahout. Er sollte nur wissen, dass ich da war.«

»Als er versucht hat dir Angst einzujagen, hast du dich nicht gerührt. Hast du Angst gehabt?«

»Ja, Shri Mahout, sehr.«

»Aber du hast seinem Blick standgehalten.« Der Mahout lachte, es war ein raschelnder Laut wie Wind, der durch trockenes Gras streift. »Das war gut. Der alte Bluffer braucht eine solche Behandlung. Sag mir also, warum du hier bist.«

Es hatte keinen Sinn zu erklären, dass er auf diesem Umweg hoffte, seine Schwester zu finden. Vielleicht konnte er die

Worte des Palapatis benutzen: Jungen sitzen gern hoch über andern. Arjun ließ sich Zeit mit der Antwort. Dann sagte er: »Ich möchte hier dabei sein, weil nur wenige sich dafür eignen. Nur die, die mit Elefanten leben können.«

Der Mahout lächelte schwach. »Du willst anders sein? Die meisten Jungen sind in eine Gruppe hineingeboren und dort wollen sie auch bleiben.«

»Ich möchte tun, was ich tun möchte«, sagte Arjun geradeheraus. Die Wahrheit war, dass er bis zu diesem Augenblick über die Vorstellung anders zu sein noch nie groß nachgedacht hatte. Er gehörte der Schicht der Brahmanen an, und das hatte er auch immer gewollt. Doch an den Ritualen des gelehrten Lebens, das den Brahmanen so viel bedeutete, hatte er kein Interesse. Er achtete seine Eltern, war jedoch nie besonders pflichtbewusst gewesen – weniger pflichtbewusst als die meisten Jungen in seinem Dorf. Vielleicht steckte hinter vielen seiner Handlungen, verborgen, aber doch mächtig, der Drang, etwas andres zu tun – so wie er es eben dem Mahout gesagt hatte. »Ich möchte Gaja wieder sehen, Auge in Auge.«

»Einfach, weil du willst?«, sagte der Mahout und machte sich dabei ein Stück Kautabak aus Betelblatt, Arecanuss und Gewürznelken, die neben ihm auf einem Stück Stoff ausgebreitet lagen.

»Ja, Shri Mahout.«

Er bestrich das Blatt mit gelöschtem Kalk, dann faltete er es geschickt. »Du willst Elefanten reiten, weil dir die Vorstellung gefällt. Ist es so?«

»Ja, Shri Mahout. Und wenn es *Euch* gefällt.«

»Shri Mahout hier, Shri Mahout da. Was bist du nur für ein höflicher kleiner Edelmann«, bemerkte der Mahout mit spöttischem Lächeln. »Würde mich nicht wundern, wenn du ein Brahmane bist.«

»Früher war ich einer.«

»*Früher*, aha.«

»Ich war Brahmane.«

»Hättest du gesagt ›ich bin‹ statt ›ich war‹, hätte ich dich auf der Stelle weggeschickt.« Er schob das Stück Kautabak in den Mund.

»Ich bin Soldat«, sagte Arjun, »gekauft und bezahlt.«

»Aber du reitest lieber auf einem Elefanten, als dass du zu Fuß gehst.« Wieder lachte der Mahout leise. »Bei mir war es genauso, als ich in deinem Alter war. Hör zu, Junge. Du sollst mich nicht Shri Mahout nennen. Ich heiße Rama.«

Nie in seinem Leben hatte Arjun einen Älteren beim Vornamen genannt. Doch der Blick des Mahouts war Befehl. Widerstrebend sagte der Junge: »Ja, Rama.«

»Für den Elefanten bist du kein Brahmane und ich bin kein Shri Mahout. Ich bin alt, und mich kennen sie. Du bist jung, und dich kennen sie nicht. Für den Anfang ist das alles, was du wissen musst.«

»Ich verstehe.«

»Nein, du verstehst nicht. Aber bleib bei mir, und du wirst verstehen. Von den Elefanten wirst du lernen, was Aufrichtigkeit ist und wie man Unaufrichtigkeit erkennt. Ich glaube an Elefanten. Manche nennen sie Feiglinge und Dummköpfe, doch ich sage, Elefanten sind von den Göttern gesegnet. Sie denken wie wir und fühlen manchmal mehr. Willst du also mit ihnen arbeiten?«

»Ja, Rama.«

»Mit ihnen leben? Eines Tages wird man dir einen Gaja fürs Leben zuteilen. Du wirst mit ihm alt werden, und er wird viel mehr als sechzig oder siebzig Mal so viel wiegen wie du. In deinen Träumen werden dir solche Riesen erscheinen. Willst du mit Elefanten leben?«

Einen Augenblick sah Arjun im Geist zwischen auseinander gebogenen Riedhalmen die gelblichen Fänge eines Tigers. Den gnädigen Göttern hatte es gefallen, ihn zu irgendeinem Zweck vor diesen Fängen zu bewahren. Zu welchem Zweck? Der feste Blick des alten Gajabullen hatte ihn herausgefordert etwas zu tun. Was zu tun? Arjun hatte den ungewohnten, neuen Ort des

Mutes nicht verlassen, deshalb sagte er: »Ich will mit ihnen leben.« Und ergänzte: »Ich will ...« Wieder stockte Arjun, überrascht von seinen Gedanken. »Ich will wissen, warum ich mit ihnen leben will.«

Energisch spuckte der Mahout einen Strahl blutroten Betelsaft in eine Kupferschale. »Also, gut. Du bist mein neuer Kavadai. Morgen machen wir uns an die Arbeit.«

6

Zu Arjuns Überraschung ließ Rama ihn am nächsten Tag die gleiche Arbeit tun, die er auch in der Infanteriekaserne getan hatte. Seine Hauptaufgabe war es, die Hütte zu fegen, die von Rama und dem älteren Kavadai bewohnt wurde. Zwar schuftete Arjun wie ein Panchama, aber er kam doch wenigstens täglich mit Elefanten in Berührung. Der Mahout erlaubte dem neuen Kavadai, ihnen beim Grasen zuzusehen oder beim Arbeiten mit ihren Betreuern, auf dass ihm ihre Gewohnheiten vertraut würden.

Wenn Elefanten sich begegneten, schnupperten sie mit ausgestreckten Rüsseln, Spitze an Spitze, und manchmal streckten sie einander ihre Rüssel ins Maul. Es waren laute Tiere, die ganz verschiedene stöhnende, brüllende, bellende und grollende Laute zur Verfügung hatten, um sich mitzuteilen. Eine alte Elefantenkuh legte immer ihren Rüssel auf die Erde, trat auf ihn drauf und blies fest, um einen hohen Pfeifton zu erzeugen. Wütende Elefanten schnaubten gewöhnlich beim Ausatmen und schlugen dabei ihren Rüssel gegen einen Baum, ein krankes Tier brummte weit hinten in der Kehle, ein erschrecktes stieß einen quiekenden Schrei aus wie ein Menschenkind. Kreischen bedeutete Vergnügen, Schnurren Wohlbehagen. Trompeten, so erfuhr Arjun, galt anderen Tieren, und zwar solchen, denen der Elefant Furcht einflößen wollte.

Wenn die Elefanten nichts zu tun hatten, grasten sie die meiste Zeit. Manchmal, um Mitternacht herum, stand Arjun auf und lief aus dem Lager hinaus in den Wald, wo die Elefanten schliefen. Er kauerte in ihrer Nähe nieder und beobachtete die wuchtigen, schattenhaften Gestalten, die sich sachte bewegten – als würden unter dem Mond kleine Hügel beben.

Seit der Begegnung mit dem alten Bullen fühlte sich Arjun zu den Tieren hingezogen. Ihre Größe, Kraft und ungewöhnliche Erscheinung erregten natürlich Interesse, doch Arjun ließ sich eher von einer heimlichen Neugier anziehen. In ihren gewaltigen Köpfen und Körpern schienen sie ein Wissen zu verbergen, ein Wissen von etwas, das er ergründen musste.

Er beobachtete, wie ein junger Kavadai einen halb ausgewachsenen Bullen grob mit einer Stange hinter dem Ohr kitzelte und dann davonstürmte. Erstaunlich flink schnellte Gaja auf seinen großen Füßen herum, sodass er den Quälgeist mit seinem Rüssel mühelos hätte umschlingen können. Tatsächlich aber machte er nur ein schnalzendes Geräusch leichter Verärgerung, indem er die breiten Ohren gegen den Kopf klatschen ließ. Arjun lernte aus diesem Vorfall, dass ihre Stärke die Elefanten vor dem Trieb zu gewalttätigen Handlungen schützte. Er kam zu dem Schluss, dass sie im Grunde sanftmütig seien.

Was Arjun nicht durch eigene Beobachtung lernte, reimte er sich zusammen, indem er den Mahouts zuhörte, wenn sie abends am Feuer saßen. Er kam dahinter, dass ein Elefant umso erregter war, je höher er den Kopf trug. Die beiden Stoßzähne eines erwachsenen Bullen waren immer von unterschiedlicher Länge. Der längere wurde kaum benutzt, der andere, stumpfere, tat die meiste Arbeit.

Einmal hörte er zufällig, wie sich eine Gruppe von Mahouts über die Schwächen der Elefanten unterhielt. Arjun war verblüfft zu erfahren, dass Gaja – auf seine Größe gerechnet – nicht so viel tragen konnte wie ein Mensch und schon gar nicht so viel wie ein Pferd. Und die gigantischen Tiere litten nicht nur unter Schlangenbissen, sondern auch unter zu viel Sonne, weshalb man ihnen Zweige auf den Rücken legte. Sie bekamen Ausschlag, Entzündungen an den Augen und Schmerzen in den Stoßzähnen.

Doch weit öfter sprachen die Mahouts in heiterem Ton von den Tieren. Die Ängstlichen in der Lagerherde bezeichneten sie als ›Schaukler‹, weil jene stundenlang den einen Fuß vor dem anderen hin- und herschwangen und dabei von der einen Seite auf die andere schaukelten. Einer dieser Schaukler wurde aus Spaß Nataraja genannt, das war der Name für Gott Shiva in der Rolle des göttlichen Tänzers. Ein junger Bulle war so schüchtern, dass er kehrtmachte und davonlief, sobald sich ein weibliches Tier näherte. Er wurde ›Lover‹ genannt. Eine alte Kuh schlug immer mit ihrem Rüssel über das Hinterteil eines arroganten Bullen, wenn er gerade nicht hinsah. ›Schlaues Luder‹ hieß sie deshalb bei den Mahouts.

Arjun saß im Schatten jenseits des Feuerscheins und lauschte. Sein Meister sprach kaum mit ihm, höchstens um einen Befehl zu bellen – mach das sauber, tu jenes, geh dorthin –, nicht anders als die alten Soldaten in der Infanteriegarnison.

Nach ein paar Wochen wurde Arjun aus der Kaserne der Neuankömmlinge abgezogen und man teilte ihm einen Winkel in Ramas Hütte zu. Hier schlief und aß er. Wenn er nicht Elefanten beobachtete, streifte er durch die nahen Wälder oder hielt sich in der Hütte auf. Allmählich begrub er die Hoffnung, jemals noch etwas anderes zu tun zu bekommen. Ab und zu kam Skanda, der ältere Kavadai, hereingetrampelt und tat dann jedes Mal, als ob er Arjun zum ersten Mal bemerkte. Der Mahout musste ihm von Arjuns Abstammung erzählt haben, denn Skanda murmelte gewöhnlich etwas von ›lästigen Brahmanen‹ und schüttelte den Kopf in einem imaginären Gespräch mit jemandem, der seine Abneigung gegen den hochgeborenen Neuling teilte.

Eines Tages, kurz nach der Morgendämmerung, wurde Arjun von dem Mahout grob aus dem Schlaf gerissen. Der Alte hatte sich über ihn gebeugt und fragte fast ungestüm: »Willst du ein Vergnügen erleben?«

Einen Augenblick zögerte Arjun und sah den schmächtigen Mann prüfend an. Rama hatte bereits ein Stück Kautabak im Mund. »Ja«, sagte Arjun, »gern.«

Ohne ein weiteres Wort drehte sich Rama um und ging aus der Hütte, Arjun hinterher. Skanda schlief noch.

Während sie durch den Wald gingen, sagte Rama: »Du gibst einen guten Feger ab. Ein guter Feger ist bescheiden und geduldig. Ein guter Feger kann ein guter Mahout werden.«

Arjun antwortete nicht, sondern hielt sich knapp hinter dem rechten Ellbogen seines Meisters.

Rama ging voraus zum Ufer des Godavari, wo sich eine Herde von einem Dutzend Elefanten mit ihren Führern versammelt hatte. Einige Tiere waren mit ihren Mahouts schon im Wasser. »Komm mit und hab keine Angst«, sagte Rama. »Im Wasser sind sie immer freundlich. Deshalb will ich hier mit dir anfangen.«

Der Vormittag verging Arjun rasch. Als er mit seinem Meister das Flussufer verließ, stand die Sonne fast senkrecht über ihren Köpfen. Am Anfang hatte er den Elefanten nur zugesehen, wie sie im Fluss spielten, wie sie mit dem Rüssel Wasser einsogen und es sich dann prustend ins Maul spritzten. Rama lachte über Arjuns Verblüffung. »Deshalb nennen manche Leute Gaja ›Den, der zweimal trinkt‹«, erklärte er. Manche Elefanten ließen sich unter die Wasseroberfläche sinken, nur ihre Rüssel schnorchelten oben heraus wie S-förmige Luftröhren. »Sie schwimmen sehr schnell«, sagte Rama. »Man muss mächtig paddeln in einem Boot, wenn man auf gleicher Höhe mit ihnen bleiben will. Jetzt pass auf, wie ich den Bullen hier bade.« Er zeigte auf einen Gaja, der schon im flachen Wasser auf der Seite lag.

Rama hatte einen geflochtenen Sack aus Weidenruten mitgebracht, der ihm an einer Schnur von der Schulter hing. Jetzt öffnete er ihn und nahm einen Zapfen von einem Pandanisbaum heraus. Er watete in den Fluss und fing an, Seite und Rücken des Tiers mit dem rauhen Zapfen zu schrubben, bis durch verkrusteten Schmutz und graue Runzeln die rosa Haut schimmerte. Dann kroch er über den ganzen weitläufigen Körper des Tiers und ließ dabei den Zapfen in raschen, festen, scheuernden Bewegungen kreisen. Als der Zapfen in Stücke zerbröselte, nahm Rama einen neuen aus dem Sack. Indem er dem alten Tier leicht und schnell gegen das Ohr klopfte, brachte er es dazu sich herumzurollen, sodass er sich nun die andere Seite vornehmen konnte. Halb fertig, legte Rama eine Pause ein und sah Arjun an, der am Ufer stand. »Komm her«, befahl er.

Ohne zu zögern watete der Junge in den Fluss und näherte sich dem Elefanten langsam von der Seite.

»Hier«, sagte Rama, machte den Sack auf und nahm einen Zapfen heraus. »An die Arbeit.«

Arjun schob sich vorwärts, nahm den Zapfen und lehnte sich gegen den mächtigen Bauch. So dicht war er noch nie an einen Elefanten herangetreten. Der lehmige Geruch des Tiers stieg ihm in die Nase. Er hatte das Gefühl, als atme er den Duft aus dem Innersten der Erde, aus Tiefen weit unterhalb des Erdreichs, wo die längsten Wurzeln des Regenbaums vergraben lagen. Behutsam, wie zur Probe, bewegte er den Zapfen über einen runzligen Hautabschnitt.

»Fester«, befahl Rama, der jetzt Gajas Füße mit den fünf Hornnägeln wusch – jeder Nagel fast so groß wie Ramas Hand.

Beim Arbeiten erklärte er seinem Lehrling, dass häufiges Baden die Elefanten von Zecken und Blutegeln befreie. »Gaja weiß, dass du ihm etwas Gutes tust.«

Das glaubte Arjun sofort, als er dem Elefanten in die braunen Augen mit den langen Wimpern sah, die ihn ganz sanft anblickten.

»Fühl mal seinen Rüssel«, sagte Rama.

Arjun spürte die kurzen, stachligen Härchen überall an dem fingerähnlichen Rüsselende.

»Jetzt blas mal rein.« Rama begleitete den Befehl mit einem breiten Lächeln.

Arjun griff nach dem Rüssel, beugte sein Gesicht darüber und pustete fest in die Spitze. Die ledrige Haut zitterte leicht und Arjun sah das braune Auge blinzeln.

»Siehst du?«, lachte Rama. »Das hat ihm gefallen.«

Nach dem Bad wälzte sich die ganze Herde im Uferschlamm, und dann, weiter oberhalb, besprühten sich die Tiere Rücken und Flanken mit der sandigen, kiesigen Erde. Arjun fragte, warum sie sich unmittelbar nach dem Baden wieder schmutzig machen dürften. Dafür hatte Rama eine vernünftige Erklärung: Sie konnten auf diese Weise alte Haut abstoßen – ebenso wie beim Wetzen an Bäumen, Felsen und Termitenhügeln.

Nachdem die Elefanten ihre Säuberung mit dem scheuernden Sand beendet hatten, nahm jeder Betreuer sein Tier und führte es weg.

Arjun wandte sich fragend an seinen Lehrer, als der Bulle, den sie gebadet hatten, mit jemand anderem ging. »Ist das nicht Euer Gaja?«

»Ein Mahout ist krank, deshalb habe ich ihm den Gefallen getan und seinen Elefanten gebadet. Ich habe keinen eigenen.« Ein Stück vom Flussufer entfernt fand Rama eine schattige Stelle unter Bäumen. Arjun setzte sich neben ihn und der Meister machte ein Stück Kautabak zurecht. Rama erklärte, dass der Kalk von Seemuscheln stamme, die auf einem Bambusfeuer gebrannt, dann in Wasser erhitzt würden, bis die Flüssigkeit verdampft sei und gelöschter Kalk zurückbleibe. Die von ihren Schalen befreiten Arecanüsse würden getrocknet, dann ebenfalls gekocht, bis ihre Kerne herausfielen, und schließlich gemahlen. »Ich habe gern Anissamen und Nelken in meinem Vitika«, sagte er, während er geschickt das Betelblatt faltete. Er schob es in die Backe und ergänzte: »Vitika macht die Kiefer kräftig und hilft gegen Bauchschmerzen.«

Das überschwängliche Lob des Betelkauens erinnerte Arjun an den Onkel und daran, wie er immer für das Rauchen eingetreten war. Es überraschte Arjun, dass er an den Onkel dachte. Vielmehr, es überraschte und bestürzte ihn gleichermaßen, dass er erst jetzt an den Onkel dachte. War es möglich, dass ein so naher Verwandter, der so kaltblütig ermordet worden war, nicht Arjuns Alltagsgedanken beherrschte? In den letzten Wochen hatte er kaum an zu Hause gedacht, auch nicht an den Überfall auf die Karawane. Noch schlimmer, manchmal, wenn er sich Gauris Gesicht ins Gedächtnis rufen wollte, war es nur ein dunkler Kreis mit undeutlichen Zügen.

Rama redete weiter und genoss dabei den scharfen Kautabak. Er erzählte dem neuen Kavadai, dass sein eigener Gaja vor ein paar Jahren in einer Schlacht umgekommen sei. Rama zog den oberen Rand seines Dhoti herunter und legte eine lange, gezackte Narbe frei, die von der rechten Hüfte bis zum Bauch reichte. »Das habe ich in dieser Schlacht abbekommen. Ich könnte wohl wieder einen eigenen Gaja haben, aber ich bilde sie lieber nur aus.« Er zog die Schultern hoch, seine Augen verschleierten sich plötzlich. »Kein anderer Gaja könnte ihn ersetzen.«

Am nächsten Morgen, während Arjun die Hütte fegte, kam Skanda herein. Man habe ihren Meister, so sagte Skanda, gerade zu einer Besprechung in das Kriegslager bei Ellora gerufen, deshalb hätte heute er, Skanda, hier die Verantwortung. Er machte deutlich, dass er von einem lästigen Brahmanen Gehorsam erwarte. »Ich werde dir«, sagte er, »den einzig wahren Umgang mit Elefanten zeigen.«

Er führte Arjun zu einem Lagerschuppen, wo die Mahouts ihre Utensilien aufbewahrten. Skanda nahm sich eine kurze Stange mit gebogenem, fingerlangem Metallhaken an der Spitze. Das war der Ankus, das wesentlichste Hilfsmittel, um einen Elefanten zu beherrschen. Er führte vor, wie man damit zustieß – eine brutale Stechbewegung. Ging man zu Fuß, bohrte man den Haken in lose Hautfalten am Bein und drängte Gaja damit vorwärts oder rückwärts. Saß man auf dem Rücken des Tiers, drehte man den Ankus im Ohr oder dicht am Auge. »Dann passen sie sofort auf«, bemerkte er mit einem Lächeln. Danach demonstrierte er den Gebrauch einer Valia Kole. Mit diesem langen Pfahl stieß man dem Tier in die Gelenke. Skanda fand eine kurze Gerte mit einer stumpfen, massiven

Metallspitze. Mit diesem Cherya Kole klopfte man dem Tier auf Schädel, Hals, Rüssel oder Hinterteil. »Eine gute Stelle, wo man schon mal kräftig zuschlagen kann, ist die Wirbelsäule. Das mag Gaja nicht. Und noch etwas kann er nicht leiden: wenn man ihm mit dem Messer ein bisschen in den Kopf schneidet. Und wenn er dann nicht pariert« – Skanda machte eine Drehbewegung mit der Hand –, »reißt man einfach an der Wunde.« Er hatte noch andere Vorschläge auf Lager, um sich seinen Spaß zu machen. Gaja trank gern Palmwein, und wenn man ihm genug davon gab, taumelte das Tier besoffen umher, bis es wie ein gefällter Baum zu Boden krachte. »Jetzt weißt du, was du tun musst«, schloss er, »wenn dich der Alte einen eigenen Gaja führen lässt.«

»Wann?«

»Wann«, wiederholte Skanda in spöttischem Ton. »Interessiert dich das wirklich? Dich interessiert doch nur, von den Fußsoldaten wegzukommen, weil Brahmanen nicht laufen wollen.« Dann leierte Skanda eine endlose Liste von Arbeiten herunter, die der neue Kavadai verrichten solle, und warnte ihn, er würde nachprüfen, ob jede einzelne ordnungsgemäß erledigt war.

Ein paar Tage später kehrte Rama zurück, was Arjuns Leben sehr erleichterte. Mit dem Meister kamen unerwartete, gute Nachrichten: Skanda, dessen Lehrzeit abgeschlossen war, wurde zur weiteren militärischen Ausbildung in das Kriegslager bei Ellora geschickt. »Denk dran, was ich dir eingeschärft habe«, sagte Skanda zu Arjun, als er zu seinem neuen Standort aufbrach. »Wenn du auf diesen schwächlichen Alten hörst, wirst du nie ein guter Mahout.«

Nachdem der ältere Kavadai fort war, wandte Rama seine ganze Aufmerksamkeit dem jüngeren zu. Er brachte Arjun an die zwanzig Kommandos bei, mit deren Hilfe Mahouts ihre Elefanten beherrschten. Ein fügsamer alter Bulle kniete auf Ramas Befehl nieder, sodass der Mahout und sein Lehrling aufsteigen und sich auf seinen Rücken setzen konnten. Vor Arjun sitzend, erklärte Rama jedes Hand- oder Fußzeichen und jeden gesprochenen Befehl, dem Gaja gehorchte. Gehorchen *musste.* »Lass nie zu, dass ein Gaja sich über dich hinwegsetzt«, sagte Rama. »Kennt er einen Befehl, darf er ihn nie verweigern. Nie. Nicht ein einziges Mal.«

Nachdem er die verschiedenen Schrittarten mit dem Bullen durchprobiert hatte, ging Rama auch – wie Skanda – mit Arjun zu dem Lagerschuppen. Auch er demonstrierte den Gebrauch des Ankus und der anderen Stangen. Dann warf er sie verächtlich auf einen Haufen. »Die größte Kontrolle über Gaja hast du mit deinen Zehen. Du tippst leicht gegen den Ohransatz und rufst dabei dein Kommando.« Der Lehrling schien verblüfft und Rama fragte, warum. Da erzählte ihm Arjun von Skandas Weisung, den Elefanten mit der Stange zu stoßen und mit dem Messer zu verletzen. Rama schwieg eine Weile. Dann sagte er: »So etwas hat Skanda hier nie getan. Hätte er es versucht, ich hätte ihn hinausgeworfen. Das hat er nur gesagt, damit du dich wie ein Dummkopf benehmen sollst. Aber ich habe Mahouts gesehen, die so etwas taten – auch als sie es längst besser wussten. Ich habe gesehen, wie man Wunden mit Messern offen hielt und Löcher in Ohren schnitt. Ich habe gesehen, wie man einen Ankus in den Kopf eines Gajas bohrte. Ich habe gesehen, wie man sie mit Eisenringen gefesselt hat, die an der Innenseite Spitzen hatten. Ich habe gesehen, wie Mahouts einen Gaja auf die Wirbelsäule geschlagen haben, was einen ausgewachsenen Bullen zum Krüppel machen kann.« Traurig schüttelte Rama den Kopf. »Schlechter Mahout, schlechter Elefant. Fauler Mahout, fauler Elefant. Guter Mahout, guter Elefant. Ein guter Mahout hat einen Ankus bei sich, aber er benutzt ihn nur selten. Seine Zehen jedoch sind schwielig. Du wirst etwas ganz Besonderes lernen, Arjun.«

»Hat es mit Disziplin zu tun?«

Rama nickte. »Du musst das Tier beherrschen und sein Meister werden. Ohne seine volle Achtung wird es dich überlisten. Du musst immer der Meister sein. Wenn du es nur mit Grausamkeit und Schmerz erreichst, wird Gaja sich immer daran erinnern. Und eines Tages, ohne Vorankündigung, wird er dich mit dem Rüssel packen und gegen einen Baum schmettern.«

7

Bald lernte Arjun, ohne Hilfe auf einen Elefanten zu steigen. Er kletterte von der Seite auf den alten Bullen, der vor ihm niederkniete. Die fettige Haut fühlte sich feucht und glatt an, was Arjun, wenn er beim Aufsteigen Halt für seine Füße suchte, manchmal zum Loslassen zwang, sodass er abrutschte und von vorn beginnen musste – sehr zur Erheiterung der zuschauenden Mahouts. Kein Wunder, dachte er, dass man gut im Baumklettern sein muss.

War er erst oben, setzte er sich direkt hinter den Kopf des Elefanten, die Füße unter die Ohren, die Zehen unter eine Seilschlaufe gesteckt, die der Elefant um den Hals trug. Viele Stunden übte er, wie er mit Händen und Füßen Kommandos geben musste, und machte dabei dem Elefanten durch nachdrückliches Antippen deutlich, was er zu tun hatte: links, rechts, vorwärts, schnell, schneller, langsamer, rückwärts, halt, knien. Er durchstreifte mit dem Bullen die Wälder der Umgebung. Was ihn erstaunte, war, dass ein Elefant abschätzen konnte, wie viel Freiraum sein Reiter über dem Kopf brauchte. Oft zerrte der alte Bulle Äste und Ranken weg, die sonst Arjuns Turban heruntergefegt hätten.

Der junge Kavadai lernte einen Ankus mit Zurückhaltung zu gebrauchen und mit dem Haken nur so viel Druck auszuüben, wie zur Durchsetzung seiner Autorität nötig war. Arjun hatte ein angeborenes Gefühl, wie weit er gehen konnte. Das stellte auch Rama fest. »Du wirst mal ein guter Mahout. In deiner Hand ist der Haken keine Waffe, sondern ein Hilfsmittel, mit dem du Gaja sagst, was er tun soll. Du benutzt den Ankus bei ihm, wie du es bei dir selbst tun würdest. Sehr gut.«

Monate vergingen. Manchmal fuhr Arjun nachts aus einem

Traum auf, dann hatte er Gauri lebhafter vor sich gesehen, als er sie sich tagsüber vorstellen konnte. Seine Schwester sang eins ihrer wortlosen Lieder, ihre Augen glänzten. Sie winkte ihm, dann drehte sie sich um und verschwand im dichten Wald. In einem anderen, regelmäßig wiederkehrenden Traum, der jedes Mal lange anhielt, stand er an einem Flussufer und beobachtete Nataraja, wie sie, bis zu den Knien im Wasser, hin- und herschaukelte, hin und her, hin und her.

Inzwischen veränderte sich die Jahreszeit. Die heißen, trockenen Monate April und Mai machten dem Monsunregen des Sommers Platz. Gras und Gestrüpp schossen hoch und reichten den Elefanten bis an die Bäuche. Unter den Pflanzen gab es eine Hülsenfrucht, für deren erbsenähnliche Schoten die grasende Herde eine besondere Vorliebe hatte. Trainiert wurde jetzt, in der dampfigen, morastigen Zeit, nur wenig. Arjun arbeitete mit dem alten Bullen, sooft es das Wetter erlaubte, doch wenn kein Tier der Herde zum Unterricht hinausging und der Regen kurz nachließ, wanderte er durch den Wald. Er sah Kuckucksvögel, die gefräßig in beerenbeladenen Sträuchern saßen, und Schmetterlinge, die zwischen langstieligen, stachligen Lantanas schwirrten. In der Abenddämmerung ging er hinunter zum Fluss und sah den Fischeulen bei der Jagd zu. Hier draußen, wo er ganz allein war, gelang es ihm, sich ein neues, lebendiges Bild von Gauri zu schaffen. Vielleicht sah sie gar nicht so aus, wie er es sich vorstellte, doch in seiner Erinnerung war ihr Gesicht wieder so, wie er es kannte. Vergangenheit und Gegenwart, in den letzten Monaten weit auseinander gerissen, fügten sich wieder zusammen, erfüllten ihn mit Begeisterung für Elefanten und erneuerten das Verlangen, seine Schwester zu finden.

Während der Regenzeit brachte Rama viel Zeit in der Hütte mit seinem Lehrling zu. Er erzählte vom Krieg in den weiten Landstrichen des Dekkan, wo Chalukyer Herrscher schon seit vielen Jahren gegen rivalisierende Könige kämpften. Auch bemühte sich Rama, Arjun immer mehr mit den Besonderheiten des Elefantenlebens vertraut zu machen. Er erklärte ihm das

Wanderverhalten wilder Herden im Zusammenhang mit dem Wechsel der Jahreszeiten. Wenn die Regenfälle aufhörten, kamen die Elefanten vom Hochland herunter und folgten den Monsunwolken in östlicher Richtung. Wurden die Grasflächen allmählich trocken und rau von den Herbststürmen, zog die Herde weiter und erreichte schließlich die Täler, in denen Dornengestrüpp und Jakfrüchte üppig gediehen. Während der regenfreien Wintermonate suchten sie nach feuchtigkeitsspeichernden Pflanzen an Flussläufen mit niedrigem Wasserstand, wo sie sich dann von einer Weidefläche zur nächsten durchschlugen. In solchen Zeiten streiften sie Rinde von Bäumen und rissen, immer noch hungrig, Wurzeln aus der Erde. Gegen Ende des glühend heißen Frühjahrs sammelten sie sich zu größeren Herden für die Rückkehr ins Hochland, wo jetzt die ersten Monsunregenfälle frisches Gras zum Sprießen brachten. So lebten sie – immer auf der Wanderung von Osten nach Westen, von Westen nach Osten – und folgten dem Lauf der Jahreszeiten, wie sie es schon seit undenklichen Zeiten getan hatten.

Arjun hatte nicht viel Ahnung davon, wo sich welche Gegend im Land befand, deshalb zeigte es Rama ihm. Er zeichnete eine Landkarte auf die feuchte Erde. Die Westhälfte Indiens wurde durch den Fluss Narmada in einen nördlichen und einen südlichen Teil getrennt. Unterhalb des Flusses lag das Reich der Chalukyer, regiert von König Pulakeshin dem Zweiten, dem Rama den größten Teil seines Lebens gedient hatte. Oberhalb des Narmadas erstreckte sich das weite Gebiet des mächtigen Kriegers Harsha. »Letztes Mal, als ich im Kriegslager war«, erzählte Rama seinem Lehrling und machte sich dabei ein Stück Kautabak zurecht, »haben sie von nichts anderem als von Harsha geredet. Spione sagten, er träumt von der Unterwerfung des Gebiets südlich des Narmadas. Sollte Harsha den Fluss überqueren und bei uns einmarschieren, brauchen wir junge Mahouts wie dich. Und mehr Elefanten für einen großen Krieg.«

Gegen Ende der Regenzeit kam der Vahinipati ins Lager, um Vorbereitungen für eine Expedition nach Dasarnaka zu treffen, ein Waldgebiet, in dem um diese Jahreszeit viele wilde Elefanten anzutreffen waren. Die Waldstämme, die in dieser Region hausten, verehrten die Kriegsgöttin Durga, von der sie annahmen, sie wohne hier, weil es die schönste Gegend der Welt sei. Sie lebten von der Jagd und davon, dass sie die Chalukyer Armee mit Elefanten versorgten.

Arjun, inzwischen als viel versprechender Kavadai anerkannt, zog mit, um seine Ausbildung zu vervollständigen. Eine Gruppe von vierzig Männern, dazu ein halbes Dutzend Elefanten, brach vom Hochland auf. Als sie das Ausbildungslager verließen, nieselte es noch. Die Expedition wandte sich nach Osten und kam an den Rand des Waldes von Dasarnaka, wo – dicht wie Sturmwolken – Nebelfetzen in Bäumen und Gehölzen hingen. Ein Dutzend Eingeborene, dunkelhäutig und nackt, trat so leise und plötzlich aus den Nebelschwaden hervor, dass einige Teilnehmer der Expedition nach Luft schnappten und zu ihren Waffen griffen. Der Vahinipati (diesmal nicht zu Pferd, sondern zu Fuß) verhandelte den halben Nachmittag mit dem Häuptling der Eingeborenen. Viel Tabak wurde dabei gekaut. Die dunklen, kleinwüchsigen Männer, die um ein qualmendes Feuer kauerten, nicht saßen, verschluckten den bitteren Saft – anders als der Vahinipati und seine Wachen, die ihn ausspuckten. Schließlich zeigten sich die Eingeborenen einverstanden mit einer Bezahlung ihrer Arbeit durch Salz, Stoff und Eisenklingen.

Die Expeditionsteilnehmer schlugen ein Lager auf. Sie warteten auf das Eintreffen mehrerer hundert Männer des Eingeborenenstamms, die einen Korral für gefangene Elefanten bauen sollten. Diese Keddah bestand aus dicken, mit Bambusseilen fest aneinander gezurrten Balken. Sie war groß genug für fünfzig oder mehr Tiere. In der Keddah gab es mehr als ein Dutzend Bäume, deren Stämme man von den unteren Zweigen befreit hatte, damit dort Elefanten angebunden werden konnten. Um den eingezäunten Innenraum zog sich ein tiefer Graben, nur vom Eingang aus führte eine Erdrampe in die Keddah hinein. Der Graben war breit genug angelegt, dass er die Elefanten hinderte, sich gegen die Bambusumzäunung zu lehnen und sie niederzutrampeln. Durch die Zugkraft zweier Seile, jedes an einen schlanken Baum zu beiden Seiten des Eingangs gebunden, wurde das Tor offen gehalten. Dann errichteten die Eingeborenen außerhalb der Umzäunung Plattformen, auf die sich Männer stellen konnten. Während Arjun von einer solchen Plattform ins Innere der Umzäunung sah, versuchte er sich vorzustellen, was Rama ihm erklärt hatte: Manche wilde Elefanten fingen an zu toben, wenn sie gefangen wurden. Oft musste man brennende Fackeln nach ihnen schleudern oder sie mit Stangen stoßen, damit sie dem Eingang fernblieben.

»Du hast noch nicht ihre Kraft gesehen«, warnte Rama.

Es stimmte. Während der Ausbildung hatte Arjun die Zurückhaltung und Intelligenz der Elefanten schätzen gelernt, nicht aber, die Tiere zu fürchten.

Auch eine Woche später fürchtete er sie noch nicht, als er mit Rama und anderen Mitgliedern der Gesellschaft loszog, um in der Umgebung eine grasende Herde zu beobachten. Er sah ein Muttertier mit seinem Kalb. Beim Geräusch einer krächzenden Krähe stürmte das ängstliche Kalb zwischen die Vorderbeine seiner Mutter, drehte sich um und linste unter dem mütterlichen Bauch hervor. Eine alte Elefantenkuh führte die Herde von einem Grasfleck zum andern, wobei ihre verschrumpelte Gestalt und der unsichere Gang über ihre Autorität hinwegtäuschten: Wo sie sich hinwandte, dorthin gingen auch die stärksten Bullen. Ein junger Gaja, kaum größer als Arjun und mit langen, rötlichen Haaren an den Schultern, tollte in den Sträuchern umher, bis ihm ein einziger Blick der alten Kuh Einhalt gebot. Die Herde graste ruhig und gelassen.

Am nächsten Tag jedoch drängten sie sich hinter ihrer Anführerin zusammen und rannten los, weil sie dem Lärm entkommen wollten. Eingeborene, die sich in einem weiten Halbkreis aufgestellt hatten, trommelten auf Metallstücke und brüllten, um auf diese Weise die Elefanten in Richtung Keddah zu treiben. Je lauter der Krach, desto schneller liefen die Tiere. Auf der Plattform vor der Keddah stehend, sah Arjun, wie sie durch den Wald herangeprescht kamen. Ihm fiel ein, was Rama einmal gesagt hatte: Einem angreifenden Elefanten kann man nicht entkommen, indem man im Zickzack hin- und herläuft. Elefanten sind schneller als Menschen und drehen sich gewandter. Am besten, man lockt einen wütenden Elefanten zu einem Hügel, denn beim Abwärtsgehen verlangsamt Gaja vorsichtig sein Tempo. Doch Hügel gab es hier in der Gegend keine, nur feuchte Täler, unwegsames Gestrüpp und dichte Wälder.

Arjun spürte die Bambusstangen unter sich vibrieren und rattern, als die alte Leitkuh ihre Herde zum Rand des Trichters aus Bambusstangen steuerte, der sich zum Eingang der Keddah hin verengte. Getrieben von dem mächtigen Getöse zu beiden Seiten und hinter ihr, führte sie vierzig Elefanten zwischen die Umzäunungen in die Palisade. Arjun sah, wie ein Eingeborener die Leiter an einem der schlanken Bäumchen hinaufhastete, durch die das Tor offen gehalten wurde. Mit einem Messer in der Hand beugte sich der Mann vor, zerschnitt das Seil, und das Tor knallte zu.

Die Elefanten waren in der Falle und stoben aufgeregt hin und her wie Fische in seichtem Wasser.

Von der Plattform aus beobachtete Arjun einen großen Bullen, der mit dem aufgerollten Ende seines Rüssels auf die Erde peitschte und dabei einen scharfen Luftstrom durch die Öffnung presste. Der Laut, den er auf diese Weise erzeugte, klang metallisch, als würden Münzen in einem Sack geschüttelt.

Andere Bullen taten es ihm nach. Einige verdrehten ihre Schwänze und warfen die Köpfe zurück. Indem sie ihre Rüssel hoch aufrichteten, als wollten sie beißen wie Schlangen, drängelten sie, schubsten einander und stürmten dann los. Doch als sie an den Graben kamen, blieben sie abrupt stehen und brachen trompetend zur Seite aus. Obwohl sie Arjun unmöglich hätten erreichen können, trat er unwillkürlich einen Schritt zurück und fiel fast von der Plattform. Rama lachte. »Da siehst du ihre Kraft!«

Noch mehrere Male rüsteten die Bullen zum Angriff. Ihre Hinterbeine tänzelten von einer Seite auf die andere. Die Ohren hatten sie zu voller Breite aufgestellt, was sie noch größer erscheinen ließ, und dabei grunzten und brüllten sie und ließen ihr Münzenklimper-Geräusch hören. Schließlich stürmten sie wieder gegen das Tor, doch mit angezündeten Fackeln und spitzen Stangen wurden sie zurückgehalten. In dem ganzen Chaos stieß einer der Bullen einen halb ausgewachsenen Elefanten in den Graben. Der kreischte und schnaubte vor Wut und konnte nicht mehr heraus. Er rannte rundum durch den ganzen Graben, dann kam er ans Ende neben der Eingangsrampe und kauerte sich dort ängstlich nieder. Arjun musste an das Kalb denken, das zwischen den Beinen seiner Mutter hervorgespäht hatte.

Der Lärm der Elefanten und Eingeborenen-Treiber (sie hatten immer weiter geschrien und getrommelt) hielt lange an. Da plötzlich steuerte die alte Leitkuh, die auf der Suche nach einem Fluchtweg um den Rand des Grabens gerannt war, zur Mitte der Umzäunung und kam unter einem Baum zum Stehen. Mit schlaff am Schädel hängenden Ohren, auseinander gerolltem und zur Erde gerichtetem Rüssel stand sie reglos da. Das schien für die Treiber das Zeichen zu sein, mit dem Lärm aufzuhören. Sie zogen sich von der Umzäunung zurück.

Dann wurde auch die Herde still.

»Was passiert jetzt?«, fragte Arjun seinen Lehrer.

»Sie werden tun, was die Alte tut.« Und tatsächlich, selbst die aggressivsten Bullen wurden ruhig. Sie bewegten sich allmählich zur Mitte hin, drängten sich dicht um die alte Elefantenkuh, und ihre Rüssel baumelten wie Seile hin und her.

»In ein paar Tagen«, sagte Rama, »wenn sie vor Hunger schwach sind, suchen wir uns aus, was wir brauchen, einen nach dem andern, und lassen den Rest wieder frei.«

Arjun sah zu dem gefangenen jungen Bullen hinunter, der im Graben hockte. »Was wird mit ihm?«

»Na ja, der kann hier allein nicht raus. Und wir werden genug zu tun haben mit denen, die wir behalten.«

»Er bleibt im Graben?«

»Nur bis wir mit der Arbeit fertig sind.«

»Und dann?«

»Ihn rausholen wäre schwierig und würde viel Zeit kosten. Sie können ihn haben.«

»Was meint Ihr damit?«

Rama deutete auf eine Gruppe Eingeborener, die in der Nähe hockten. »Sie töten ihn und veranstalten ein Festmahl. Wenn so was passiert, bekommen jedes Mal sie den Gaja. Das ist schon immer so gewesen.«

8

Ein paar Tage später begannen die Mahouts damit, die für das Elefantencorps ausgewählten Tiere von den andern zu trennen und einzeln zu fangen. Sie betraten die Keddah auf dem Rücken gut ausgebildeter Elefantenkühe, die man aus dem Lager mitgebracht hatte. Deren Aufgabe war es, die gefangenen Gajas unter Kontrolle zu bringen, indem sie sie in die Mitte nahmen und dabei geschickt lenkten. Die ausgebildeten Kühe nannte man Koomkies, ohne sie konnte man bei wilden Elefanten nichts ausrichten.

Für jedes der gefangenen Tiere bestimmte der Vahinipati entweder einen Mahout oder einen erfahrenen Kavadai, der es zähmen und später ausbilden sollte. Die Korkenzieherlocken und silbernen Ohrringe des Offiziers taten seiner Autorität keinen Abbruch. Arjun musste an die alte Leitkuh denken, die trotz ihres fortgeschrittenen Alters die Herde anführte. Echte Macht war oft nicht sichtbar.

Zudem schien der Major diese Anweisungen gern zu treffen und seine Befehle von der Plattform hinter der Einzäunung aus zu rufen. Arjun fiel auf, dass die Elefantenführer entsprechend ihrer Fähigkeiten bedacht wurden: Die mit dem wenigsten Geschick bekamen die zuerst gefangenen Tiere, die kleiner und schwächer waren und sich schneller in ihr Los gefügt hatten. Zu beiden Seiten einen Koomkie, so wurde jeder Gaja langsam von der Herde abgedrängt. Der Elefantenführer ließ sich zu Boden, schlang ein Seil um eines der Hinterbeine des Elefanten und band es an einen Baum; manchmal zog er mit der Unterstützung seines Helfers, der auf dem Rücken des anderen Koomkies saß, ein Seil um den Körper des Elefanten und befestigte auch das. Es dauerte fast den ganzen Tag, doch zur Zeit der Abenddämmerung stand ein Dutzend Herdenelefanten an Bäumen festgebunden in der Umzäunung.

»Das ist das Gute an Gaja«, erklärte Rama seinem Lehrling, als sie zur Essenszeit zum Waldlager zurückkehrten. »Wenn er merkt, dass er tatsächlich gefangen ist, macht Gaja das Beste daraus. Er lernt schnell, was von ihm verlangt wird.«

Doch am nächsten Tag versetzte ein alter Bulle einige Mahouts in Angst und Schrecken. Alle sechs Koomkies umdrängten ihn, schoben ihn schließlich zum Tor und aus der Keddah hinaus – er war zu gefährlich zum Abrichten. Dann, unter den gebrüllten Kommandos des Vahinipatis, zeigten ein paar Mahouts mit ihren Koomkies den zu alten oder zu jungen Tieren, den trächtigen Kühen und den Bullen ohne Stoßzähne den Weg aus der Umzäunung. Auf der anderen Seite des Gatters stürmten die befreiten Tiere zum Wald hin, liefen davon so schnell sie konnten und quiekten vor Freude über ihre neu gewonnene Freiheit.

Schließlich waren noch etwa dreißig Tiere in der Keddah. Mehr als die Hälfte der Elefanten, die man über Nacht an Bäume gebunden hatte, waren so weit, dass man sie aus der Umzäunung in – ebenfalls von den Eingeborenen vorbereitete – ›Pressen‹ führen konnte. An den Stamm eines großen Baumes gebaut, war eine Presse ein Käfig aus Balken – vier aufrechte Pfosten und drei Querstangen –, gerade groß genug für einen Elefanten. Hatte man ein Tier hineingeführt, wurden weitere Stangen eingefügt, um dem Elefanten Brust und Unterleib zu stützen, damit er schlafen konnte.

In der Zwischenzeit wurden in der Keddah weitere Tiere abgesondert und an die inzwischen wieder frei gewordenen Bäume gebunden. Arjun warf einen kurzen Blick auf Rama und überlegte, ob der Vahinipati nicht endlich seinem Meister einen Elefanten anvertrauen würde. Doch immer ging der Auftrag an andere Mahouts und Kavadais. Rama schien sich nichts draus zu machen; als sein Elefant umgekommen war, hatte er schließlich keinen anderen mehr gewollt. Für Arjun aber galt das nicht. Den meisten anderen Kavadais war schon ihr eigenes Tier zugewiesen worden. Sie würden es mithilfe ihres Mahouts ausbilden. Arjun beneidete sie. Er merkte, dass ihm – außer Gauri zu finden – nichts sonst so wichtig war. Seine ganze Ausbildung mündete in der Sehnsucht nach einem eigenen Elefanten, den er reiten, mit dem er arbeiten und leben würde, ja leben, wie vielleicht zu Hause mit Freunden, wenn sie zum Teich oder in die Felder gerannt waren, wenn alle gelacht hatten und froh waren, dort zu leben.

Zwei Tage später war nur noch ein halbes Dutzend Elefanten in der Keddah. Alle anderen steckten entweder in Käfigen oder hatten sich bereits so gefügig gezeigt, dass sie nur noch locker an Bäume gebunden werden mussten. Der halb ausgewachsene Bulle kniete die ganze Zeit über im Graben. Die Eingeborenen hatten ihm eine Menge Gras zu fressen gegeben, um ihn für ihr Festmahl zu mästen.

Wie gewöhnlich kam der Vahinipati auch an diesem Morgen, um die restlichen Tiere in Augenschein zu nehmen. Jedes von ihnen war ein großer, starker Bulle. Vier Mahouts, unter ihnen Rama, standen neben dem Major und warteten auf seine Entscheidung.

Fünf Kavadais, einschließlich Arjun, standen weiter weg. Sie konnten nicht hören, was der Offizier sagte.

Als der Vahinipati schließlich davonging, gab Rama seinem Gehilfen einen Wink, ihm außer Hörweite der anderen zu folgen. Er drehte sich um, stirnrunzelnd, und sagte zu Arjun: »Du reitest den kleineren Koomkie. Ich reite den andern.«

Arjun gab sich Mühe, seinen Gesichtsausdruck der düsteren Miene Ramas anzugleichen, doch vor Aufregung und Erleichterung konnte er ein Lächeln nicht unterdrücken. Es sah ganz so aus, als hätte der Meister endlich einen Gaja angenommen und würde ihn, Arjun, bei der Ausbildung helfen lassen. Kurz darauf ritten sie auf dem Rücken zweier Koomkies in die Keddah. Arjun hätte am liebsten gebrüllt: »Welchen, Rama? Welcher ist unserer?« Aber er hielt sich zurück.

Als sie sich den übrig gebliebenen Elefanten näherten, deutete Rama auf den größten. Obwohl er seit einer Woche nicht gefressen hatte, war der junge Bulle kräftig genug, die Stoßzähne zu recken und einen funkelnden Blick über seinen erhobenen Rüssel zu werfen.

Rama blieb stehen, und Arjun lenkte bei. »Er ist ungefähr in deinem Alter«, sagte der Meister. »Schau ihn dir an. Vierzig Männer sind aus dem Lager aufgebrochen. Die doppelte Menge dürfte noch immer weniger wiegen als er. Ein feiner junger Bulle. Hoffe nur, er ist noch jung genug, dass er Kühen gehorcht. Bist du so weit?«

»Ja, ich bin so weit.«

»Du weißt, was du zu tun hast?«

»Ich habe gut aufgepasst.«

Rama nickte. »Ich weiß.« Er lenkte seinen Koomkie in einem Bogen um den Bullen. In entgegengesetzter Richtung tat Arjun das Gleiche. Sie kamen zu beiden Seiten an den jungen Bullen heran und ließen die beiden Koomkies ihre weichen Rüssel recken und leicht über den gewölbten Rücken, die Ohren und den Schädel des ängstlichen Bullen streichen. Arjun konnte sein schweres Atmen hören, doch Ramas Hoffnung erfüllte sich: Der Bulle ließ sich von den Kühen schnell beruhigen. Auf das Kommando ihrer Reiter hin schubsten sie ihn sacht vorwärts. So brachten sie das mächtige Tier dazu, dass es langsam und schwerfällig ein paar schlurfende Schritte machte bis dicht an einen stämmigen Baum.

Dann rutschte Rama von seinem Koomkie und ließ geschickt ein langes Seil um Gajas Hinterbein gleiten, verknotete es und zurrte es am Baumstamm fest. Er versuchte nicht, ein weiteres Seil um den Körper zu schlingen, band vielmehr noch ein Seil um das andere Hinterbein, befestigte es am Baum dicht unter dem Knoten des ersten und legte so dem Bullen eine Fußfessel an. Glücklicherweise hatten die Koomkies ihn so weit beruhigt, dass Rama ohne Probleme arbeiten konnte. Als er fertig war, kroch er auf allen vieren weg, rief seinen Koomkie und ließ ihn niederknien. Rama stieg wieder auf.

Arjun sah den Schweiß auf Ramas Gesicht glänzen.

Rama deutete auf den gefesselten Bullen. »Deiner, Arjun.«

Der Junge war wie vom Donner gerührt.

Rama lächelte breit. »O doch, es ist mir ernst. Der Vahinipati ist ganz meiner Meinung. Wir glauben, dass du mit diesem Gaja fertig wirst. Morgen, wenn er sich beruhigt hat, sperren wir ihn in eine Presse. Dann musst du, und nur du, ihm Wasser bringen – ungefähr zwanzig Eimer voll. Und Gras – immer und immer wieder.« Mit einem Stirnrunzeln ergänzte er mahnend: »Zeig, dass du seiner würdig bist, Arjun.«

Am nächsten Tag versuchten sie ihn wegzuführen, doch der Bulle war zu erregt über seine Fußfesseln, also warteten sie noch einen Tag, dann noch einen. Danach war der junge Bulle merklich geschwächt und folgte willig, als die Koomkies ihn zu einem Einzelkäfig steuerten.

Zeig, dass du seiner würdig bist, dachte Arjun, während er eimerweise Wasser von einem nahen Fluss heranschleppte. Zeig, dass du seiner würdig bist. Arjun brachte nicht nur Gras, sondern er fand auch die Hülsenfrüchte mit den Erbsenschoten, die die Elefanten so liebten. Und es gelang ihm, von stachligen Lantanapflanzen süßduftende, orangefarbene Blüten zu pflücken – als besonderen Leckerbissen.

Das Füttern und Tränken des Elefanten ermüdete ihn. Halb dösend saß Arjun an diesem Abend vor dem Feuer. Rama sah ihn prüfend an, dann sagte er: »Hast du Angst vor deinem großen Gaja?«

Die Frage rüttelte Arjun auf. Er drehte sich nach seinem Meister um und sah in dessen ernst zusammengekniffene Augen. »Er ist sehr groß. Sehr stark.«

»Du hast Angst vor ihm.«

»Ja«, gab Arjun zu.

Der Meister schüttelte den Kopf. »Elefanten riechen Angst.

In ihrer Nähe darfst du an Angst nicht mal denken. Wenn du deine Angst nicht überwinden kannst, musst du die Sache aufgeben. Versprich es mir. Ich will nicht verantwortlich sein für deinen Tod.« Dann sprach er von anderen Dingen. Ein verdorbener Elefant sei ein listiger Teufel, verschlagen und jähzornig, es sei deshalb unklug, Gaja zu oft und zu schnell zu belohnen. Alles, was man von Gaja verlangte, musste ausgeführt werden. Wenn nötig, musste man ihn schlagen – aber nur um zu überzeugen, niemals um nur zu verletzen. Das hieß, beharrliches Schlagen war wichtiger als schmerzhaftes Schlagen. Hatte man erst einmal angefangen, durften die Schläge nur zu einem einzigen Ergebnis führen: Gaja tat, was man ihm sagte. Ließ jemand, der einen Elefanten zähmen wollte, in seiner Selbstdisziplin nur ein einziges Mal nach, erreichte er mit den Schlägen nichts weiter, als in dem Tier einen fürchterlichen Groll aufzubauen, sodass eines Tages, wenn es der Elefantenführer am wenigsten erwartete, Gaja sich gegen ihn wenden und ihn aufspießen oder gegen einen Felsblock schleudern würde.

»Sieh zu, dass Gaja jedes Kommando befolgt«, sagte Rama wieder. Er machte sich eine Rolle Kautabak zurecht. »Zuletzt muss er sich auf die Seite legen und einen tiefen Seufzer ausstoßen.« Um zu verdeutlichen, was er meinte, seufzte Rama so laut und tief wie möglich. »Das ist Gajas Art, wie er sich dir unterwirft.« Rama steckte sich das zusammengefaltete Blatt in den Mund. »Bis dahin halte ihn für gefährlich. Danach bist du sein Herr und Freund. Dann geh hin und setz dich neben ihn, lass ihn mit dem Rüssel an dir schnuppern und beruhige ihn mit Worten. Glaub mir, wenn er erst mal so weit ist, bleibt er dein Kamerad lebenslang. Dann gibt es für dich nur noch eins: Du musst ihm dafür dein Leben widmen!«

Was Arjuns Meister verlangte – keine Angst zu haben –, war das Schwerste auf der Welt. Arjun begriff, dass es nicht ausreichte, furchtlos zu erscheinen. Er musste wirklich furchtlos sein. Lange genug war er mit Elefanten umgegangen, er kannte ihr tiefes Einfühlungsvermögen in die Natur eines Menschen. Hatte er Angst, konnte er das vor dem Bullen nicht verbergen. In dieser Nacht lag Arjun wach und grübelte, ob er dem großen jungen Bullen morgen ohne Angst würde begegnen können. Aber wie konnte man Angst wegwünschen? Oder sagte man sich einfach, man spürte keine Angst, und dann verschwand sie?

Gegen Morgen, bevor Arjun in einen kurzen, aber tiefen Schlaf fiel, wurde ihm einiges klar. Vermutlich wusste Rama, dass Arjun selbst dahinter kommen musste – oder er würde es nie begreifen. Angst konnte man nicht wegwünschen, aber vielleicht konnte man sie durch etwas anderes ersetzen. Und während er in Gedanken sämtliche Kommandos durchging, die bei einem Gaja nötig waren, merkte Arjun plötzlich, dass seine Angst für den Moment gewichen war. Wenn er morgen nur an die Ausbildung dächte und wie alles zu leisten sei, würde Angst vielleicht gar nicht aufkommen. War es möglich, dass, indem er fest an eine Sache dachte, er einer andern entgehen konnte? Er hatte keine Wahl, er musste es versuchen. Diese Erkenntnis ließ ihn am Ende einschlafen.

Und Arjuns Art, die Furcht zu besiegen, erwies sich am nächsten Tag als erfolgreich, am übernächsten auch. Arjun gab sich ganz seiner Arbeit hin, die keinen Raum für etwas anderes ließ. Zuerst wurde ein schwerer, gepolsterter Holzblock auf Gajas Rücken hinabgelassen, damit er Gelegenheit hatte, einen fremden Gegenstand auf seinem Körper zu spüren. Nach einem Tag befahl Rama seinem Lehrling, sich auf den Sattel zu setzen. Arjun zögerte nicht, sondern stieg über die Querbalken des Käfigs und setzte sich mit gespreizten Beinen auf den gepolsterten Holzklotz. Die Berührung seiner Oberschenkel mit der warmen Haut überraschte ihn, einen Augenblick geriet er in Panik. Dann konzentrierte er sich auf den Rüssel, dessen Spitze sich hob und nach hinten rollte: Der Bulle wollte riechen, was da auf seinem Rücken war. Arjun wusste, dass er jetzt sicheren Halt finden und dann den Befehl übernehmen musste. Er setzte sich weiter vor auf den Widerrist des Tiers und ließ die Füße unter das Seil am Hals gleiten. Indem er die Zehen des linken Fußes niederdrückte, rief er mit fester Stimme: »Links!« Der Bulle schwenkte seinen Rüssel wieder nach vorn und ließ ihn reglos hängen, als ob er aufmerksam auf etwas lauschte. Arjun wiederholte den Befehl unzählige Male, wenn auch Gaja die Bedeutung noch nicht kannte. Auf Ramas Zureden hin begann Arjun mit dem Fußzeichen für eine Wendung nach rechts. Darüber ging ein ganzer Vormittag hin.

Als sie die Arbeit unterbrachen, um etwas zu essen, tätschelte Rama dem Jungen die Schulter. »Hat gut geklappt.«

»Ist ja nichts passiert«, murmelte Arjun erschöpft.

»O doch, etwas ist passiert. Gaja hat dir zugehört. Er weiß, wer du bist. Er weiß auch, dass du etwas zu ihm sagst.« Forschend sah Rama den Jungen an, ehe er weitersprach. »Dein Geist muss eins werden mit seinem. Wenn ihr nicht enge Vertraute seid, ihr beide, kann es in der Schlacht zu schrecklichen Situationen kommen. Natürlich wird sich Gaja am Anfang fürchten. Alle fürchten sich am Anfang – das macht der Lärm und das Getümmel. Aber er muss dir so vertrauen, dass er den Kopf nicht verliert. Das ist die Bewährungsprobe für Größe – für seine und deine. Im Gefecht müssen sich Mahout und Gaja aufeinander verlassen können, egal, was passiert.«

Rama schöpfte sich Reis in die rechte Hand. »Gib ihm heute Nachmittag wieder Befehle und mach in den nächsten Tagen so weiter. Gewöhne ihn an den Druck und den Klang der Kommandos. Dann, wenn du sicher bist, dass er weiß: Alles, was du sagst, gilt allein ihm, geh vom Fußdruck zum Ankus über.« Als Arjun ein erstauntes Gesicht machte, nickte sein Lehrer. »Ja, zum Ankus. Du musst ihm begreiflich machen, dass es in seinem Leben jetzt manchmal Schmerz geben wird. Er wird lernen, dass er mit Schmerz rechnen muss, wenn er nicht hört und gehorcht. Wenn er den Schmerz des Hakens zum ersten Mal spürt, wird sich Gaja wahrscheinlich wehren. Dieser hier ganz bestimmt, denke ich. Sei drauf gefasst.« Nachdenklich fügte Rama hinzu: »Wenn du das Gefühl hast, du musst abspringen, dann spring. Es ist keine Schande.«

Arjun verstand nicht recht, aber er hütete sich, den Lehrer zu fragen. Wenn Rama von ihm erwartete, dass er ohne Hilfe fertig wurde, musste er es schaffen.

Ein paar Tage später schlug Arjun, auf dem Rücken des Bullen sitzend, mit dem runden Teil des Ankushakens leicht auf den Kopf des Elefanten und rief: »Halt!«

»Fester«, befahl Rama, der sich über den obersten Querbalken des Käfiggerüsts lehnte.

Arjun hieb kräftig auf den Kopf des Bullen und schrie: »Halt!«

»Diesmal«, sagte Rama, »gib ihm die Hakenspitze, wenn du ihm das Kommando gibst.«

Also drehte Arjun, als er ›Halt‹ rief, den Ankus herum und senkte den Haken so weit in die Haut, dass ein wenig Blut kam.

Der Elefant bebte. Für Arjun war es, als ob unter ihm die ganze Erde in Bewegung geriet.

Und dann geschah es. Der Bulle fing an sich zu schütteln.

Blitzschnell knickte er abwechselnd mit den Vorderbeinen ein und schwankte dabei von einer Seite auf die andere. Durch das Rütteln und Schütteln wurde Arjun wild hin und her geschleudert, doch er klammerte sich am Halsseil fest. Einer der dicken Käfigbalken fiel herunter. Zuschauer schrien: »Spring ab! Spring ab!« Aber Arjun hielt durch, obwohl der gewaltige Körper unter ihm scheinbar immer größer wurde, Knochen, Muskeln, die ganze massige Gestalt hob und senkte sich wie ein Boot im Sturm. Arjun dachte nicht an Abspringen. Er hatte das Gefühl, dass er nicht loslassen konnte, dass er an dieses Tier gebunden war wie das Tier an den Käfig. Er hatte keine Ahnung, wie lange das gewaltige Schütteln dauerte, doch schließlich wurde der Bulle langsamer in seinen Bewegungen, der riesige Körper schien zu normaler Größe zu schrumpfen und Gaja stand still, sein Atem keuchte stoßweise durch den sacht schwingenden Rüssel.

Als Arjun zum ersten Mal seit Beginn des Bebens von dem grauen Kopf aufsah, merkte er, dass sein Meister lächelte.

»Gut, Junge«, sagte der Mahout und schlug vor Begeisterung auf den Balken. »Damit hast du die Dauer der Ausbildung abgekürzt.«

Später, am abendlichen Feuer, warf Rama einen heimlichen Blick auf seinen Gehilfen. »Gibt es etwas, das du mir sagen willst?«

Nach langer Pause sagte Arjun: »Ich hatte Angst.«

»Natürlich.« Rama zog die Schultern hoch. »Er auch. Zu viel Angst, als dass er deine Furcht hätte spüren können, deshalb war deine Furcht unwichtig. Was er veranstaltet hat, nennt man Das Große Beben. Bullen, wenn sie in diesem Alter sind oder jünger, machen das manchmal. Aber er wird es nicht wieder tun, weil du oben geblieben bist. Verstehst du? Er wird nicht noch mal solche Angst haben. Wärst du abgesprungen, würde er glauben, sein Schütteln hätte etwas Wichtiges zu bedeuten – er würde es wahrscheinlich noch einmal versuchen. Er würde wieder seiner Angst nachgeben, bis es vielleicht zur Gewohnheit würde, dann wäre er für uns verloren. Aber du hast den Ankus gebraucht und bist oben geblieben.« Er lachte. »Jetzt denkt er, Angst ist weiter nichts Wichtiges. Nur manchmal ein kleiner Schmerz.« Rama tätschelte dem Jungen die Hand. »Morgen fängst du an, außerhalb des Käfigs mit ihm zu arbeiten.«

9

Der Junge auf dem Rücken des Elefanten brachte dem Gaja bald ein Dutzend Kommandos bei. Abends, nachdem Arjun das angebundene Tier gefüttert und getränkt hatte, setzte er sich zu ihm und sang. Er sang fromme Lieder, weil es die einzigen waren, die er im Dorf gelernt hatte. Er sang von den Göttern Vishnu, Shiva und Ganesha. Er sang von Indra und Karttikeya. Er sang mit rauer, unsicherer Stimme von der Verehrung der Götter. Wenn doch Gauri da wäre, um ihre wortlosen Lieder zu singen, dachte Arjun, dann würde der junge Gaja aus den Lauten, die sie hervorbrachte, erfahren, wie sanft und freundlich ein Mensch sein konnte. Gauri würde keine Angst vor Gaja haben, und nichts und niemand hatte jemals Angst vor ihr. Nie schlug sie nach lästigen Fliegen, wie es in der feuchten Jahreszeit jeder tat. Manche nannten Gauri dumm, weil sie nicht einmal versuchte, sie zu verscheuchen. Erbittert hatte Arjun beobachtet, wie die Leute mit den Augen rollten, wenn das stumme Mädchen, von einem Fliegenschwarm umgeben, durch das Dorf ging. Sie sagten: »Die Fliegen wissen schon, dass sie sicher sind bei der!« Und kicherten. Doch Arjun hatte nie geglaubt, dass seine Schwester dumm sei. Andererseits hatte er nie daran geglaubt, dass ihr Heilige Männer in Kashi helfen könnten zu reden, denn Gauri brauchte keine Hilfe. Sie wollte einfach nicht reden. Davon war er überzeugt, auch wenn selbst die Eltern spöttisch lächelten über Arjuns Vorstellung, ihre Tochter könne reden, wenn sie nur wolle. Wo war sie jetzt? Arjun spürte, dass sie noch am Leben sein musste. Wenn sie tot wäre, würde er es wissen. Wie? Er hatte keine Ahnung, wie, aber er würde es wissen.

Der Bulle ging nicht gern rückwärts. Jedes Mal, wenn er den

Befehl ›Zurück‹ bekam, zögerte er, als sei er bei diesem Kommando unsicher. Arjun dachte an die Mahnung seines Meisters: Lass Gaja nie einen Ungehorsam durchgehen. Und eines Tages, als Gaja einfach stehen blieb und sich weigerte, rückwärts zu gehen, bohrte Arjun seinen Haken in die fleischige Schädelvertiefung zwischen den Ohren und wiederholte den Befehl. Er wiederholte ihn noch einmal und grub dabei den Haken ins Fleisch, bis tatsächlich Blut floss. Er wiederholte den Befehl noch einmal. Er drehte den Ankushaken nicht in der Wunde herum, wie es manche Elefantenführer taten, sondern hielt ihn ruhig im langsam sickernden Blutstrom. Noch einmal wiederholte er den Befehl. Tränen liefen ihm über die Wangen. Es widerstrebte ihm, was er tat, doch nicht mal Rama hätte ihn davon abbringen können. In diesen entscheidenden Augenblicken begriff er, dass sein Schicksal und das des Elefanten von seiner, Arjuns, Willensstärke abhingen. Wieder rief er den Befehl, seine Stimme war hoch, doch nicht schrill und ängstlich. Sein Kommando hatte die Festigkeit eines Felsens. Zurück. Zurück.

Endlich bewegte sich der Bulle rückwärts. Noch einmal bekam er den Befehl. Diesmal ging er sofort rückwärts. Wieder der Befehl. Wieder prompter Gehorsam. Arjun steckte den blutigen Ankus in seinen Gürtel, dann befahl er Gaja niederzuknien. Das große Tier kniete nieder ohne zu zögern. Während Arjun abstieg, sah er fest in die sanften braunen Augen. Er spürte Tränen in den eigenen, doch sein Blick schwankte nicht.

Plötzlich rührte sich Gaja. Mit der sich allmählich ausbreitenden Bewegung einer langen Welle rollte er sich auf die Seite. Er öffnete sein rosa Maul, sodass Arjun den klobigen, feuchten Schwengel der Zunge darin sehen konnte. Und dann stieß Gaja einen Laut aus. Er erinnerte Arjun an den Unterwerfungsseufzer der Elefanten, den sein Meister imitiert hatte.

Der Bulle gehörte nun endlich ihm.

Arjun trat näher heran und kniete nieder, dann setzte er sich neben Gajas Kopf, eine Hand auf einem Stoßzahn, die andere auf der runzligen Haut unter dem rechten Auge. Der Junge legte die Lippen an das ledrige Ohr und flüsterte: »Du bist mein Freund. Einen Freund wie dich habe ich noch nie gehabt. Wir werden zusammen leben und zusammen in die Schlacht ziehen. Die Götter haben es beschlossen.«

Ein Stück entfernt hatte Rama die Szene beobachtet, bald kamen alle aus dem Lager und gratulierten Arjun.

An diesem Abend machte der Meister zwei Tabakrollen und gab eine seinem Gehilfen. Er wartete, bis Arjun sie in den Mund gesteckt hatte (der Junge zuckte zurück vor dem scharfen Geschmack), dann sagte Rama: »Gesunde Tiere werden nicht dick. Überfüttere Gaja also nicht – ihm zuliebe. Du musst ihm beibringen, dass er den Kopf hoch trägt und dabei den Rüssel halb einrollt. Das macht man so.« Rama erklärte, wie man Bambusspieße mit spitzen Enden zwischen Brust und Kinn klemmte. Diese Spieße wurden Gaja tagsüber angelegt, bis er gelernt hatte, den Kopf richtig zu halten. »Du musst ihm jetzt einen Namen geben«, sagte Rama beiläufig und lachte über Arjuns ratlosen Blick. »Natürlich musst du das. Ich kann es nicht. Der Vahinipati kann es auch nicht. Nur du, der du ihn so gut kennst, kannst ihm einen Namen geben.«

Lange bis in die Nacht grübelte Arjun, aber ein passender Name fiel ihm nicht ein. Während des Unterrichts am nächsten Tag murmelte er ständig Namen vor sich hin, doch keiner klang richtig. Nach dem Abendessen ging er in den Wald, wo Gaja angebunden war. In letzter Zeit hatte Arjun sich angewöhnt, mit Gaja zu reden, als könne der Elefant jedes Wort verstehen.

»Als ich im Dorf wohnte«, sagte Arjun, »war ich ein Brahmane mit einem Heiligen Band, und mein Kopf war geschoren bis auf einen Haarschopf. Sie brachten mir Lesen und Schreiben bei, obwohl mir nicht viel daran lag. Ich hatte kein Interesse am Beten und Rezitieren frommer Sprüche. Doch jetzt wünschte ich, ich hätte besser aufgepasst, weil ich einen guten

Namen für dich finden muss. Einen, der dich stolz macht. Der Priester wüsste einen, Vater auch, und ich bin sicher, wenn der Onkel noch am Leben wäre, dem würden ein Dutzend einfallen.« Arjun ging zu dem Elefanten und griff mit der Hand nach dem langen, eingerollten Rüssel, damit Gaja ihn ausstreckte und das weiche, lippenähnliche Ende über Arjuns Handfläche gleiten ließ.

Im selben Augenblick wusste Arjun den Namen.

Es war, als hätte ihn die verzweifelte Suche nach einem Namen mit so viel Erinnerung ausgestattet, dass er auf einmal fand, wonach er suchte. Ihm fiel ein, wie der Priester aus dem großen Buch des Krieges, der *Mahabharata*, zitiert hatte, und wie ihm, Arjun, dabei Bilder des Schlachtfeldes bei Kurukshetra in den Sinn gekommen waren – so wie er es sich bei den monotonen Worten des Priesters ausgemalt hatte.

Gandiva. Ja, natürlich, Gandiva.

Arjun hatte den Namen auf den Lippen, noch während er sich die dazugehörige Geschichte ins Gedächtnis rief: Gandiva war der magische Bogen des Kriegers Arjuna, den ihm Gott Varuna geschenkt hatte. Zu diesem vielfarbigen Bogen gehörten zwei unerschöpfliche Köcher und die Kraft von tausend Bogen. Am Ende des Krieges warf Arjuna ihn ins Meer, und so kam der mächtigste Bogen der Welt zu seinem Besitzer zurück, dem König der Meere.

Arjun, als Namensvetter des legendären Bogenschützen, würde ebenfalls Krieger werden. Und seine Waffe? Gandiva! Als er seinem Lehrer den Namen nannte, nickte Rama beifällig. »Es ist gut, einen Namen aus dem Buch des Krieges auszusuchen. Habe ich dir schon mal den Namen von meinem Gaja gesagt? Airavata. Ich denke, als guter Brahmanenjunge weißt du, wer das ist.«

Arjun wusste es. Airavata war der weiße Elefant mit den vier Stoßzähnen, das Reittier des Gottes Indra, der den Donner beherrschte und Gewalt über das Wetter besaß. Indra war zudem der Vater des Kriegers Arjuna. Es schien Arjun, als müsse es eine verborgene Ursache dafür geben, dass die Namen von Göttern und Kriegern mit ihm, Rama und ihrer beider Elefanten in Beziehung standen. Doch diese Vorstellung zerstörte der Meister schnell.

»Du kannst Gaja nennen, wie du willst, du kannst ihn nach einem Gott, einem großen Krieger oder einer berühmten Waffe nennen, doch das wird euch beide nicht davor bewahren, euch als Feiglinge oder Dummköpfe zu benehmen.« Als der Junge enttäuscht schien, ergänzte Rama: »Kümmer dich lieber um Gandivas vornehmes Aussehen, damit es zu seinem vornehmen Namen passt.« Er zeigte Arjun, wie man den Kopf eines Elefanten täglich mit dem dickflüssigen Saft einer bestimmten Pflanze einölte, bis eine schwarze, schimmernde Krone entstand, die sich von der natürlichen grauen Hautfarbe des Tiers unterschied. Dann brachte Rama Arjun bei, wie man Gajas Gesicht mit symmetrischen Mustern aus Kreidezeichnungen schmücken konnte.

Doch als Arjun später am Tag ins Lager kam, hörte er zufällig, wie Rama sich mit einem anderen Mahout unterhielt.

»Es ist seine Wahl«, sagte Rama

»Es ist eine arrogante Wahl«, erklärte der andere Mahout. »Was ist der Junge schon? Gerade mal fünfzehn oder sechzehn? Was weiß er über Elefanten? Wie darf er es wagen, einen so hohen Namen zu verwenden! Er benimmt sich wie ein Brahmane«, sagte der Mahout verärgert.

»Er benimmt sich wie einer, der stolz ist auf das, was er tut. Der an den Gaja glaubt, mit dem er arbeitet. Und eines Tages wird sich herausstellen, dass der Name richtig ist. Sie werden ihm beide gerecht werden.«

»Wie willst du das wissen?«, fragte der Mahout mit höhnischem Grinsen.

»Ich habe die beiden zusammen gesehen. Nur ein anderer Mahout und dessen Gaja haben mir ähnlich viel versprechende Ansätze gezeigt.«

»Aha, und ihre Namen?«

Lachend deutete Rama auf die eigene Brust. »Ich bin der Mahout. Der Gaja war mein Airavata. Wir waren genauso.« Er stand da, die Arme in die Seiten gestemmt. »Glaubst du mir?«

Der andere Mahout nickte hastig. »Natürlich. Ich glaube dir.«

Eines Nachmittags nach dem Training wartete Rama, bis der Junge Gandiva angebunden hatte. »Lass uns ein Stück laufen«, sagte er und nahm seinen Lehrling mit auf einen Spaziergang. Beiläufig fing er zu reden an. Die Waldbewohner würden wahrscheinlich demnächst in ihrer Keddah neue Elefanten für andere Einheiten der Chalukyer Elefantentruppe fangen. Jetzt, wo Harsha aus dem Norden drohte, würden wohl an die vier- bis fünfhundert Elefanten im Kriegslager eintreffen, um hier den letzten Schliff ihrer Ausbildung zu erhalten. Rama erklärte, ihre eigene Expedition sei erfolgreich verlaufen. Sie hatten eine Herde gefunden, nah genug an der Keddah, dass sie die Treiber in nur einem halben Tag fangen konnten. Manchmal dauerte es eine ganze Woche, um eine Herde in eine Keddah zu steuern. Rama schwieg. Arjun wartete.

Endlich sprach der Meister mit einem Seufzer weiter. Mahouts und ihre Elefanten würden nun in ein spezielles Lager kommen, wo sie in der Kriegsführung ausgebildet werden sollten. Das sei in der Nähe des Hauptlagers bei Ellora.

Sie kamen an einen schnell fließenden Fluss im Wald und Rama versank wieder in Schweigen. Arjun kannte seinen Lehrer gut genug, um zu wissen, dass der eigentliche Grund für dieses Gespräch noch nicht enthüllt war.

»Bei Ellora wird die ganze Armee zusammengezogen, bevor sie ins Feld zieht«, fuhr er fort. »Unser Vahinipati wird einhundert Elefanten unter seinem Kommando haben. Eine Sena, das sind zwei Vahinis mit Elefanten und zwei mit Infanterie und Kavallerie. Für die Schlacht wird der König wahrscheinlich zwei oder vielleicht drei Senas einsetzen. Das bedeutet eine Armee aus tausenden von Soldaten und Pferden sowie vier- bis sechshundert Elefanten. So einen Anblick vergisst man nie«, murmelte er kopfschüttelnd.

»Und Ihr?«, fragte Arjun schüchtern.
»Was meinst du?«
»Werdet Ihr auch dabei sein?«
Rama schien durcheinander. »Ach so, nein, ich komme wieder ins Ausbildungslager nach Paithan. Ich habe meinen Krieg gehabt.«
Das war es also, was er eigentlich hatte sagen wollen: Sie würden sich trennen müssen, jetzt.
Rama wandte sich vom Bach ab und winkte Arjun, ihm zu folgen. »Der Vahinipati will dich sehen. Aber erst ist noch was anderes zu erledigen.«
Unter den Mitgliedern der Expedition gab es auch einen Schmied, der nun unter dem Beifall der Zuschauer Arjuns eiserne Fußfessel abschlug.
Mit einem Becher starken Palmweins tranken sich Rama und der Schmied zu. Dann warf der Meister einen kurzen Blick nach seinem Gehilfen, der sich vorgebeugt hatte und den Einschnitt vom Ring um seinen Knöchel betrachtete. »Wir von der Elefantenreiterei«, sagte Rama, »tragen keine Ketten, um unsere Treue zu beweisen.«
Dann winkte er Arjun, ihm zum Zelt des Vahinipatis zu folgen. Dort blieb Rama stehen.
»Geh allein hinein.«
»Warum?«
»Geh allein hinein.«
Der Vahinipati kaute auf einer Tabakrolle, als Arjun die Zeltklappe zur Seite schlug und eintrat. Durchdringend musterte ihn der Offizier. »Einen so jungen Burschen habe ich noch nie zum Mahout in meiner Vahini ernannt. Mach mich nicht zum Gespött.«
Mahout? Arjun sah zu den beiden Unteroffizieren hin, die grinsend am Zeltrand saßen.
»Sprich mir nach«, befahl der Vahinipati. »Ich bin ein Mahout, treu ergeben dem König Pulakeshin der Chalukyer.«
Arjun wiederholte stockend.

Der Offizier sprach weiter: »Ich gehöre zu meinem Gaja.«

»Ich gehöre zu meinem Gaja.«

»Ich diene meinem König, indem ich für meinen Gaja lebe.«

»Ich diene meinem König, indem ich für meinen Gaja lebe.«

Der Vahinipati griff zu Boden und hob einen Ankus auf, der neben ihm lag. Lächelnd reichte er ihn Arjun. »Das ist nun deiner.«

Als der Junge aus dem Zelt kam, suchte er mit funkelnden Blicken nach Rama, doch der Meister wollte diesen Augenblick des Triumphs nicht mit ihm teilen. So lief der Junge in den Wald, wo Gandiva angebunden stand, und erzählte ihm alles. Diese Nacht blieb er bei ihm und ging weder zum Abendessen noch zum Schlafen ins Lager zurück.

Am nächsten Morgen fand er zu seiner Bestürzung den Lehrer fertig gerüstet zum Aufbruch, und mit ihm ein halbes Dutzend anderer, die nach Paithan zurückkehren würden.

Arjun griff nach dem im Gürtel festgeschnallten neuen Ankus, als er seinen Meister sah.

»Du bist stolz«, bemerkte der Meister. »Gut so. Du hast ihn verdient. Hoffst du immer noch auf ein Heiliges Band und einen geschorenen Kopf?«

»Ich bin jetzt Mahout. Ich denke nur an Gandiva …«

Rama bemerkte Arjuns Zögern und sagte: »Du denkst auch an …?«

»Meine Schwester.«

»Du hast mir doch von ihr erzählt. Ist sie nicht von Banditen verschleppt worden?« Forschend sah er den Jungen an und fuhr fort: »Da kannst du überhaupt nichts machen. Verschwende nicht deine Zeit mit Klagen. Tu deine Pflicht. Das Buch des großen Krieges befiehlt es dir. In dem Abschnitt, der *Bhagavad Gita* heißt. Weißt du es noch, Brahmane?« Der Meister warf den Kopf zurück und schloss die Augen, um sich besser erinnern zu können. »Der große Arjuna will nicht kämpfen, weil viele der Widersacher seine Verwandten sind. Doch Gott Krishna überzeugt ihn, dass er trotzdem kämpfen muss, selbst wenn er Menschen tötet, die er liebt. Warum? Weil er ein Krieger ist und weil es seine Pflicht ist.« Rama öffnete die Augen und lächelte schwach. »Du hast die Geschichte natürlich von Priestern gehört, die sie dir mit größtem Eifer beigebracht haben. Ich habe sie gehört, weil ich mich in dunklen Winkeln herumgedrückt und zufällig das Gespräch von Priestern aufgeschnappt habe, die gar nicht ahnten, dass es mich überhaupt gab.«

Arjun sagte nichts.

»Bald wirst du mit hundert anderen Mahouts und ihren Gajas in einem Kriegslager sein. Dann wird die Zeit kommen, da alle zusammengezogen werden und ins Feld marschieren, um König Pulakeshins Ruhm zu verteidigen. Das ist deine Aufgabe, Arjun. Denk einzig und allein nur daran. Dein König, sein Ruhm, deine Aufgabe.« Er schwieg und sah den Jungen eindringlich an. »Wer bist du?«

»Arjun Madva, Führer des großartigen Gandiva.«

Rama runzelte die Stirn und schüttelte den Kopf. »Also, dass er großartig ist, muss er erst noch beweisen. Aber ihn so einzuschätzen ist ein guter Anfang für einen jungen Mahout.«

Er drehte zwei Rollen Kautabak und gab eine Arjun. »Von Mahout zu Mahout: Halte dir deinen Gaja gesund und munter, gehorsam und zuverlässig. Nichts anderes zählt.«

»Ihr werdet mir fehlen, Shri Mahout Rama.«

Der kleine Mann wandte sich ab, steckte den Kautabak in den Mund und spuckte einen mächtigen roten Schwall Betelsaft aus.

TEIL 2

10

Auf dem dreiwöchigen Marsch in das Kriegslager ritt der Vahinipati einen Elefanten. Arjun sollte sich bald daran gewöhnen, Offiziere auf diese Art reiten zu sehen: Sie saßen auf einem großen, gepolsterten Sattel mit Ringen daran, durch die ein straff befestigter Gurt um den Bauch des Elefanten lief. Hals- und Schweifriemen gaben dem Sattel zusätzlichen Halt. Tag um Tag sah Arjun, wenn er nach vorn blickte, die silbernen Ohrringe des Offiziers, die beim schwankenden Gang des Elefanten hüpften und schaukelten.

Bis auf wenige Reiter der Vorhut folgte die Kompanie ihrem Offizier zu Fuß durch das hügelige, mit Brachfeldern durchsetzte Waldgebiet. Fast alle Mahouts gingen links neben ihren Gajas, direkt hinter dem Ohr. So konnten sie sie besser führen, weil die Tiere ihre Rüssel und Köpfe meist nach rechts schwenkten. Arjun hielt sich aber auf der rechten Seite, weil Gandiva ›Linkshänder‹ war.

Der Vahinipati ordnete häufige Rasten an, um die großen Tiere bei Laune zu halten. Trotz ihrer Größe oder vielleicht gerade deswegen fehlte es Elefanten manchmal an Ausdauer, und der Vahinipati wollte nicht, dass sie erschöpft im Kriegslager ankamen. Jeden dritten Tag hielt die Kompanie an, damit die Tiere von den trockenen Blättern des Winters fressen konnten. Kam der Zug durch Dörfer, gaben die Leute den Elefantenführern Almosen zu Ehren von Ganapati, dem elefantenköpfigen Gott, der als Überwinder aller Hindernisse galt.

Den ganzen Weg über blieb Arjun für sich, weil er unter den Mahouts und Kavadais keine Freunde hatte. Er spürte, dass manche der Elefantenführer neidisch waren, weil er so jung zum Mahout ernannt worden war. Bis zu dem Tag, an dem sein

Meister weggegangen war, hatte sich Arjun nie ganz klar gemacht, welche Achtung man Rama entgegenbrachte und welche Macht er deshalb besaß. Viele der Soldaten hatten Arjun auf der Expedition gut behandelt, weil sie sich dadurch Ramas Urteil beugten.

Obgleich höflich, begegnete Arjun ihrer kühlen Zurückhaltung nun mit gleicher Reserviertheit. Er war in der Welt der Brahmanen aufgewachsen und diese Welt hatte ihm ein Auftreten in stolzer Unnahbarkeit vermittelt. Gefallen hatte ihm das nicht. Das Sich-Fernhalten hatte den lebhaften Jungen eher bedrückt. Die Leute im Dorf hatten über seinen Mangel an Würde öfter getuschelt. ›Aus diesem Arjun wird nie ein guter Brahmane. In dem steckt die ungezügelte Natur eines Kastenlosen.‹ Doch jetzt konnte er – zu seinem eigenen Schutz – gebrauchen, was er als Junge gelernt hatte. Arjun begriff, dass er durch Schweigen und unterwürfige Demut keine Achtung gewinnen konnte wie früher in der Infanteriekaserne. Was damals richtig war, würde jetzt verkehrt sein. Schließlich musste er für seinen Gaja einstehen und jene Nachdrücklichkeit an den Tag legen, die man von einem Mahout erwartete. So rief er sich nun die würdevolle Autorität in der Haltung eines Brahmanen ins Gedächtnis. Er spürte sie in seinen gespannten Gesichtsmuskeln, dem kühlen Blick seiner Augen, dem fest geschlossenen Mund. Zurückgewiesen als Neuling, dessen rascher Aufstieg gefördert worden war von einem, der nicht mehr hier war, um ihm beizustehen, wurde Arjun Madva ein besserer Brahmane als je zuvor.

Eines Nachts jedoch schlug er seine Decke zurück und kroch hinaus, um Gandiva zu besuchen. Der Elefant war noch wach, er hatte sich Blätter von den oberen Ästen eines kleinen Baums gerupft und kaute leise schmatzend vor sich hin. Arjun blieb in der Nähe stehen, bis sich das Tier umdrehte und dem Jungen mit dem Ende des Rüssels behutsam über Gesicht und Brust fuhr. Arjun drückte den Kopf an die ledrige Haut. »Wir beide haben nur uns«, sagte er traurig. »Ich muss dir das sagen, wenn es auch schwach und jammerig klingt. Ich bin nicht schwach, ich will nicht jammern, ich bin ... einsam«, murmelte er. Nach langem Schweigen ergänzte er: »Vielmehr, ich wäre einsam ohne dich. Wegen dir bin ich nicht einsam.« Arjun fing an zu summen. Gandiva sollte in diesem Ton den Trost erkennen, der manchmal in der menschlichen Stimme lag, ein Trost, der immer in Gauris Stimme gelegen hatte.

Was Rama über das Kriegslager erzählt hatte, war richtig. Es war ein lauter, turbulenter Ort mit einem weiten Gelände, auf dem die Elefanten angebunden standen, mit Reihen von Baracken und mit vielen Offizieren, von denen manche üppiger verzierte Ohrringe trugen als der Vahinipati.

Weil es hier für Arjun so viel zu tun und zu lernen gab, wich allmählich sein Gefühl des Fremdseins. Gandiva und er verbrachten die Tage damit, gemeinsam mit dutzenden anderer Mahouts und deren Elefanten bis zur Perfektion Formationen für das Schlachtfeld und Kommandos zum Schwenken zu üben. Dieses Schwenken musste gleichzeitig mit zweihundert anderen Tieren gelingen. Alle Elefantenführer mussten außerdem ihre kriegerischen Fertigkeiten im Umgang mit Speer, Bogen und Schwert trainieren und so verbessern, dass sie auch von der schwankenden Plattform auf einem Elefanten kämpfen konnten. Sämtliche täglichen Übungen wurden von Ausbildern beaufsichtigt, Unteroffizieren, die jeweils für ein Dutzend Elefanten und ihre Führer verantwortlich waren.

Arjun war Vasu zugeteilt worden, einem stämmigen, schnauzbärtigen Chalukyer. Vom ersten Augenblick an wusste Arjun, dass er mit diesem Unteroffizier Ärger bekommen würde.

»Ich habe von dir gehört«, sagte Vasu schroff. »Erinnerst du dich an Skanda? Immer faul, wenn man nicht auf ihn aufpasst? Auch so einer von Ramas Lieblingsschülern!«

Arjun nickte unsicher.

»Skanda war zur Ausbildung hier. Er hat mir gesagt, dass du

wahrscheinlich durch das Lager kommen wirst, und da bist du also.« Der Unteroffizier grinste unangenehm. »Du bist der Brahmanenjunge, der lieber reitet als zu Fuß geht, ist das richtig? Rama hat Menschen noch nie richtig eingeschätzt. Elefanten, ja. Das gebe ich zu. Aber nicht Menschen.« Mit dieser Erklärung stapfte der Unteroffizier davon.

Arjun überraschte es nicht, dass Vasu bei der Ausbildung stets ein geringschätziges Kopfschütteln für ihn bereithielt, ein höhnisches Gelächter bei jedem Fehler. Sorgfältig inspizierte Vasu Gandiva nach jedem täglichen Bad im Fluss und suchte so lange, bis er ein einziges, winziges Körnchen Dreck auf dem weitläufigen Körper gefunden hatte. Wenn die anderen Mahouts mit ihren Elefanten das Flussufer verließen, musste Arjun Gandiva noch im Wasser lassen und scheuern und schrubben, bis ihm die Arme wehtaten.

Vasu machte spitze Bemerkungen über ›die Dummheit und Hinterlist der Rekruten heutzutage‹. Solche Äußerungen endeten stets damit, dass er sich nach Arjun umdrehte und ihn anglotzte. War für alle andern der Unterricht zu Ende, musste Arjun auf Befehl des Ausbilders noch unzählige Male mit einem Schwert oder einer Lanze in die Luft stoßen, weil »du ja nicht mit einer Waffe umzugehen verstehst«.

Die Behandlung durch den Unteroffizier brachte Arjun aber das Mitgefühl der andern im Lager ein. In der dritten Woche setzte sich einer der jungen Mahouts am abendlichen Feuer neben ihn. Arjun wusste, dass er Hari hieß und aus einem Dorf irgendwo im Hochland des Dekkan stammte. Sie hatten jedoch erst ein paarmal miteinander gesprochen.

Nach langem Schweigen sagte Hari: »Ich glaube, es ist wegen deinem Elefanten.«

Arjun drehte sich um und sah ihn an. Hari war ungefähr so groß wie er, aber vielleicht fünf, sechs Jahre älter. Er hatte ein längliches, hageres, hohlwangiges Gesicht, doch im Unterricht lächelte er oft. Arjun wusste, dass ihn die anderen gern mochten. »Manche glauben, es ist, weil Rama dein Lehrer war«, fuhr

Hari fort. »Er war ein großer Krieger zu seiner Zeit, größer als Vasu, und jeder weiß es. Das könnte der Grund sein. Aber ich glaube, Vasu verlangt es nach dem Gaja, den du mit ins Lager gebracht hast.« Hari grinste. »Ja, doch. Dein Gaja ist der prächtigste hier, jeder weiß das.«

»Danke«, sagte Arjun zurückhaltend.

»Die meisten von uns glauben, dass Vasu verlieren wird«, versicherte Hari.

»Verlieren?«

»In dem Kampf, in dem du steckst. Merkst du nicht, dass du in einem Kampf mit ihm steckst? Bis jetzt hältst du dich ganz gut. Zum einen hast du deinen Gaja besser im Griff als wir unsere. Zum andern bist du ein hervorragender Bogenschütze.«

»Aber nicht so gut mit der Lanze.«

»Gut genug immerhin, dass du keine Extraübungen nötig hättest, wenn alle andern Schluss machen.«

Arjun warf ihm einen kurzen Seitenblick zu. »Du sagst, die meisten von euch glauben, dass Vasu verlieren wird. Meint ihr nicht, er wird sich durchsetzen?«

»Also, ich gebe zu, er hat sich früher durchgesetzt. In jeder Gruppe, die durch dieses Lager kommt, sucht er sich jemanden zum Tyrannisieren. Das macht er gern, und er kann es auch gut. Diesmal hat er es auf dich abgesehen.« Hari stockte und sah ins Feuer. »Aber wir glauben nicht, dass er siegen wird.«

»Vasu wird den Kürzeren ziehen«, sagte Arjun.

»Ha, gut! Das ist gut!« Hari lachte und schlug mit der einen Hand in die andere. Während er sich aufrappelte, sagte er: »So ist's richtig, Arjun. Komm her, trink Palmwein mit mir. Ich weiß, wo man welchen bekommt.«

Arjun schüttelte den Kopf. »Ich trinke keinen Wein, aber danke. Und danke, dass du freundlich über Gandiva sprichst.« Herausfordernd hob er den Kopf und sah zu Hari auf, dann ergänzte er: »Und dass du nicht sagst, was die Leute wirklich glauben.«

»Warum sollte ich das?«

»Um mich zu ermutigen. In Wirklichkeit glauben alle, Vasu wird mich ruinieren.«

»Ich nicht.«

Arjun sah ihn prüfend an, bevor er erklärte: »Ich glaube dir.« Dann sagte er: »Aber andere denken, er wird mich vernichten.«

Mit einem Schulterzucken ging Hari langsam davon. Dann warf der schmächtige junge Mann einen Blick über die Schulter und rief fröhlich: »Und sie werden sich irren!«

Niemand behauptete, dass Vasu ein schlechter Lehrer sei. Arjun war sich sicher, dass der Unteroffizier ein genauso tiefes Verständnis für Elefanten besaß wie Rama. Deshalb hörte er dem Ausbilder genau zu, obwohl er ihn gleichzeitig fürchtete und hasste.

So erfuhr er zum Beispiel, dass sich ein Elefant niemals über seinen Reiter wälzen würde. Auch wenn Gaja auf Befehl einen Ankus, ein Seil oder eine Banane mit seinem Rüssel zu dem Reiter auf seinem Rücken hinaufreichte, würde er diesen niemals herunterzerren. Er würde auch nicht den Rüssel nach einem anderen Elefanten schwenken und dessen Reiter herunterreißen.

Vasu wusste merkwürdige Dinge über Elefanten. Maß man den Umfang von Gajas Vorderbein mit einem Seil und verdoppelte das Stück, bekam man auf diese Weise Gajas Schulterhöhe. Arjun probierte es bei Gandiva; es stimmte. Zum ersten Mal wurde ihm bewusst, wie unwahrscheinlich groß der Fuß eines Elefanten tatsächlich war.

Er lernte nicht nur von Vasu, sondern auch von den Elefanten selbst. Am Anfang hatte er sie als Tiere gesehen, die sich bereitwillig in die Umstände fügten – genau wie er sich gefügt hatte, als er von der Armee gekauft worden war. Doch jetzt, wo er die Elefanten besser kannte, merkte Arjun, dass sie gar nicht so nachgiebig waren. Sie lernten auf die eine oder andere Art, das Beste aus ihrem Leben zu machen. Ob sie wild oder in Gefangenschaft lebten, sie wussten zu genießen, was möglich war. Elefanten gaben nicht auf, selbst wenn es den Anschein hatte. Sie fanden Wege, jeden Tag auszukosten.

Trotzdem litten sie darunter, dass sie in der Armee waren. Die Zeit kam, da wurde ein halbes Dutzend Elefanten mit schweren, eisernen Rückenpanzern ausgestattet. Eine derart beengende Rüstung war allen Tieren am Anfang lästig oder jagte ihnen Schrecken ein. Dann bekamen sie lange Messer an die Stoßzähne gebunden. Sie schüttelten sich, drehten sich im Kreis, stampften und trompeteten, während ihre Mahouts vergeblich versuchten sie zu beruhigen. Schließlich kamen sie wieder zum Stehen, waren nur noch müde und gereizt und zeigten ihr Unbehagen durch wütendes Schnauben – alle, außer einem jungen Bullen, der sich weiterhin stampfend um sich selber drehte. Endlich wurde auch er überwältigt und, mit Seilen um Vorder- und Hinterbeine, gestreckt zwischen mehrere Bäume gebunden. Der Bulle würde den Eisenpanzer auf dem Rücken behalten und in der Streckfessel bleiben, bis er ihn ohne Widerstand duldete.

Arjun, Hari und andere hatten zugesehen. Sie ahnten, dass man bald auch ihre Gajas in die Rüstung zwingen würde.

Hari sagte: »Bei deinem Gaja wird das Strecken nicht nötig sein, Arjun. Wenn du ihm sagst, er muss den Eisenpanzer tragen, wird er es tun.« Hari seufzte. »Ich weiß, meinen werden sie strecken müssen.«

In beiden Fällen hatte Hari Recht, aber trotzdem kam Vasu und starrte Arjun auf dem gepanzerten Gandiva finster an.

»Keine Schwierigkeiten?«, bellte der Unteroffizier.

Arjun schüttelte den Kopf.

»Was hast du mit dem Gaja gemacht? Hast du ihm vielleicht erzählt, er soll den Panzer dir zuliebe tragen?«, fragte Vasu spöttisch.

»Ich habe ihm gesagt, er soll ihn in seinem eigenen Interesse tragen. Dann wird man ihn nicht strecken.«

»Und du glaubst, er hat dich verstanden?«

Arjun zog die Schultern hoch. »Zumindest hat er sich die Rüstung anlegen lassen.«

Unvermittelt kam der Ausbilder heran und hieb mit seinem Ankus gegen die linke Seite des Eisenpanzers. Das scheppernde Klirren verblüffte Gandiva immerhin so, dass er von einem Bein auf das andere trampelte, schwankte und dumpf mit einem Vorderbein auf den Boden schlug.

»Ha!«, rief Vasu. Er sah zu Arjun hoch und fuchtelte mit dem Ankus. »Siehst du das? Siehst du, wie du im Irrtum bist? Schau an, wie er sich sträubt!« Wieder gestikulierte der Unteroffizier mit dem Ankus vor Arjun. »Lass den Gaja den ganzen Nachmittag im Eisenpanzer stecken. Marschier mit ihm bis Sonnenuntergang über den Platz.«

»Aber ...«, fing Arjun an. »Es ist zu heiß!« Es war Mai, der heißeste Monat der heißesten Jahreszeit.

»Dann wird er es vielleicht lernen.«

»Er könnte krank werden ...«

»Willst du mir sagen, was richtig ist? Willst du einen Befehl verweigern?« Der Ausbilder schlug mit der geschwungenen Rückseite des Ankushakens in seine Handfläche.

»Wenn er in dieser sengenden Sonne und Gluthitze den ganzen Tag in der Eisenrüstung herumläuft, wird er wahrscheinlich sterben.«

»Kennst du Elefanten besser als ich, Junge?«

»Ich kenne diesen Elefanten«, sagte Arjun ruhig. Dann befahl er Gandiva niederzuknien. Ein Dutzend anderer Mahouts sah in stummer Furcht und Bestürzung zu. Auch Arjun war nicht sicher, worauf er sich eingelassen hatte. Aber er spürte den Drang, die Sache auszutragen.

Nachdem er abgestiegen war, stellte er sich vor den Unteroffizier, der den Ankus in Brusthöhe bereithielt, und sah ihm ins Gesicht. Arjun war etwas größer, aber leichter. Ich werde mich prügeln müssen mit diesem Mann, sagte sich Arjun. So viel Schweiß lief ihm in die Augen, dass er ihn mit dem Unterarm fortwischen musste. Doch er blieb stehen, breitbeinig, wachsam. Er würde seinen Ankus nicht ziehen, bevor man ihn angriff.

Immer wieder blinzelte Vasu nervös zu dem Tier hin, das ihn scharf beobachtete.

Da verstand der Junge. Würde ihn der Ausbilder schlagen oder auch nur bedrohen, griff Gandiva bestimmt an. Vasu fürchtete den mächtigen Rüssel, der ihn packen, durch die Luft schleudern und zu Boden schmettern konnte.

Er ließ den Ankus sinken und lachte mühsam. »Das wird dir noch Leid tun, Junge.«

Arjun antwortete nicht. Er griff nach Gandivas Strick, wandte sich ab, ohne Vasu noch eines Blickes zu würdigen, und führte den Elefanten davon.

Später stand er vor der Hütte des Vahinipatis und wartete darauf, dass man ihn anhörte. Er war durch einen Wachposten herzitiert worden.

Beim Eintreten stellte Arjun fest, dass der Ausbilder mit gekreuzten Beinen rechts neben dem Vahinipati saß. Der Offizier kaute Betel und trank Palmwein.

»Was hast du zu deiner Rechtfertigung zu sagen?«, fragte der Offizier kurz angebunden.

Arjun erklärte, warum er sich geweigert hatte, seinen Elefanten mit Eisenpanzer in der heißen Sonne über den Platz zu führen. »Ich habe mir Sorgen um ihn gemacht«, schloss Arjun.

»Sorgen um ihn? Wie eine Mutter um ihr Kind?«, fragte der Vahinipati mit hochgezogenen Augenbrauen.

»Shri Vahinipati, als Ihr mich zum Mahout ernanntet, habe ich die Worte wiederholt, die Ihr mir vorgesprochen habt. Ich habe sie nicht vergessen: ›Ich diene meinem König, indem ich für meinen Gaja lebe.‹ Und danach handle ich auch.«

Einige Augenblicke kaute der Offizier nachdenklich auf seiner Tabakrolle. »Ja, ich verstehe. Ich glaube dir.« Er drehte sich nach dem Ausbilder um und sagte: »Wie findest du das, Vasu? Haben du und ich unser Gelöbnis vergessen, genauso zu handeln? Keine Strafe mehr, die das Wohlbefinden eines Gajas bedroht.« Zu Arjun gewandt sagte er: »Und du, sei nicht unverschämt. Tu, was man dir sagt. Solange –« Er stockte und schoss dem Ausbilder einen Blick zu. »Solange es deinem Gaja nicht schadet. Denn welchen Nutzen hat die Armee von einem toten Tier?« Wieder sah er den Unteroffizier scharf an. »Nicht noch mal, Vasu. Nicht noch mal törichte, nutzlose Bestrafungen. Hörst du?«

»Ja, Shri Vahinipati.«

»Geht jetzt, alle beide, hinaus mit euch«, sagte der Offizier mit verdrießlicher Stimme. »Für uns ist nur eins wichtig. Dass wir uns rüsten für Harsha, wenn er mit seinen Dieben heimlich über den Fluss kommt. Vergiss das nie, Vasu. Oder mach dich darauf gefasst, dass du deinem König zu Fuß dienst.«

Vor dem Zelt blieb Vasu stehen und packte den Jungen am Arm.

»Hör zu, was ich dir jetzt sage. Ich gebe zu, du hast diesen Kampf gewonnen. Deshalb werde ich dir für den Rest der Ausbildung keinen Ärger mehr machen. Jeder wird wissen, dass du mich gedemütigt hast. Du wirst an Achtung gewinnen, ich verlieren. Bald ist allgemein bekannt: Es war nur ein Junge, der den Krieger Vasu lächerlich gemacht hat.« Der Unteroffizier ließ Arjuns Arm los. »Doch es wird eine Zeit kommen, wenn du am wenigsten damit rechnest, wenn du denkst, das Leben ist schön, wenn du aufatmest und dich im Glück sonnst und glaubst, du bist stark.« Langsam glitt ein Lächeln über Vasus Gesicht. »Genau dann wirst du sterben. Doch unmittelbar vorher wirst du den Mann sehen, der dich töten wird.« Der kräftig gebaute Unteroffizier ballte die Hand zur Faust und pochte sich an die Brust. »Mich wirst du sehen.«

11

Die Demütigung für Vasu, der Triumph für Arjun und die Spannung zwischen den beiden war nicht von langer Dauer, weil der Junge in ein Lager in der Nähe der Ortschaft Ajanta geschickt wurde. Nur fünfzig Mahouts mit ihren Elefanten, die man aus größeren Lagern zusammengezogen hatte, waren hier versammelt. Die Mahouts waren einander fremd, deshalb wurde Arjun bereitwillig als der akzeptiert, der er war: ein junger, viel versprechender Mahout, der das seltene Geschick besaß, seinen Gaja durch bloßes Antippen mit einem Zeh hinter den Ohren zu beherrschen.

Bald schloss er Freundschaft mit einem etwas älteren Mahout, der aus Nasik, der Hauptstadt im Norden des Chalukyerreichs kam. Karna hatte eine raue, schrille Stimme, doch er schien ihr mit Begeisterung zu lauschen, sie war fortwährend in Betrieb. Außergewöhnlich dünn, saß Karna stets aufrecht wie ein Pfeil, flocht dabei mit halb geschlossenen Augen die Finger seiner knochigen Hände zusammen und sortierte sie genauso schnell wieder auseinander. Immer, wenn er diese wunderbare Haltung einnahm, erzählte er dem Dorfjungen Arjun von allen möglichen erstaunlichen Dingen. Karna besaß ein gutes Gedächtnis für Details. Das spielte er voll aus und vermittelte dem jüngeren Mahout einen lebhaften Eindruck vom turbulenten Leben in einer großen Stadt. Für einen Augenblick entwirrte er seine Hände und zählte an den Fingern die ungewöhnlichen Einwohner von Nasik auf: Schlangenbeschwörer, Wandermusikanten, Handwerker, die aus Muschelschalen Arm- und Fußreifen fertigten, Händler, die in ihren Buden Girlanden, wohlriechende Pulver und Sandelholz zum Verkauf feilboten. Er erzählte von den Lebensgefahren – von

Mördern im Dunkeln und Einbrechern mit Strickleitern. Wurde ein Mann eines Verbrechens beschuldigt, steckte man ihm die Hand in ein Gefäß, in dem sich eine Kobra ringelte. Überlebte er, gab man ihn frei. Karna hatte einen solchen Glückspilz gekannt – seinen eigenen Bruder.

Mit rollenden Augen sprach Karna von schönen Frauen, die im Tempel beteten. Sie waren reich geschmückt mit übereinander hängenden Perlenschnüren, hatten Balsam aus schwärzestem Pulver auf den Augenlidern und trugen Fußspangen mit hell klingelnden Glöckchen. Fast täglich konnte man in Nasik hohe Beamte des Hofes sehen, häufig in Begleitung von Priestern in langen Gewändern, von Astrologen, die polierte Kupferhalbmonde auf Stangen vor sich her trugen, und von Wachen, die auf Trommeln schlugen, um die überfüllten Straßen zu räumen. Mit eigenen Augen hatte Karna das Kommen und Gehen des ersten königlichen Haremsaufsehers, des Oberhofmarschalls und der Großwesire gesehen.

Angenehm berührt von Arjuns staunendem Blick fuhr er fort: »Ich habe auch schon den Löwensitz gesehen – den Thron des Königs Pulakeshin. Vierzig Männer tragen den Löwensitz durch die Straßen von Nasik, wenn Festtage gefeiert werden. Er ist aus Gold und mit Edelsteinen besetzt, und die vier Füße sind Löwenpranken nachgebildet. Einmal habe ich den König drauf sitzen sehen. Ich kann dir sagen, er sieht ganz wie ein Herrscher aus. Flammende Augen, mächtige Arme, eine Brust so breit wie die von zwei Männern.« Stolz auf sein Wissen und seine Erfahrung sagte Karna mit befriedigtem Lächeln: »Du hast eben noch nicht viel gesehen, Arjun.«

»Noch nicht«, gab der Junge zu.

»Bleib hier in der Armee und du wirst die Welt sehen. Weißt du, warum du die Welt sehen wirst?« Als Arjun nichts sagte, schlang Karna bedeutungsvoll seine Hände ineinander. »Weil unser König sie erobern wird!« Nach dieser Erklärung kräuselte Karna die Lippen, kniff die Augen zusammen, wickelte die Hände auseinander und legte sie auf die Knie wie ein Brahmanenlehrer. »Also dann. Lass mal sehen, Junge, ob du auch begreifst, was du siehst. Was fällt dir an den Gajas auf, die man hierher gebracht hat?«

Arjun dachte eine Weile über die Frage nach. »Jeder von ihnen ist groß und stark, sehr groß und stark.«

Karna nickte. »Größer, stärker, schneller als andere. Die besten auf dem ganzen Dekkan. Was schließt du also daraus? Nur fünfzig. Aus verschiedenen Lagern hierher gebracht. Na, Arjun? Was meinst du?«

Unsicher runzelte der Junge die Stirn.

»Dann will ich es dir erklären: Die Offiziere haben was vor.«

»Was meinst du?«

Karna schüttelte den Kopf. »Es ist nicht meine Sache, genau zu wissen, was sie im Sinn haben. Aber ich glaube, sie haben uns für etwas Besonderes auserwählt.«

Eine Woche später wurde Karnas Vermutung bestätigt. Der Gajadhyaksa, Oberst über alle Kriegselefanten, stattete dem Lager einen Besuch ab. Dieser hohe Beamte rief die Mahouts zusammen und erzählte ihnen, was sie längst wussten: Elefanten seien wichtig in der Schlacht. Der Gajadhyaksa, ein beleibter, elegant gekleideter, älterer Mann, hielt den fünfzig Mahouts einen Vortrag über die besonderen Eigenschaften von Elefanten, die sie höchstwahrscheinlich ebenso gut wie er, wenn nicht besser, beurteilen konnten. »Gaja soll kraftvoll atmen und laut trompeten«, erklärte er. »Er muss großporige Haut haben, lange, starke Ohren, wuchtige Beine und eine gesunde Farbe. Nur solche hervorragenden Tiere sind zur Zeit hier versammelt. Gemeinsam mit euch, den besten Mahouts in der Armee. Ihr seid für etwas Neues vorgesehen. Ihr werdet die erste Elefantenvorhut bilden.« Er legte eine Pause ein, um seine Ankündigung wirken zu lassen. »Sobald unser König auf den Eindringling trifft, wird ihm die Elefantenvorhut den Weg weisen!«

Später, am abendlichen Lagerfeuer, merkte Arjun, dass Karna allein, außerhalb des flackernden Lichtscheins, saß. Arjun ging zu ihm und hockte sich neben seinen Freund, der verdrießlich in die Nachtluft starrte. Als Arjun fragte, was los sei, drehte sich Karna zu ihm um und verzog das Gesicht.

»Du weißt nichts, Arjun, aber auch gar nichts. Bis jetzt hat es immer eine Vorhut aus Bogenschützen gegeben. Die gehen immer zuerst. Sie schießen ein paar Salven ab, dann ziehen sie sich in sicheren Abstand zurück. Bisher ist die Truppe der Elefanten hinter ihnen gewesen. Verstehst du, Arjun? Bis jetzt war es so, dass die Bogenschützen mit ihren Pfeilen den Feind zermürbt haben. Erst dann stoßen die Elefanten vor.« Er schwieg, um dann besonders hervorzuheben: »Jetzt sind *wir* die Vorhut.«

»Das heißt, wir sind etwas Besonderes.«

Karna schüttelte den Kopf. »Es heißt«, sagte er, »fünfzig Elefanten werden Harshas Frontlinie angreifen, ohne dass durch Pfeile der Weg freigeschossen wird. Es heißt«, schloss er grimmig, »dass wir bald ins nächste Leben eintreten werden.«

»Aber warum sollten die Generäle uns opfern wollen?«

»Du begreifst einfach nicht! Harsha hat sich immer mit seinem Elefantencorps gebrüstet. Deshalb will unser König beweisen, dass auch er starke Elefanten und tapfere Soldaten hat. Wir werden für die Eitelkeit und den Stolz des Königs geopfert.«

Arjun hatte noch nie gehört, dass jemand kritisch über den König sprach. Karna verriet die derbe Offenheit eines Kshatriya, auch wenn er bestimmt keiner war. Arjun verwunderte die ungeschminkte Freimütigkeit seines Freundes und hoffte gleichzeitig, dass sie ihn nicht in Schwierigkeiten brächte.

Während der Regenzeit waren die Offiziere, denen man die neue Truppe unterstellt hatte, eifrig bestrebt, die Vorhut in Kampfform zu bringen. Bogenschützen und Lanzenträger, die anderswo ausgebildet worden waren, wurden ins Lager gebracht und den einzelnen Elefanten und ihren Mahouts zugeteilt. Jeder Elefant trug außer seinem Mahout zwei Bogenschützen und zwei Lanzenträger in einer Howdah, einem großen Holzgehäuse, das mit schweren Seilen auf dem Rücken des Tiers festgezurrt war. Viel Zeit wurde darauf verwendet, die Elefanten auf einen Großangriff vorzubereiten, bei dem sie noch dazu viel Gewicht tragen mussten. Arjun war überrascht, mit welcher Geschwindigkeit Elefanten auf freier Fläche laufen konnten. Ihre wuchtigen runden Fußplatten schienen fast losgelöst von den unförmigen Beinen, mit denen Elefanten nur einen chaotisch wirkenden, plumpen Trab zustande bringen.

Ein Camupati, gewöhnlich verantwortlich für die volle Armeestärke von zweihundert Elefanten, erschien im Lager, um die Vorhut der Fünfzig anzuführen. Der Oberst hatte einen Turban auf dem Kopf und trug gesteppte, mit roten und blauen Streifen gemusterte Hosen sowie einen weißen Waffenrock, der an beiden Schultern mit einem goldenen Eber bestickt war – dem Wappen der Chalukyer. Das Geräusch, das der Camupati beim Gehen machte, eilte seiner Ankunft voraus: Er trug ein Dutzend Kupferringe an Armen und Beinen, die mit klappernden Kieselsteinchen gefüllt waren. Karna erfuhr, dass der Camupati der Vetter des Königs war, ein rücksichtsloser Krieger und immer darauf bedacht, sich in der Schlacht hervorzutun.

»Der ist schlecht für uns«, stellte Karna fest und schüttelte missbilligend den Kopf. »So ein Mann führt uns ins Verderben. Wir sind dem Untergang geweiht. Das Schicksal hat uns einen Streich gespielt.«

Arjun ging fort, aber Karnas bittere Vorhersage und sein Gefühl der Hoffnungslosigkeit ließen ihn nicht los. Was würde Arjuns Lehrer jetzt sagen? Ach, das war klar. Rama würde sagen: ›Du bist nicht verantwortlich für das, was dein Kommandeur tut. Du bist nur für dich selbst verantwortlich. Du kannst dem Schicksal nicht befehlen, was es tun soll. Du kannst nicht etwas fragen, worauf es keine Antwort gibt. Du kannst nur eins mit Überzeugung tun – deine Pflicht. Tu deine Pflicht, dann wirst du in Frieden leben.‹ Indem Arjun den Rat seines Lehrers in Gedanken hörte und annahm, spürte er allmählich eine tiefe Ruhe in sich. Nie wieder wollte er ernsthaft auf Karnas pessimistische Vorhersagen hören. Klagen und Murren hatten nichts mit Soldatenleben zu tun, mit Pflichterfüllung, mit Ehre oder mit Seelenfrieden.

Trotzdem hielt ihre Freundschaft an. Arjun nahm es hin, dass sein Freund das Bedürfnis hatte, sich überlegen zu fühlen, weil der gesprächige Mahout aus Nasik dabei gutmütig und freundlich war. Zwar prophezeite Karna den Untergang, doch erzählte er auch unterhaltsame Geschichten und ließ Arjun teilhaben an allem Guten, was ihm begegnet war.

Eines Morgens, als schwerer Regen die Arbeit auf dem Übungsplatz unmöglich machte, schlug Karna einen Besuch der Bergschluchten in der Nähe von Ajanta vor. Schon vor hunderten von Jahren hatte man damit angefangen, buddhistische Tempel in den Hang einer hufeisenförmigen Felswand zu hauen. Es war nicht weit, nur eine Stunde zu Fuß vom Lager aus. Ein solcher Ausflug würde die Eintönigkeit unterbrechen, mit der Arjun und Karna die Regentropfen auf das strohgedeckte Dach ihrer Hütte prasseln hörten.

So machten sich die beiden Freunde mit schwerfälligen Schritten auf den Weg zu den Höhlen. Sie erklommen einen Aufgang aus Granitstufen, der von einem Bach am Fuß des Felshangs auf die Höhe führte. Karna war früher schon einmal hier gewesen, weil er Buddhist war. Bis jetzt hatte Arjun noch nie einen Buddhisten gekannt – in seinem Hindu-Dorf hatte es keine gegeben. Der Priester zu Hause hatte Buddhisten als töricht und fehlgeleitet bezeichnet. Aber während der prunkvollen Regierungszeit von König Ashoka, die Jahrhunderte zurücklag, hatten viel mehr Menschen Buddha verehrt als Shiva und Vishnu. Heute nannten sich nur noch wenige Menschen auf dem Dekkan Buddhisten. Der Dorfpriester hatte immer behauptet, dass in manchen Gegenden des Landes der Buddhismus verboten sei, dass seine Anhänger hingerichtet und ihre Tempel verbrannt würden.

Arjun sagte nichts von alldem, sondern schwieg achtungsvoll, als Karna in seiner Redseligkeit das Leben eines buddhistischen Mönchs umständlich vor ihm ausbreitete: Als einzigen persönlichen Besitz hatte ein Mönch eine Schale zum Betteln, einen Wasserkrug, drei Bahnen ungemusterten Stoff, Nadel, Faden und einen Stab. Er aß nur eine Mahlzeit am Tag. Sie wurde vor der Mittagszeit eingenommen und bestand aus Essensresten, die man ihm in seine Bettelschale gelegt hatte. Er durfte nicht für Geld arbeiten oder Essen annehmen, für dessen Zubereitung Leben vernichtet worden war.

Arjun überlegte, ob solch strenge Regeln vielleicht damit zusammenhingen, dass der Buddhismus gegenwärtig so wenig Zulauf hatte. Karna vermutete das anscheinend. Nachdem er eingestanden hatte, dass er selbst kaum nach den Vorschriften des Buddhas lebe, behauptete er, das würden überhaupt nur wenige glühende Anhänger tun. Geschickt schoben sich die beiden über glitschige Felsen, Karna zeigte nach oben und sagte: »Und doch werden immer noch Tempel aus dem Felsen gehauen, und immer noch beten Menschen darin.« Er warf Arjun einen kurzen Blick zu und murmelte bitter: »Euer Shiva und Vishnu und all eure anderen Götter können es ja versuchen, aber unsere Verehrung für den Buddha werden sie nie verhindern.«

Arjun zog die Schultern hoch. Es war kein Gespräch, das ihn interessierte. »Vielleicht versuchen sie es ja gar nicht«, war alles, was er zu sagen wusste. Als Karna ihn finster ansah, setzte er hinzu: »Vielleicht finden unsere Götter gar keinen Unterschied darin, ob man nun sie oder Buddha anbetet.«

Falls Karna diese Möglichkeit in Betracht zog, gestand er es nicht ein, doch er versank in ungewohnter Schweigsamkeit. Bald kamen sie an die erste Felsenhöhle. Sie war wie eine weite Halle mit Säulenreihen in den Fels getrieben. Arjun konnte sich nicht vorstellen, wie viel Gestein aus dem Felshang gehauen worden war, um den Tempel zu schaffen, doch im Geist sah er eine endlos lange Reihe von Trägern, die auf ihren Köpfen Körbe voller Steine schleppten.

Am Eingang saß ein verhutzelter Mann im safrangelben Gewand eines Mönchs. Er reichte ihnen Fackeln, die sie drinnen an einem kleinen Feuer entzündeten. Langsam gingen sie mit ihren Fackeln in das aus dem Felsen gehauene Innere des Tempels und betrachteten staunend die bemalten Wände und Decken. Im Hintergrund sahen sie die mannshohe Granitstatue eines sitzenden Buddhas. Zwei Leute lagen ausgestreckt vor ihm auf dem Boden. Ein anderer saß mit gefalteten Händen davor, lautlos bewegten sich seine Lippen.

Die beiden Mahouts drehten sich nach einem alten Mann in einem Lendentuch um, der bei Fackellicht an einem Wandgemälde arbeitete. Still kauerten sich die beiden nieder und sahen ihm zu. Karna wurde nach einer Weile ungeduldig und mahnte zum Aufbruch. Arjun willigte erst ein, nachdem er seinem Freund das Versprechen abgenommen hatte, am nächsten Tag noch mal herzukommen.

Sie kamen an jedem der folgenden drei Tage und beobachteten den Künstler bei der Arbeit.

Zuerst behandelte er einen Abschnitt der Höhlenwand mit einer Mischung aus Kuhmist und klein gehacktem Stroh. Dann, nachdem er die Oberfläche glatt und eben gemacht hatte, überzog er sie mit feiner weißer Tonerde. Auf diesen Untergrund trug er Zinnoberrot auf, Lampenruß, gebrannte Ziegelerde und unterschiedliche, aus dem Gestein der Umgebung gewonnene Farbtöne. Langsam erschien das ovale Gesicht eines Menschen, die Haut olivfarben schillernd, die dunklen Brauen gewölbt wie gespannte Bogensehnen, die vollen Lippen rot wie Chili. Wie aus der Tiefe des Meers auftauchend, nahmen die Schultern Gestalt an, dann die Arme. Wolken, Blumen und Vögel, anfangs nur knapp skizziert, wurden um den immer deutlicher erkennbaren Prinzen sichtbar.

»Mir ist das Zuschauen langweilig«, murrte Karna. »Dir nicht?«

Arjun schüttelte den Kopf.

»Warum nicht?«, wollte Karna wissen. »Wir sitzen hier in einer düsteren Höhle und schauen ihm zu, wie er mit einem

Messer Farben mischt und sie dann so gründlich und langsam – hach! so fürchterlich gründlich und langsam – auf die Wand streicht, dass ich fast einschlafe. Wenn du ein religiöser Junge wärst, könnte ich es verstehen, aber du bist nicht mal Buddhist. Warum willst du also zuschauen?«

»Ich weiß nicht«, sagte Arjun. Und nach einer Pause: »Erst ist da nichts als eine kahle Wand. Dann erscheint ein Gesicht, dann andere Bilder. Auf einmal ist etwas da, was es zuvor nicht gegeben hat. Und was da ist, gleicht nichts anderem. Es scheint, als ob sich die Welt verändert hätte.«

Geringschätzig schüttelte Karna den Kopf. »Also, glaub nur nicht, dass ich noch mal herkomme.«

»Schon gut, ich gehe allein«, sagte Arjun. Das hätte er auch getan, wenn nicht eine Regenpause eingetreten wäre. Die Arbeit im Lager wurde wieder aufgenommen. Bald kamen andere Offiziere zur Truppenbesichtigung, mehr und mehr verbreiteten sich Kriegsgerüchte, und es wurden ernsthafte Vorbereitungen zum Aufbruch getroffen. Arjun bekam die Höhlen von Ajanta nie mehr zu sehen.

12

Ein königlicher Befehl traf ein.

Innerhalb eines Tages verließ die Elefantenvorhut das Lager und machte sich auf den Weg zu einem Sammelgelände, nur wenige Tagesmärsche entfernt. Weil sie in langer Reihe hintereinander ritten, hatte Arjun von seinem Hochsitz aus einen weiten Blick auf die Landschaft des Dekkan: grüne Felder, sanfte Hügel und ruhig dahinziehende Flüsse unter einem unendlich sich dehnenden blauen Himmel. Immer gab es irgendjemanden, der im Schatten eines Baums am Straßenrand saß, reglos, als warte er auf sein Ende. Gefäße mit Vorräten säumten die Dorfumfriedungen. Ein runder schwarzer Krug stand vor einer kleinen Hütte mit winzigem Eingang. Von diesem Krug träumte Arjun in der ersten Nacht des Marsches. Er träumte, dass er den Krug an einem Brunnen füllte, wieder und wieder und wieder. Er war ganz allein in dem Dorf und füllte den Krug mit Wasser.

In der nächsten Nacht kehrte der Traum vom Alleinsein zurück, doch danach störte er Arjuns Schlaf nie wieder, vielleicht deshalb, weil die Elefantenvorhut nun das Lager erreicht hatte, einen Ort voll Lärm und fieberhafter Aufregung, wo drei ganze Senas auf die Schlacht vorbereitet wurden. Schon mehr als fünfhundert Elefanten waren versammelt, viertausend Pferde und fünfzigtausend Fußsoldaten. Das Gelände vibrierte vom Schreien, Wiehern und Trompeten, vom Quietschen der Räder und dem Klirren von Metall. Hier gab es wenig Raum, sich zurückzuziehen, und überhaupt keinen Raum, sich mit Träumen aufzuhalten.

Von Karna erfuhr Arjun, dass ein nahe gelegener Hügelzug regelrecht durchsetzt sei von Buddha- und Shivatempeln. Aber es war keine Zeit, sie zu besuchen. Jeden Tag kamen neue Einheiten und suchten nach einem Platz für ihr Feldlager. Fußsoldaten schlugen ihre Zelte in der Mitte des Lagers auf, Kavalleristen hielten ihre Pferde in einer Koppel auf einer Ebene im Westen, und Mahouts banden ihre Elefanten im östlichen Waldland an.

Der König und seine Höflinge sollten erst noch eintreffen, doch weitläufige Stallungen im Zentrum des Lagers kündigten sein baldiges Kommen schon an. Durch Harzrauch hielt man den Tieren, die zum Hof gehörten, die Moskitos vom Leib. Man steckte Hähne, Enten und Affen in die Ställe: Sie fraßen Insekten, die sich sonst ins Fleisch der königlichen Pferde und Elefanten gebohrt hätten. Pfauen stolzierten über das Stallgelände, um Schlangen zu verscheuchen. Inzwischen erzeugte auch eine Reihe von Schmieden zusätzlich Staub und Schmutz, indem sie haufenweise Holz zu Holzkohle brannten.

Die täglich eintreffenden Truppen hatten das Lager erst in ein Dorf verwandelt, dann in ein Städtchen und schließlich in eine große Stadt, sodass es allmählich dem turbulenten Nasik aus Karnas Beschreibungen glich. Frauen kamen aus der Hauptstadt und stellten in den Außenvierteln des Lagers Zelte auf. Eine Horde zänkischer Händler erschien, die darauf aus waren, den gelangweilten Soldaten alles und jedes zu verkaufen. Bauern strömten in die Umgebung des großen Lagers und verkauften Wagenladungen voll Reis und Linsen an die Verpflegungseinheit.

Unterdessen arbeiteten Ausrüster fieberhaft am Kriegsgerät der Armee, damit es für einen umfassenden Angriff bereit war. Sie setzten Breitäxte, Lanzen und Schwerter in Stand und schmiedeten Kettenhemden und Eisenpanzer für Mensch und Tier. Andere Waffenschmiede fertigten Schilde und Helme für Offiziere und gravierten den Chalukyer-Eber in die Metalloberfläche.

Unter dem Oberkommando des Mahasenapati tüftelten Generäle an den Feinheiten der Kriegsstrategie. Ebenfalls im Lager – seine Ankunft war von Kesselpauken angekündigt worden – war der Bhatashvapati, Herr über die gesamte Armee. Laut Karna gehörte dieser Krieger zur königlichen Familie und übte mehr Macht aus als sonst irgendjemand, ausgenommen der König.

Obwohl die Reiter der Kavallerie die Mahouts mit ihren Elefanten eher geringschätzten, behandelten einige von ihnen Arjun mit freundlicher Höflichkeit. Sie forderten ihn auf, in ihr Feldlager zu kommen, wo er ihnen bei der Arbeit zusehen konnte. Ein Kavallerist hatte immer eine Peitsche bei sich, ritt ohne Sattel und kontrollierte sein Tier hauptsächlich mithilfe der Zügel; befestigt waren diese an einem genähten Riemen aus Rohleder, der um das Maul des Pferdes lief und in den Elfenbeinzacken eingearbeitet waren. Die Kavalleristen trugen Brustharnische und gelbe Turbane, und die meisten waren so geübt mit Pfeil und Bogen, dass sie ihr Ziel bei vollem Galopp aus zweihundert Schritt Entfernung trafen. Sie brachten Arjun einiges über Pferde bei. Schlechte Pferde hatten lange Zähne, Augenhöhlen, die im Verhältnis zum Kopf zu groß waren, und es fehlten die starken Haarwirbel an den Flanken. Gute Pferde hatten einen schlanken Hals, schmale Lippen und einen feurigen Blick. Zum Spaß drängten die Kavalleristen den jungen Mahout, er solle sich lieber ein Pferd zuteilen lassen. Schließlich seien Pferde leichter zu beherrschen als Elefanten, weniger leicht zu erschrecken und würden nicht gleich Amok laufen, wenn sie gereizt oder aus der Fassung gebracht wurden.

Einer der Kavalleristen hatte weder über Pferde noch Elefanten Gutes zu sagen. Er war ein wettergegerbter Bursche, jähzornig und o-beinig, und er prophezeite, der Tag werde kommen, da würde man zur Kriegsführung gar keine Tiere mehr verwenden. Selbst als seine Kameraden ihn verspotteten, hielt er an seiner Meinung fest. Der einzige Grund, einen von Pferden gezogenen Streitwagen mitzuführen, behauptete er, sei, dass der König in der Nacht vor der Schlacht darin schlafen könne, die Waffen neben sich, wie es die Chalukyer-Könige seit Beginn aller Zeiten getan hatten.

Dieser Kavallerist war, wie Karna, gegenüber seinen Vorgesetzten sehr kritisch und machte sich sogar lustig über den Ashvadhyaksa, den obersten Befehlshaber der Kavallerie, ›der jämmerlicher zu Pferde sitzt als jeder, den ich je gesehen habe. Würde mich nicht wundern, wenn er in der Schlacht von seinem Gaul fällt.‹ Der Kavallerist erinnerte Arjun auch an den Unteroffizier in der Infanterie, der ihm einst geraten hatte, sich nicht mit Tieren abzugeben, sondern Bogenschütze zu werden.

Und genau dieser Unteroffizier tauchte auf einmal im Lager auf und winkte Arjun aus einer vorübermarschierenden Kolonne von Infanteriesoldaten zu. »He, Junge! Erinnerst du dich an mich? Wärst du bei den Bogenschützen geblieben! Hast wohl gedacht, von einem Elefanten kannst du auf alle andern herabschauen?« Nach einem kurzen Blick über die Schulter rief er zur Erheiterung seiner Kameraden: »Ich habe gehört, für euch Elefantenleute von der Vorhut haben sie da was ganz Besonderes. Werdet bald am Boden liegen und in den Himmel glotzen!«

Später an diesem Tag, während Arjun Gandivas Haut mit einem Bündel rauer Blätter schrubbte, sah er seinen alten Vahinipati auf sich zukommen. Der Offizier erwiderte Arjuns respektvolle Verbeugung mit einem so heftigen Nicken, dass seine Ohrringe hüpften. »Der Oberst hat mir über dich berichtet«, sagte der Vahinipati. Er wartete, bis Arjun seine Worte aufgenommen hatte. »Die Wahrheit ist, Arjun, du hast mir keine Schande bereitet.« Der Vahinipati lächelte schwach. »Mögen die Götter mit dir sein, wenn der Sturm beginnt.«

Am nächsten Tag, als Arjun Gandiva zur Tränke ans Flussufer führte, traf er seinen alten Freund Hari aus dem Kriegslager. Sie fielen einander um den Hals und unterhielten sich eine Weile, dann wurde Hari plötzlich ernst. Nachdenklich sah er zu den Elefanten hin, die im seichten Fluss wateten. Mit den Rüsseln spritzten sie sich Wasserfontänen über die glänzenden Rücken. »Als ich hörte, du bist in der Vorhut«, sagte er, ohne Arjun anzusehen, »hat es mir Leid getan.«

»Das muss dir nicht Leid tun.«

»Ich will nicht einen so guten Freund verlieren.« Mit einem trüben Lächeln drehte sich Hari um. »Oh, du wirst deinen Teil vom Ruhm schon abbekommen – wenn es das ist, was du dir wünschst.«

»Das ist mir nicht wichtig.«

»Vielleicht bekommst du ihn trotzdem. Wenn nicht die ganze Vorhut den Kopf verliert und wegrennt.«

»Rechnet ihr denn damit?«

»Manche schon. In der ganzen Armee wird gewettet: Der Feind sprengt die Vorhut. Die Vorhut sprengt den Feind. In der Kavallerie sind sie natürlich gegen euch, aber du weißt, sie können Elefanten nicht ausstehen.«

»Und du, Hari? Wie wettest du?«

»Auf dich.« Hari lachte mit Tränen in den Augen. »Natürlich. Was sonst? Auf dich, Arjun. Auf dich!«

Arjun schien es, als wäre die ganze Welt hier versammelt, denn noch später an diesem Tag entdeckte er auch Skanda, der in einem um eine Feldküche herumlungernden Haufen von Soldaten stand und ihn angrinste.

Der hoch gewachsene Mahout aß Reis aus einem Bananenblatt. »Da haben wir ja Ramas Stolz und Ruhm!«, rief er und winkte Arjun heran.

Nach einem Augenblick des Zögerns ging der Junge hin – aus Neugier auf seinen Meister. »Wo ist Rama? Ist er hier?«

»Rama ist immer noch in Paithan. Krank«, berichtete der ältere Mahout und schaufelte Reis in seine Finger. »Sie sagen, noch eine Regenzeit wird er nicht erleben.«

Arjuns Schmerz musste ihm deutlich im Gesicht stehen, denn Skanda lachte. »Siehst aus, als wärst *du* der Kranke. Na, kann ich dir nicht verdenken. Ich wäre auch krank, wenn sie mich in die Vorhut gesteckt hätten. Eine einzige Wand aus Speeren vor dem Gesicht, Junge. Ein einziger Pfeilhagel.« Skanda wischte mit den Fingern über das Bananenblatt. »Aber es ist ein Jammer, so einen prächtigen Gaja zu verlieren«, sagte er dann und schnipste sich die letzten Reiskörnchen in den Mund. »Ich habe dich gestern auf ihm gesehen. Feiner Kerl.«

Eine Woche später, mit der Ankunft des Königs und seinem Gefolge, war das riesige Truppenaufgebot bereit zum Aufbruch in den Norden und zur Konfrontation mit Harshas Armee aus dem Land Vardhana.

Arjun war schon vor Sonnenaufgang auf den Beinen und kümmerte sich um Gandiva. Mit rotem Kumkumpulver machte er ein Tilaki-Mal auf die Stirn des Elefanten. Viele Mahouts taten das. Für manche war es das Sinnbild eines dritten Auges, das sich in Erleuchtung auftut. Für andere stand der blutrote Kreis für den Gott im Innern. Arjun schien es, dass sein Gaja mit dem roten Punkt noch grimmiger wirkte. Während er das Pulver auftrug, lehnte er sich eng an Gandiva und flüsterte: »Ich habe viel von dir gelernt. Jetzt hoffe ich, du zeigst mir, was Mut ist, wenn wir auf den Feind stoßen.«

Er fütterte und tränkte Gandiva, bevor er selbst seine Morgenmahlzeit aß. So weit das Auge blicken konnte, war die Landschaft von Kochfeuern übersät. Sie gaben der Gegend einen Anschein von Bodennebel, denn der Qualm ballte sich in blauen Schwaden, wehte zur Seite davon und trieb wabernd in die Gärten entfernt liegender Dörfer.

Noch ehe das Sonnenlicht die Baumspitzen berührt hatte, ertönte das laute Signal zum Aufbruch: Holzschlägel fuhren auf eine Unzahl von Kesselpauken nieder und das Trommeln wurde bald durch das laute Schmettern der Hörner und Muschelschalen verstärkt. Überall in dem riesigen Feldlager rüsteten sich Soldaten, Pferde und Elefanten lärmend zum Aufbruch.

Arbeiter gruben Zeltpfosten aus, andere rollten die Zelthäute zusammen und verstauten sie in Lederhüllen. Küchenhelfer sammelten Kochutensilien ein, steckten sie in Säcke und luden sie auf Ochsenwagen. Esel, in einer langen Reihe hintereinander gebunden, beförderten Lebensmittel für die Versorgungseinheit. Infanterieeinheiten formierten sich zu lockeren Gruppen und marschierten auf Befehl ihrer Feldmarschälle los. Am Zaumzeug der Offizierspferde hingen Glöckchen; Signalpfeifen waren an die Zügel gebunden. Fußsoldaten führten die Pferde, auf denen die Frauen des Harems ritten, Diener trotteten neben den Flanken der Tiere, umfächelten die Frauen mit Fliegenwedeln und hielten ihnen langstielige Schirme über die Köpfe. Zuschauer aus der Umgebung säumten den Weg nach Norden, um zu beobachten, wie sich die lärmende Prozession schwerfällig außer Sichtweite schob und eine riesige Wolke aus Staub hinter sich herzog.

Außer den Vorreitern der Kavallerie bildeten die von Ochsen gezogenen Feldküchen das erste Glied des gewaltigen Truppenaufgebots. Räudige Hunde sprangen bellend und schnappend um die Beine der Ochsen und machten sich jaulend davon, wenn jemand mit Steinen nach ihnen warf.

Der Großteil der Armee wurde von einem Hauptmann, dem sogenannten Nayaka, angeführt; man hatte ihn wegen seiner Erfahrung in früheren Schlachten für den Posten auserwählt. Vier nebeneinander gespannte Pferde zogen seinen Streitwagen. Später, wenn sie an die erste Stelle einer möglichen Feindberührung kämen, würde er die Armee in die Makara-Formation bringen, um auf diese Weise einen Überraschungsangriff zu vermeiden. Für den Marsch jedoch folgte die Armee einem einfachen Muster: Zwei Kolonnen Infanterie wurden von Kavallerie und Elefantenreiterei flankiert, dahinter folgte ein Tross. Der König, sein Harem und seine Generäle ritten in der Mitte der Marschkolonne. Im königlichen Streitwagen, der von einem Gespann aus sechs Apfelschimmel-Hengsten gezogen wurde, stand der hoch gewachsene, düstere König neben dem Wagenlenker. Er trug einen Umhang aus dem Fell des wilden Ebers, Pfauenfedern hingen ihm von den Schultern. Sein Haar war lang und zu einer dicken Strähne zusammengedreht, die ihm bis weit über den Rücken reichte.

Arjun konnte wegen der guten Sicht auf Gandivas Hochsitz Goldringe an den königlichen Ohren baumeln sehen. Er musste daran denken, wie er zum ersten Mal einen Blick auf den Vahinipati erhascht hatte, der ihn für die Elefantentruppe ausgesucht und sein Leben verändert hatte.

Die Legionen der Chalukyer hielten nach Norden auf den Fluss Narmada zu, wo Harsha vermutlich in ihr Gebiet dringen würde. Da der Zug nicht mehr als zehn Meilen pro Tag vorankam, dauerte es zwei Wochen, bis die Vorreiter der Chalukyer die Windungen des Narmadas zwischen den Hügeln glitzern sahen.

Nur noch einen Tag dauerte es, und sie wussten Harshas Aufenthaltsort. Kundschafter hatten seine Hauptstreitmacht südlich von Ujjain ausgemacht – ein Marsch von einer Woche. Der Eindringling hatte die alte Stadt besetzt und geplündert.

»Ah, nach Ujjain wollte ich schon immer mal«, sagte Karna zu Arjun, als sie erfuhren, wo sich Harsha befand. »Der große Dichter Kalidasa hat über Ujjain geschrieben. Er sagt, es ist eine Stadt, die vom Himmel gefallen ist, um auf diese Weise den Himmel auf die Erde zu bringen. Er sagt, Ujjains Paläste gleichen Bergen und die Häuser Palästen. Der große Chandragupta hat von hier aus regiert, und auch Ashoka. Sie haben Gärten und Teiche hinterlassen, die in der ganzen Welt unübertroffen sind. Warum soll ein primitiver Kerl wie Harsha sich in solcher Herrlichkeit sonnen? Warum soll Ujjain nicht *unserem* König gehören?« Einen Augenblick schien Karna ganz zu vergessen, dass er das eigene Leben einsetzen musste, um seinen König in den Besitz der berühmten alten Stadt zu bringen.

Am nächsten Morgen sammelte sich die Armee der Chalukyer am Südufer des Narmadas. Das Überqueren dauerte zwei Tage. Um den Narmada zu durchwaten, der zu dieser Jahreszeit ziemlich flach war und gemächlich dahinfloss, ließ man von vielen Elefanten Planken zum Flussufer schleppen und legte sie zu einer provisorischen Brücke aneinander. Die Vorhut beteiligte sich nicht an dieser Arbeit. Der Camupati ließ seine kostbaren Vorhutelefanten am Südufer, wo sie anderen bei der Arbeit zusehen durften. Arjun sah, dass ihm jemand auf einem der arbeitenden Elefanten winkte. Er blinzelte und erkannte Vasu, der grinste und ihm zuwinkte, als wären sie alte Freunde. Der Unteroffizier lenkte seinen Gaja näher heran, brachte ihn schließlich in Rufweite zum Stehen und hielt seinen Ankus in die Luft.

»Wenn du überlebst, Junge«, rief er, »dann denk an mein Versprechen! Wenn du am wenigsten damit rechnest!« Er ließ den Gaja umdrehen und kehrte zur Arbeit an der Brücke zurück.

Nachdem Pulakeshins Heer das nördliche Flussufer erreicht hatte, zog es an der kleinen Stadt Mandlesir vorbei und marschierte in Makara-Formation weiter: Leichte Infanterie ging voraus, schwere Infanterie umgab den König, seinen Harem und seine Generäle in der Mitte der Kolonne, dann kamen Elefanten einschließlich der Vorhut, das Ende bildete der schwerfällige Tross, und Reiterkolonnen sicherten die Flügel.

Immer wieder kamen Späher und brachten die neuesten Berichte von Harshas Truppenbewegung: Er zog gemächlich auf Mandlesir zu. Plötzlich änderte Pulakeshin seine nördliche Marschrichtung und schwenkte nach Westen. An diesem Abend wurde bei einigen der jüngeren Mahouts gemurrt, die sich endlich kämpfend hervortun wollten. »Sind wir denn den ganzen weiten Weg hergekommen, um vor dem Feind davonzulaufen?« Augenzwinkernd überzeugte sie Karna von der Klugheit des Königs. »Keiner der Senapatis, nicht mal der Mahasenapati, ist listiger als er. Unter seiner Führung haben wir vielleicht eine Chance.« Seine Miene verdüsterte sich plötzlich und er ergänzte: »Unsere einzige Chance.«

Am nächsten Tag marschierten sie ein paar Meilen nordwärts, schwenkten dann nach Osten und wieder nach Süden, auf Mandlesir zu. Kundschafter meldeten, der Feind stehe in Reichweite. Harshas Armee, beträchtlich größer als die von Pulakeshin, hatte vor der Stadt am Fluss ihr Feldlager aufgeschlagen. Die Soldaten hatten keine Eile, den Fluss zu überqueren, sondern aßen, tanzten und durchstöberten die Gegend.

Indem er Harsha ungehindert den Fluss erreichen ließ, hatte Pulakeshin seinem Gegner den möglichen Fluchtweg in die umliegenden Hügel abgeschnitten. Harsha hatte den Fluss Narmada im Rücken, während Pulakeshin sich jederzeit zurückziehen konnte, wenn nötig.

An diesem Abend tranken die Chalukyer Palmwein und sangen ausgelassene Lieder. Eindeutig hatte ihnen ihr König für die bevorstehende Schlacht einen Vorteil verschafft. Doch für Arjun war das kein Trost. Im letzten Sonnenlicht des Abends hatte er direkt über seinem Kopf papierdünne Flügel zucken sehen. War der Flug dieses Vogels ein Vorzeichen? Würde morgen seine Seele davonfliegen? Genau so? Wie ein Vogel? Eine plötzliche Bewegung – und fort? Würde er dann vielleicht Gauri finden? Würden sich ihre Seelen wieder begegnen?

Am Abend vor der Schlacht blieb jede Gruppe, die zu einem Elefanten gehörte, unter sich. Einer von Gandivas Bogenschützen musste etwas in der Miene des jungen Mahouts gelesen haben, denn er kam zielstrebig auf Arjun zu und setzte sich neben ihn. »In alten Zeiten«, begann er, »hat man vor der Schlacht einen kleinen Elefanten aus der Erde eines Ameisenhügels geformt – der Ameisenhügel ist Gott Shiva geweiht. Danach hat ein Priester die kleine Statue auf einem Berggipfel oder einer weiten Fläche mit nur einem einzigen Baum feierlich Gott Shiva übergeben. Das sollte dem Feind die Sinne dumpf machen.«

Als Arjun nichts sagte, redete der alte Mann weiter. »Wir gewöhnlichen Soldaten trinken uns hier einen, aber drüben in den königlichen Zelten sprechen sie jetzt zu ihren Rüstungen und Schwertern passende Gebete. So machen das die Hochgeborenen. Sie reinigen die Schirme, die man den Frauen des Königs über die Köpfe hält, sie reinigen die Trommeln und ehren das dümmste Zeug, das ihnen in den Sinn kommt. Aber hör zu, was ich dir jetzt sage, junger Mahout. Ich bin schon zwanzig Jahre in der Armee, ich weiß Bescheid. Und du musst es auch wissen.« Er berührte seine Lippen, als wolle er ein Geheimnis verraten. »Hast du schon mal gesehen, wie eine Maus von der Katze gefangen wird?«

Arjun schüttelte den Kopf.

»Die Maus zappelt, weil sie freikommen will, sie windet sich wie ein Wurm, sie kämpft und ringt – und dann gibt sie plötzlich auf. Sie wird schlaff, einfach so, obwohl sie noch am Leben ist. Sie kapituliert vor dem Tod, als wäre das nicht schwieriger als einzuschlafen. Genauso muss sich ein Soldat in der Schlacht verhalten, wenn er merkt, er muss sterben. Er muss aufgeben wie die Maus und alles wird gut.« Er tätschelte Arjun das Knie. »Falls es dazu kommt, junger Mahout, wehr dich nicht und lass es geschehen. Dann stirbst du in Würde.«

Später in dieser Nacht hörte Arjun in seinem Schlafsack unter den Sternen, wie seine Kameraden ringsum husteten, schnarchten und in Alpträumen aufschrien. Er hatte sich nie viel mit den Leuten seiner Mannschaft unterhalten, weil sie eine Gemeinschaft für sich bildeten, abgesondert von ihm und Gandiva. Doch der alte Bogenschütze hatte seine Gedanken auf das Bild einer sterbenden Maus gelenkt, auf ihre kluge und einfache Art zu sterben.

Er hörte eine Stimme neben sich – Karna rief leise nach ihm. »Bist du wach? Ich bin wach. Ich kann nicht schlafen. Ich denke an morgen. Nicht, dass ich Angst habe. Nein, überhaupt nicht, der König wird schon dafür sorgen, dass wir gewinnen, selbst wenn seine Generäle Fehler machen. Ich fürchte, unser Camupati wird viel zu leichtsinnig sein. Aber was wird der Buddha von solchem Gemetzel halten? Wenn wir keine Lebewesen essen sollen, wie dürfen wir sie dann töten? Diese Fragen quälen mich, Arjun. Aber Angst habe ich nicht, nein, kein bisschen. Denk das nicht.« Er rollte sich zur Seite und bald atmete er schwer. Karna war eingeschlafen.

Doch Arjun konnte nicht schlafen, weil er immer an die Maus denken musste. Ihm fiel ein, dass die Maus das Reittier von Ganapati war, dem elefantenköpfigen Gott. Shiva hatte seinen Stier, Vishnu seinen Vogel, Varuna sein Krokodil, für andere Götter und Göttinnen gab es den Schwan, den Büffel, den Hirsch und die Ziege, doch kein Tier war merkwürdiger als die Maus, die Ganapati trug, den dickbäuchigen Gott, den dicksten von allen. Ganapati war auch der Überwinder aller Hindernisse, ein Gelehrter und Denker. Kein Wunder, dass so ein Gott sich die kluge kleine Maus zum Reittier erwählte.

Was, wenn ihm morgen eine Wunde den Tod brachte? Falls das passierte, würde er kämpfen wie die gefangene Maus, doch in den letzten Augenblicken würde er ohne Murren auf sein Leben verzichten, voll Ehrerbietung vor dem Schicksal.

Am Morgen, als die Offiziere kamen, lachten und scherzten sie miteinander und schienen fast begierig, im Kampf zu sterben. Für einen echten Kshatriya war es eine Schande, friedlich im Bett zu sterben.

Im Infanterielager hatte Arjun zugehört, wie sich Soldaten auf ihre Weise unterhielten, was es hieß, auf dem Schlachtfeld zu sterben. Ein ehrenhafter Tod befreite die Ahnen des Kriegers von vergangener moralischer Schuld und ermöglichte es ihnen, weiter auf ihrem Weg zu Gott voranzukommen. Laut *Vamana Purana* – so hatte ein Soldat erklärt, der lesen konnte – werde ein Held, der in der Schlacht starb, von himmlischen Nymphen direkt in den Himmel geleitet.

Arjun dachte immerzu an die Maus, während er und seine Soldatengruppe die Howdah auf Gandivas Rücken festzurrten. Er dachte auch noch dran, als das Rasseln von Kieselsteinchen in kupfernen Armreifen das Kommen des großtuerischen Camupatis ankündigte. Der Offizier rief die Elefantenvorhut zu abschließenden Gebeten zusammen, die von einem Brahmanenpriester vorgesungen wurden. Für einen Augenblick überließ sich Arjun der Erinnerung an den Priester seines Heimatdorfs und an die eigene Brahmanenfamilie – Vater, Onkel, Vettern –, Männer, die ihr Haar als Schopf trugen und stolz das heilige Baumwollband ihrer gesellschaftlichen Klasse zur Schau stellten.

Nun sah er zu, wie eine Zeremonie nach Brahmanenbrauch abgehalten wurde. Kampfer wurde verbrannt, die Asche unter den Gläubigen verteilt, Wasser auf ihre Köpfe gespritzt und ein Blumenopfer auf einem Behelfsaltar dargebracht. Mit gestelzten Worten verkündete der Priester, er würde nun die Slokas 9 bis 18 aus dem Kapitel 269 des Heiligen Buchs *Agni Purana* anstimmen, die der Verehrung des Elefanten gewidmet waren: »O der Großmächtige! Du bist der heilige Wagen des Vishnu! Du bist gewaltig, und du besitzt die Geschwindigkeit des Windes. Unermüdlicher, Furchtbarer! Vernichter der Feinde der Götter! Lass Indra auf deinem Rücken sitzen, damit er dich vor Schaden behüte.« Dann erhob der Priester in demütiger Bitte seine Hände zu Shiva: »O Großer Gott Daskhinamurti, o Nilakantha, o Mahakala, o Bhairava! Du bist immer siegreich! Du vernichtest den Feind! Erhöre unsere Gebete, o Shiva, o Shiva, o Gebieter, o Shiva!«

Gleich daneben huldigte man unter lautem Singen und Beten einer Kriegstrommel und reinigte sie mit diesem Ritual. Nichts von alldem berührte Arjun. Er dachte nur an zweierlei: Ramas unumstößlichen Glauben an die Treue zur Pflicht und die Weisheit einer gefangenen Maus.

In anderen Teilen des Lagers war man dabei, den Kriegselefanten Eisenpanzer anzulegen und ihre Stoßzähne mit langen Schwertern zu versehen. Derlei Rüstung und Bewaffnung würden die Elefanten der Vorhut nicht verwenden, weil es bei ihnen eher auf die Schnelligkeit des Angriffs ankam als auf Sicherheit und Stärke. Dasselbe galt für die Mahouts und auch für die Soldaten in der Howdah, denn anders als die Besatzungen auf den normalen Kriegselefanten durften sie kein schweres Eisenzeug tragen. Der Camupati hatte darauf bestanden, dass sie zu ihrem Schutz nur die gesteppten Baumwoll- und Lederwesten der leichten Infanterie trugen. ›Ihr werdet die Gajas nicht mit einem Haufen Eisen behängen. Schlank und geschmeidig werdet ihr aussehen beim Angriff. Nicht wie reglose Steinfiguren!‹, hatte er zu ihnen gesagt. Viele der Mahouts tranken jetzt Palmwein und hielten ihn ihren Gajas in Eimern hin. Die Elefanten sogen das berauschende Getränk in ihren Rüssel, bliesen es sich ins Maul und prusteten laut. Manche Mahouts taumelten schon fast. Offiziere ermahnten sie, mit dem Palmwein aufzuhören.

Arjun machte einen Tilaki-Punkt auf Gandivas Stirn, dann drehte er sich nach Karna um, der gerade eine Ziegenblase voll Palmwein an den Mund hob. »Viel Glück, mein Freund!«

»Viel Glück, mein Freund!«, wiederholte Karna lächelnd und trank. Mit einer Grimasse ergänzte er: »Das werden wir heute brauchen können.«

13

Wenige Stunden später tauchte die Armee der Chalukyer plötzlich aus einer Schlucht auf und marschierte über die steinige Ebene vor Mandlesir. Harshas Kundschafter hatten es ihm bereits gemeldet, deshalb bauten sich seine Truppen zur Abwehr auf, ehe der Rivale aus dem Dekkan erschien.

Die Formation der Chalukyer war vom Bhatashvapati, dem Gebieter über die Armee, ›Vayra‹ – Donnerkeil – genannt worden. Damit sollte die Neuerung einer Elefantenvorhut gewürdigt werden. Hinter der Vorhut kam allein und zu Fuß – so eine Mutdemonstration war üblich – der Nayaka und hielt die Fahne der Chalukyer hoch, die sich im leichten Wind kräuselte. Bei Beginn des Angriffs durch die Elefanten würde er die Flagge einem Träger übergeben, sein Schwert zücken, auf einen Streitwagen springen und den Angriff der Hauptstreitkräfte führen. Hinter diesem einzelnen Offizier kamen zwei Abteilungen Bogenschützen und hinter ihnen – mit glänzenden Panzern – zwei Abteilungen Elefanten, deren mit Soldaten voll besetzte Howdahs wie Schiffe in der Meeresbrandung heranrollten. Danach kam ein Aufgebot an schwerer Infanterie, viele tausend Mann, die einsatzbereit das Zentrum umstellten, wo der König während des Verlaufs der Schlacht bleiben würde. Pulakeshin der Zweite musste um jeden Preis geschützt werden, deshalb stand für den Angriff nur die Hälfte der schweren Infanterie zur Verfügung, die andere Hälfte diente als königliche Leibwache. Wenn bei solcher Kriegsführung eine Seite ihren König verlor, war die Schlacht verloren und die Unterlegenen mussten sich sofort zurückziehen – oder der Name des Königs wurde entehrt. Den Schluss des Heeres bildete leichte Infanterie, die sich hauptsächlich aus Rekruten und Söldnertruppen zusammensetzte. Bewegliche Reiterschwadronen begleiteten die Hauptstreitkräfte an den Flügeln.

Während das Heer in Stellung ging, sah Arjun nach links und rechts an der vorderen Linie entlang. Zwischen den Elefanten, die etwa fünfzehn Meter auseinander standen, befanden sich jeweils zwanzig Reiter. Sie würden zum Schein den Angriff eröffnen und in vollem Galopp auf den Feind zuhalten. Im letzten Moment sollten sie abschwenken und die Elefanten allein angreifen lassen.

Der junge Mahout sah an Gandivas hoch gerecktem Kopf und den aufgerichteten Ohren, dass er die bevorstehende Schlacht schon ahnte. Elefanten konnten am besten zu den Seiten hin sehen; ihr Blick nach vorn war eingeschränkt, es sei denn, sie hielten den Kopf niedrig. Während eines Angriffs mit hoch erhobenen Köpfen konnten sie nicht nach unten sehen. Das hieß, sie hatten erst ein deutliches Bild von der feindlichen Linie, wenn sie kurz davor standen. Das eingeschränkte Gesichtsfeld bewirkte jedoch, dass sie sich während des Angriffs voll konzentrierten. Beim Vorwärtsstürmen sahen sie nicht die zweieinhalb Meter langen Lanzen, die sich ihnen entgegenreckten, um sie zu durchbohren. Doch bestimmt hatten Gandiva und seine Artgenossen ihre Gegenspieler dort drüben längst gewittert – Elefanten aus dem Kalingawald, vielleicht tausend Tiere.

Hinter sich hörte Arjun die Musikanten: Es wurde auf großen und kleinen Pauken getrommelt, auf Muschelschalen und Hörnern geblasen, klirrend wurden die Zimbeln geschlagen. Bei einem letzten Blick über die Schulter sah er die Banner an der Spitze jeder Infanterieeinheit wehen. Vom Streitwagen des Königs flatterte das weiße Emblem des Ebers. Der Anblick der königlichen Flagge erfüllte Arjun mit einer Woge von Stolz und einen Moment lang stellte er sich vor, Rama wäre jetzt neben ihm. Er tauschte ein Lächeln mit dem alten Bogenschützen.

Doch Arjuns Zunge war so trocken, er hätte genauso gut den ganzen Tag zu Fuß durch eine Wüste gewandert sein können.

Unter den Schenkeln spürte er die warme Haut des großen Tiers pulsieren, als ob in der erregten Spannung vor dem Angriff Gandivas Herz schon mit aller Kraft Blut pumpte. Arjun beugte sich vor, streichelte die ledrige Haut und sah über die weite Ebene zu den Truppen von Vardhana hin. Die gesamte Frontlinie bestand aus Bogenschützen, ihre Bambus-Langbogen fast so groß wie die Männer, die sie trugen. Er bekam auch einen flüchtigen Eindruck von der dahinter aufgestellten Infanterie. Sie war zu weit weg, als dass er die Augen der Soldaten hätte sehen können, aber nicht so weit, dass ihm ihre Waffen und Rüstungen entgangen wären: Piken mit Eisenspitzen, hölzerne, spitz zulaufende Streitkolben, dreizackige Lanzen, zweihändige Hiebschwerter, Leder- und Panzerhemden, gepolsterte Helme, Schilde aus Rohr.

Plötzlich erschien aus der Mitte der waffenstarrenden Truppen ein einzelner Elefant, der einen festlichen Kopfputz mit Augenlöchern und langen, farbigen Quasten trug. Auf seinem Rücken saß eine hohe Gestalt, strahlend in weißem Gewand, auf dem Kopf einen Kranz aus weißen Blumen.

Niemand musste Arjun sagen, dass es König Harsha war und der Elefant Darpashata, der weit und breit als Liebling des Königs bekannt war. Darpashata war ein prächtiges Tier, bemerkte Arjun, aber nicht besser als Gandiva.

Der König ritt vor seinen Truppen hin und her, schwang sein Schwert durch die klare Morgenluft und stachelte den Kampfgeist seiner Soldaten an. Dann, ohne Ankündigung, drehte er sich um und lenkte Darpashata auf die Linien der Chalukyer zu.

In Rufweite blieb König Harsha stehen, formte mit den Händen einen Trichter und rief höhnisch: »Wenn ich euch nicht von der Erde tilge, werde ich meine sündige Person in Flammen stürzen, die sich aus heißen Ölflüssen nähren!« Danach trottete Harsha zu seinen Truppen zurück, schob sich zwischen sie wie einer, der in einem dichten Wald verschwindet, und nahm seinen gewohnten Platz zwischen den Leibwächtern ein.

Er glitt von Darpashata und setzte sich in einen prunkvollen Streitwagen unter einen mit Rubinen und Saphiren verzierten Schirm. In beiden Heeren kannte man dessen Namen: Abhoga. Dieser berühmte Schirm hatte dem König auf vielen Eroberungszügen durch den Norden Schatten gespendet.

Wegen seiner eingeengten Position mit dem Fluss im Rücken musste Harsha jede Hoffnung auf einen eigenen Angriff aufgeben und sich einzig auf die Abwehr stützen. Diese Einschränkung vor Augen, hatte er sich zu einer bewährten Formation, der ›Suci‹, entschlossen. Sie bestand im vordersten Glied aus Bogenschützen, dann kamen abwechselnd Reihen von Elefantentruppen und Infanterie und zuletzt schließlich die Reiter. Das war vorsichtiger, als die Generäle der Chalukyer nach Harshas anmaßendem Hohn erwartet hatten.

Arjun war froh, dass sein König nicht zur Schau die Truppen ermahnte. Das bedeutete, König Pulakeshin hatte Vertrauen zu ihnen, er war ruhig und zuversichtlich. Als ein rasender Wirbel auf den Kesselpauken einsetzte – das Signal zum Angriff –, schrie Arjun im Taumel angestauter Gefühle gellend auf – er schrie vor Erwartung, vor Wut, vor Freude, weil jetzt etwas geschehen würde, das jenseits aller Vorstellungskraft lag.

In seinem Streitwagen, wenige Schritte vor der Elefantenvorhut, schwang ihr Anführer, der Camupati, mehrmals sein Schwert. Die Kavallerie stürmte vor, die Elefanten, von ihren Mahouts in Trab gesetzt, folgten ihnen.

Der Angriff hatte begonnen.

Die Entfernung zwischen Arjun und der ersten Linie der Bogenschützen war nicht viel größer als die Fläche der Übungsplätze, auf denen er mit seinem Elefanten trainiert hatte, doch es schien ihm, als würde kein Schritt Gandivas sie näher an den Feind heranbringen. Arjun hatte das Gefühl, die Ebene würde im gleichen Tempo vor ihnen davonrollen, wie sie sie selber durchquerten. Gandiva würde ihn nie von hier nach dort bringen. Er spürte den seltsamen Drang sich umzudrehen und den alten Bogenschützen hinter sich in der Howdah zu fragen: Ist das Angst? Doch dann sah er vorn etwas, das ihn auf dem schwankenden Rücken des Elefanten steif und starr werden ließ. Die Linie der Bogenschützen war einen Schritt vorgetreten und jeder Schütze griff in den Köcher an seiner rechten Hüfte. Obwohl bei dem federnden Ritt alles vor Arjuns Augen tanzte, sah er mit Entsetzen, wie die Bogenschützen taten, was er selbst viele Male getan hatte: Sie senkten die Köpfe, während sie den Pfeil an die Sehne legten, dann warfen sie die Köpfe hoch, spannten, zielten und schossen die ersten Salve ab.

Arjun beugte sich vor und streckte sich auf dem Hals des Elefanten aus, dicht hinter der vorspringenden Stirn des massigen Kopfes. Er wartete auf einen summenden Ton – er kam in der nächsten Sekunde. Hinter ihm schrie jemand auf, doch Arjun drehte sich nicht um. Stattdessen richtete er sich auf und sah nach vorn. Wieder senkten die Bogenschützen ihre Köpfe, wieder drückte sich Arjun flach gegen Gandiva. Von oben kam wieder ein Schwirren, und während sein Gesicht gegen den Elefanten prallte, sah er flüchtig den Hagel von Pfeilen so dicht über seinen Kopf hinweg sausen, dass er sie mit ausgestreckter Hand hätte fassen können. Die vorgestürmten Reiter der Chalukyer-Kavallerie zogen sich jetzt von ihrem Scheinangriff zurück. Sie sprengten im Galopp zwischen den Elefanten hindurch. Arjun sah die führerlosen Pferde am Streitwagen des Camupati orientierungslos umkehren – der waghalsige Oberst und sein Wagenlenker mussten an vorderster Front getötet worden sein.

Arjun wagte wieder einen Blick nach vorn. Die feindlichen Bogenschützen kamen jetzt so nahe, dass er ihre grimmigen Augen sehen konnte. Sie senkten die Köpfe, doch viele Köpfe wippten nur noch ziellos auf und ab. Der Anblick der auf sie zustürmenden Elefanten ließ sie alle Beherrschung verlieren.

Rama hatte immer behauptet, dass Elefanten Angst wittern. Jetzt mussten sie sie gewittert haben, denn unter den angreifenden Elefanten begann schrilles, wütendes Trompeten.

Blutdürstiges Trompeten. Arjun schrie hell auf, als er sah, wie die Linie der erschreckten Feinde plötzlich zerfiel und die Soldaten auseinander stoben. Wieder schwirrte über seinem Kopf ein Pfeilhagel, diesmal aus den eigenen Reihen. Ohne sich umzudrehen und zu vergewissern, wusste er, dass die Schützen der Chalukyer jetzt, nachdem sie eine Salve abgeschossen hatten, dreißig Schritte vorrannten. Sie würden stehen bleiben, ihre Bogen spannen, noch einmal schießen und wieder dreißig Schritte vorrücken.

Arjun hatte die vorderste Linie der Feinde erreicht. Er spürte einen Ruck, noch einen und noch einen, dann begriff er, dass Gandiva entweder Bogenschützen niedergetrampelt oder zur Seite getreten hatte. Rings um Arjun war das Geräusch der durch die Luft wirbelnden Metallscheiben, das scharfe Sirren der Bogensehnen, der pfeifende Ton der aus Schleudern abgeschossenen Steine und der fürchterliche Laut menschlicher Schmerzensschreie. Arjun ritt blindlings weiter und hörte hinter sich den nahenden Angriff der Haupttruppe der Elefanten. Er spürte, wie Gandiva hierhin und dorthin drängte, dabei den Rüssel schwenkte, die Füße von einer Seite zur andern schleuderte und jeden, der ihm in den Weg kam, zertrampelte. Nach einem kurzen Blick ringsum sah Arjun mit Schrecken, dass viele der Vorhutelefanten von Pfeilen oder Lanzen getroffen zu Boden gingen. Nicht aber Gandiva!, dachte er, tippte das große Tier mit seinen Zehen an und lenkte es weiter vorwärts. Auch einige andere aus der Vorhut nicht. Mit ihrem Sturmangriff hatten sie die erste Abwehrlinie durchbrochen. Vor ihnen war eine Infanterieabteilung, die angesichts der vorrückenden Elefanten zurückschwappte wie Wellen an der Küste. Trotzdem kamen Pfeile aus der Mitte des feindlichen Heers, und Soldaten warfen noch im Fliehen Lanzen hinter sich. Arjun sah, wie einer der Feinde stehen blieb, zur Seite sprang und mit einer langen, sichelartigen Waffe auf einen vorbeistürmenden Elefanten einhieb. Mit einer schwingenden Sensenbewegung wie beim Weizenmähen traf er das Hinterbein und lähmte das Tier, sodass es mit einem hohen, qualvollen Laut einknickte. Arjun kannte den Elefanten und den Mahout, der nun über den Kopf seines Tiers flog und zu Boden stürzte. Ein feindlicher Soldat durchbohrte die Brust des Mahouts mit einer Lanze.

Als Gandiva sich mitten unter die Feinde stürzte, sah Arjun, womit er schon die ganze Zeit gerechnet hatte: Harshas berühmtes Elefantencorps, das zwischen Infanterieabteilungen eingezwängt gewesen war. Womit er nicht gerechnet hatte, war ihre Unschlüssigkeit und ihre sichtliche Orientierungslosigkeit. Sie hatten in fester Schlachtordnung gewartet, hatten aber durch den plötzlichen, verwegenen Angriff ihres Feindes die Nerven verloren. In panischem Schrecken stellten viele Elefanten die Schwänze auf wie Warzenschweine, wandten sich jäh ab und liefen schwerfällig auf die Stadt Mandlesir und den Narmada zu.

Unmittelbar vor sich sah Arjun Harshas bunt geschmückten Lieblingselefanten. Er war im Begriff zu fliehen. Darpashatas Mahout stieß dem Tier verzweifelt den Ankus in den Nacken, um zu versuchen, dem Ansturm der Chalukyer zu entgehen. Doch Gandiva war bei dem königlichen Elefanten, bevor der sich in Sicherheit bringen konnte. Arjun hörte das Schlitzgeräusch, als Gandivas Stoßzahn in Dapashatas linkes Hinterbein fuhr, er hörte den Schmerzensschrei des verwundeten Tiers und das saugende Geräusch, das entsteht, wenn ein Elfenbeinzahn wieder aus Knochen- und Knorpelmasse herauskommt.

Ein Aufschrei des Entsetzens kam von Harshas Soldaten, als sie den Elefanten ihres Königs verkrüppelt sahen. Unter siegreichem Trompeten hob Gandiva seinen Rüssel, selbst dann noch, als er von drei Pfeilen getroffen wurde. Arjun spürte einen brennenden Schmerz im rechten Oberschenkel. Er schaute an sich hinunter und sah einen gefiederten Pfeilschaft aus seinem Bein ragen. Einen Augenblick fühlte er sich einer Ohnmacht nahe; dann griff er fest nach Gandivas Halsseil und klammerte sich daran, während der Gaja vorstürmte und sich in ein Gewühl aus Soldaten und Elefanten drängte. Arjun wusste, dass er trotz der Schmerzen durchhalten musste – wie eine Maus in den Klauen der Katze. Bilder kämpfender Soldaten schwammen vor seinen verschleierten Augen. Bärtige Männer mit Perlenketten schwangen Schwerter mit beiden Händen; andere, mit geschwärzten Gesichtern und blutroten Schärpen um den Bäuchen, sprangen heulend und Knüppel schwingend auf und ab; Offiziere mit goldfarbenen Turbanen ließen Breitäxte durch die Luft wirbeln; Soldaten, von Hals bis Knie in Eisenpanzer aus abnehmbaren Platten gezwängt, wurden von der Last so niedergedrückt, dass sie wie Enten watschelten und den leichter gerüsteten Chalukyern als Beute zufielen.

Gandiva drehte sich wie rasend und schwenkte den Lanzenträgern seinen Rüssel entgegen, Arjun krallte sich fest und sah immer wieder andere Szenen vor seinen Augen aufblitzen: merkwürdige Stangen mit vier oder fünf vorspringenden Gabeln, Eisenschläger, Steinschleudern, Schlingen aus dickem Tau, lange Pfähle mit Haken, nicht unähnlich einem Ankus.

Arjun sah kurz nach dem Pfeil in seinem Bein. Der gefiederte Schaft wirkte fremd wie ein ungewohntes Anhängsel – etwas, das ihm in den Körper gewachsen war, etwas, das immer da sein würde. Der Gedanke an diese bleibende schreckliche Veränderung war noch schlimmer als der Schmerz.

Er beugte sich vor, umklammerte das Halsseil und drückte sich an den warmen Körper seines Elefanten. Für einen Moment schloss er die Augen, wie um das Gewusel der Kämpfer auszusperren, doch seine Ohren dröhnten vom Klang der Signalpfeifen, von Schlachtrufen, mit denen der Feind versuchte, die verschiedenen Einheiten mühsam zusammenzuhalten, seine Ohren dröhnten vom Lärm der Trommeln und Muschelschalen – ein wüster Missklang, durchsetzt vom schlimmsten aller Laute: dem alles durchdringenden Stöhnen und Schreien kämpfender und sterbender Soldaten, das jetzt überall zu hören war. Arjun öffnete die Augen gerade rechtzeitig, um zu erkennen, dass ein Elefant von der Seite her angriff. Mit einem heftigen Zehentritt riss er Gandiva herum, so dass Stoßzahn gegen Stoßzahn prallte, ohne Schaden anzurichten. Aus der Howdah des Angreifers wurde eine Lanze geschleudert, die Arjun mit dem Haken seines Ankus parierte. Die beiden Elefanten ließen voneinander ab und drängten weiter. Mühsam schleppte sich Gandiva vorwärts, Arjun an seinen Hals geklammert. Aus dem rechten Bein, mit dem das große Tier gerade ausschritt, sah Arjun Pfeile ragen. Keiner davon saß tief genug, um Gandiva tödlich zu verletzen oder auch nur kampfunfähig zu machen, doch sie schienen ihn zu reizen wie ein Schwarm Bienen.

Arjun spürte sein Bewusstsein schwinden, da erreichte Gandiva gerade den Rand des Schlachtfelds. Zum ersten Mal drehte Arjun sich nach der Howdah um und sah zu seinem Entsetzen den alten Bogenschützen gegen die Wand gelehnt, ein Pfeilschaft ragte aus seiner Stirn, seine offenen Augen starrten glasig und leer wie die einer toten Maus. Die anderen Soldaten waren weg – entweder aus Angst abgesprungen oder verwundet heruntergestürzt. Inzwischen glich das ganze Schlachtfeld dem wimmelnden Chaos aufgeregter Ameisen. Es war schlimmer als alles, was sich Arjun je vorgestellt hatte. Er hielt die Tränen zurück und ein neuer Schwächeanfall stieg in ihm hoch.

Am Ende seiner Kräfte angelangt, konnte er nichts mehr tun. Arjun tippte den Elefanten an und lenkte Gandiva auf die Reihen der Chalukyer zu.

14

Viele von Harshas in Panik geratenen Elefanten trampelten in Horden durch Mandlesir, überrannten die leicht gebauten Hütten und Läden. Andere umgingen die Stadt und hielten direkt auf den Fluss zu.

Dort blieben einige – bis zum Bauch im Wasser – stehen und widersetzten sich dem Befehl ihrer Mahouts weiterzugehen. Andere wateten bis zur Flussmitte, ließen sich unter die Oberfläche sinken, rollten auf die Seite und schüttelten sich, bis die Mahouts und Howdah-Soldaten ins Wasser fielen. Niedergezogen vom Gewicht ihrer Rüstungen ertranken die meisten Soldaten. Wieder andere Elefanten stürmten über die Ebene, wo Pulakeshins Kavallerie in aller Ruhe Jagd auf sie machte und aus sicherer Entfernung einen nach dem andern mit Pfeilen tötete.

Zum Glück für Harsha konnte seine Reiternachhut die vorrückenden Chalukyer in einer Zangenbewegung einkeilen, wodurch deren Angriff zeitweilig geschwächt wurde. Dadurch gelang es Harshas Infanterie, sich neu zu ordnen. Sie formierte sich zur Mandala-Abwehrstellung, in der die Soldaten reihenweise in engen, konzentrischen Kreisen standen, die Gesichter dem Feind zugekehrt.

Obwohl die Chalukyer den Schlachtsieg davongetragen und gute Aussichten hatten, den Eindringling vernichtend zu schlagen, entschloss sich König Pulakeshin zum Rückzug. Es war eine Entscheidung, die einem wesentlichen Grundsatz der Kriegsführung folgte: Verzweifelte Männer, die den Tod vor Augen haben, kämpfen härter als zuvor, was für die Sieger hohe Verluste bedeuten und einen Sieg sogar ganz zunichte machen kann. Die Wahrscheinlichkeit einer solchen Umkehrung wächst, wenn die unterlegene Armee die größere ist, wie es bei dieser Schlacht der Fall war.

So brachen die Truppen der Chalukyer die Feindberührung ab und zogen sich über die Ebene zurück.

In dieser Nacht lagerten die verfeindeten Heere in so geringer Entfernung voneinander, dass auf beiden Seiten auch die Schreie der Verwundeten aus der jeweils anderen Armee zu hören waren. Nur wenige schliefen in dieser Nacht. Arjun schlief nicht; er wand sich vor Schmerzen, obwohl ihm der Pfeil – da er den Knochen nicht getroffen hatte – ohne Komplikationen entfernt worden war.

Hari, der langsam zwischen den Verwundeten umherging, entdeckte schließlich den Freund. Arjun erfuhr, dass der Camupati tatsächlich während des Eröffnungsangriffs getötet worden war, später auch der Vahinipati.

Auf dem Krankenlager, mit verbundenem, pochenden Bein, dachte Arjun daran, wie er zum ersten Mal den Vahinipati gesehen hatte – die langen Ohrringe, die Korkenzieherlocken. Doch er hatte keine Zeit, über den Tod des von ihm bewunderten Offiziers nachzugrübeln, denn Hari berichtete von einem weiteren Toten.

»Dein schmächtiger Freund«, begann Hari zögernd. »Ich hab ihn mal mit dir im Lager getroffen. Schien ein netter Kerl, wenn auch düster ...«

Arjun wollte sich aufsetzen, doch der Schmerz drückte ihn nieder. »Karna«, murmelte er.

»Ja, genau. Karna. Er wurde durchbohrt. Lange hat er nicht gelitten, glaube ich. Ich habe ihn auf dem Boden liegen sehen. Die Lanze war noch in seinem Körper – ist direkt mittendurch gegangen. Nein, Arjun, ich bin sicher, dass er nicht lange leiden musste.« In einem plötzlichen, aber berechneten Stimmungswechsel fuhr Hari begeistert fort: »Dein Gaja war großartig. Ich habe ihn für dich besucht. Sie haben ihm mindestens fünfzehn Pfeile herausgezogen, trotzdem hat er am Abend sein

Futter gefressen. Er hat sich benommen, als ob er heute mit dir nur auf dem Übungsplatz war.«

»Ich möchte ihn sehen.«

Hari tätschelte seinem Freund die Schulter. »Wenn es dir besser geht. Die vielen Pfeile in Gandiva haben weniger Schaden angerichtet als der eine in dir.«

»Geht es ihm wirklich gut?« Arjun war, kurz nachdem er die Linie der Chalukyer erreicht hatte, ohnmächtig geworden. Er wusste noch, dass er Gandiva hatte knien lassen, dass Gaja gehorcht hatte, und dann ... nichts mehr.

»Hervorragend«, versicherte Hari seinem Freund. »Aber eins will ich dir sagen. Es ist ein Geschenk der Götter, dass welche von der Vorhut überlebt haben. Ich konnte mir so einen Angriff nicht vorstellen, bevor ich ihn gesehen hatte. Jetzt, nachdem ich ihn gesehen habe, kann ich ihn mir trotzdem nicht vorstellen. Von euch fünfzig haben nur zwölf Gajas überlebt und sieben Mahouts. Fünfzig gegen Tausende! Aber ihr habt es geschafft, Arjun. Eure Vorhut hat ihre Front gesprengt. Und von allen Helden heute war keiner großartiger als dein Gaja!«

Später am Abend kam ein Offizier an Arjuns Lager. Es war der Nayaka, dessen frühere Tapferkeit ihm heute das Recht eingebracht hatte, den Hauptangriff zu führen. Er trug den Arm in einer Schlinge, doch hatte er unbedingt ›den jungen Mahout‹ sehen wollen. Er kniete sich neben Arjuns Lager und sagte leise: »Du hast dich verhalten wie ein geborener Kshatriya.«

Arjun sagte nicht, dass er Brahmane war – also nach Ansicht vieler Leute höher stand als ein Kshatriya. Was spielte das für eine Rolle?

»Dein Gaja, Mahout, ist ein prachtvolles Tier«, fuhr der Nayaka fort. »Er hat Darpashata zum Krüppel gemacht. Die Freude Harshas musste ausgelöscht werden.«

Arjun sagte nichts dazu; er liebte Elefanten zu sehr, als dass er Vergnügen an ihren Leiden gefunden hätte, selbst wenn die

Tiere dem Feind gehörten. Im höflichen und würdevollen Ton eines Brahmanen – es musste den Nayaka verblüfft haben – dankte ihm der Junge für das Lob auf Gandiva, der sich als Namensträger eines magischen Bogens bemüht habe, das Elefantencorps nicht zu beschämen.

Während Arjun in dieser Nacht wach lag, suchte er in seinem Gedächtnis nach einem Vers aus der *Bhagavad Gita,* dem frommen Buch, aus dem der Dorfpriester so oft zitiert hatte. Endlich fiel er ihm ein:

ER ist nicht geboren, und ER stirbt auch nie;
Nie ist ER entstanden,
Noch wird ER je vergehen.
Ungeboren, ewig, immer während – ist diese göttliche
Urwesenheit nicht erschlagen, wenn der Körper erschlagen.

›Die Urwesenheit‹, das war nach den Worten des Priesters ›der Atman‹, die unsterbliche Seele, das Unzerstörbare, ›das, was ist‹. Wo also war heute Nacht ›die Urwesenheit‹, die in Karnas großem, hageren Körper gewohnt hatte? Wo war die Urwesenheit, die heute all die verstümmelten Körper auf dem Schlachtfeld verlassen hatte? Dieser Vers aus der *Gita* war von Krishna gesprochen worden, um dem Krieger Arjuna zu versichern, dass kein einziger, den jener in der Schlacht tötete, wirklich getötet war. Man musste über die Körperlichkeit hinausschauen und das andere, das unsterbliche Selbst finden, das von Gott ausgeht. So hatte es der Priester erklärt. Doch für Arjun, der in den grausigen Erinnerungen des Tages festhing, waren solche Erklärungen nur Wörter. Irreführende Wörter. Und genauso war es mit der Vorstellung von ›Lila‹, dem göttlichen Spiel – diesem Gedanken, dass die Welt ganz ohne Vorsatz von dem heiter tanzenden Shiva erschaffen worden war.

Lila? War denn die Schlacht nichts anderes gewesen als Spiel, Sport, kosmisches Vergnügen?

In dieser Nacht hätte Arjun in seinem Schmerz und der Erschöpfung, in seinem Kummer um die Toten und dem Mitleid mit den Sterbenden alles geglaubt, wirklich alles, nur nicht, dass die Welt in sorglosem Spiel entstanden war.

Am nächsten Morgen gab Pulakeshin seiner Armee den Marschbefehl. Es bestand keine Notwendigkeit, länger zu bleiben. Kundschafter hatten das Ausmaß von Pulakeshins Sieg bestätigt. Von Harshas Elefantencorps waren vielleicht mehr als die Hälfte der Tiere, fünf- oder sechshundert, umgekommen, verwundet oder vermisst. Überlebende hatten den Fluss überquert, und ohne Zweifel stürmten sie jetzt Hals über Kopf durch Wälder und Felder. Bewaffnete Dorfbewohner würden die verwundeten und schwächeren Tiere wahrscheinlich töten und essen. Die Infanterie hatte schwere Verluste erlitten, mindestens zehntausend Mann, vielleicht mehr. Nur die Kavallerie schien noch als Ganzes zu bestehen, obwohl auch hier die Verluste hoch waren.

Ein Spion würde später beschreiben, wie Harshas Astrologen, die den Feldzug unterstützt und einen Sieg auf ganzer Linie vorausgesagt hatten, wegen Unfähigkeit öffentlich hingerichtet worden waren. Viel Zeit würde verstreichen, ehe Harsha seine Streitkraft wieder aufbauen konnte, ganz zu schweigen von seinem Verlangen nach Eroberungszügen.

Pulakeshins Heer marschierte indes westwärts um Mandlesir herum und überquerte den Narmada weiter flussabwärts, wobei jede Berührung mit dem Feind vermieden wurde. Kundschafter meldeten, dass Harsha anscheinend ganz zufrieden ausruhte, während seine Soldaten ihre Wunden pflegten und sich allmählich für den langen Heimmarsch nach Vardhana rüsteten.

Die verwundeten Chalukyer wurden in Ochsenwagen befördert, nur die verletzten Offiziere durften in Howdahs auf Elefantenrücken reisen. Aus Achtung für die wenigen überlebenden Mahouts der Vorhut wurde auch Arjun in eine Howdah gelegt. Er machte sich Sorgen um Gandiva, der sich mit schwerfälligen Schritten hinter ihm herschleppte –, die Pfeilwunden sahen jetzt übel aus, denn sie fingen an zu eitern. Doch zu mehr als ein paar Schritten war Arjun nicht fähig, und er konnte nichts tun, um seinem Freund und Kameraden zu helfen.

Arjun saß gegen eine Wand der Howdah gelehnt und sah in die Wolken. Durch die Bewegung des Elefanten unter ihm schwankten die Wolken wie Segel auf unruhiger See. Ein stundenlanger Weg lag vor ihnen. Die grauen Wolken waren zusammengeballt wie an den Himmel geworfene Dreckklumpen, doch statt Regen brachten sie nur Wind, der an Arjuns Howdah rüttelte. Seine Gedanken schweiften hierhin und dorthin. Schließlich mündeten sie in Bilder von zu Hause: ein Weg, ein Teich, ein alter Büffel, der Bambusfächer, den sein Vater in Ehren hielt, das Gesicht seiner Mutter, wenn sie ins Gebet vertieft war. Dann kam ihm eine Frage in den Sinn, die ihm in letzter Zeit nie mehr gekommen war: Wo war seine Schwester? Wo war Gauri? Die Frage verblasste wie Sonnenlicht. Dann kam die Erinnerung an den Tiger im Rohrdickicht, an den Überfall auf die Karawane.

Bilder von Gewalt, die er gerade erst hinter sich hatte, stürmten auf ihn ein, Bilder, so frisch, dass Arjun das Gefühl hatte, jede Einzelheit würde jetzt, in diesem Moment geschehen. Er erlebte noch einmal Augenblicke auf dem Schlachtfeld. Sie überwältigten ihn durch ihre Grausamkeit und das Chaos, bis das Chaos all seine Gedanken beherrschte, bis er nur noch staunen konnte bei der Erinnerung an das heillose Durcheinander, den Tumult und den Aufruhr. Darauf hatte man ihn auf den Übungsplätzen nicht vorbereitet. Der wesentliche Gedanke dort war gewesen, die Soldaten an ein System zu gewöhnen, damit sie gemeinsam handelten. Doch auf dem Schlachtfeld vor Mandlesir war jeder von seinen Kameraden abgeschnitten gewesen, jeder hatte allein gekämpft und war allein gestorben, bis das Schlachtfeld wie ein zuckender Haufen ausgerissener Arme, Beine und verzerrter Gesichter ausgesehen hatte. Wie sie wieder zu einer Spur von Ordnung zurückgefunden hatten, war Arjun immer noch rätselhaft.

Eine andere Stelle in der *Gita* – der Wortlaut war ihm entfallen, doch nicht der Sinn – handelte sowohl von den Getöteten als von den Mördern. Der Mörder glaubt, er hätte den Toten umgebracht; der Tote glaubt, er sei umgebracht worden; keiner von beiden begreift, dass keiner getötet hat und keiner getötet worden ist. Konnte das richtig sein? Was bedeutete das eigentlich? Arjun hatte den Priester nie gefragt, und wahrscheinlich hätte der nur geantwortet, solche Fragen stünden kleinen Jungen nicht zu. Doch jetzt grübelte Arjun darüber mit der Gründlichkeit eines Menschen nach, der den Krieg erlebt hat. Keiner tötet und keiner wird getötet. Doch Karna war tot und jemand hatte ihn umgebracht. War es nicht so? Die *Gita* sagte Nein.

Falls das große Epos die Wahrheit sagte, war alles, was auf dem Schlachtfeld geschehen war, kaum mehr als ein Traum. Mörder und Getötete konnten einander zulächeln, weil in Wirklichkeit keiner dem andern etwas getan hatte.

Karna, der alte Bogenschütze und die anderen in der Howdah, der Vahinipati und der Camupati und die tausende anderer Toter, Freund wie Feind, und auch die gelähmten Elefanten und die aufgeschlitzten Pferde, jedes Lebewesen, das an diesem Tag auf der Ebene von Mandlesir gestanden, gelitten hatte und gestorben war, sie alle, jedes einzelne, waren jetzt die gleichen wie vor der Schlacht.

Konnte das letztendlich mit ›Lila‹ gemeint sein? Dass eine solche Schlacht nur in Gottes heiterem Sinn vorkam?

Wenn ja, würde es all dem Grauen die Spitze nehmen. Doch es würde auch jeden Antrieb zunichte machen, irgendetwas zu tun, da schließlich nichts von Bedeutung war, da niemandem etwas zustieß außer Gott. Es war zu schwierig zu verstehen. Arjun bedauerte, dass er so unaufmerksam gewesen war, als der Dorfpriester solche Dinge erklärt hatte. Vielleicht, wenn er damals zugehört hätte, könnte er jetzt den Sinn von Leben und

Tod besser erkennen. Doch es war auch möglich, dass diese Zusammenhänge selbst dem Priester rätselhaft waren.

Arjun legte sich zurück und sah den ziehenden Wolken nach. Es kam ihm nicht in den Sinn zu fragen, warum eine Wolke im einen Augenblick da war und im nächsten nicht. Eine Wolke erschien, trieb davon, war nicht mehr zu sehen. Eine andere kam heran, wurde bald durch eine neue ersetzt. Sie bewegten sich unaufhörlich, stumm, ruhig. Arjun überließ sich dem Wechselspiel der Wolken, dem Verrinnen der Zeit, bis die Gleichförmigkeit ihn in Schlaf lullte. Er wachte auch nicht auf, als der Elefant unter ihm mit schwerfälligen Schritten in den Narmada stapfte und langsam hinüberwatete. Der große Bulle Gandiva, verwundet, doch immer noch stark, schleppte sich hinter ihm her.

Arjun träumte von einer Schlacht, in der alle Kämpfer Kinder waren. Die meisten waren jünger als er damals, als er vor etlichen Jahren das Dorf verlassen hatte. Die schmächtigen, verletzlichen Körper prallten gegeneinander, die ängstlichen Stimmen schrien vor Schmerz, und die sanften, kleinen Gesichter verzerrten sich zu wütenden Grimassen wie die bärtigen, älteren Gesichter auf dem Schlachtfeld von Mandlesir. Dann plötzlich, als beendeten sie ein Spiel, warfen sie ihre Waffen weg und rannten um die Wette zu einem Teich, wo sie einander nass spritzten und lachten, dann sprangen sie auf bereitstehende Büffel und ritten in den nahen Wald zum Beerenpflücken.

Wie ein großes Tier, das sich in vertrautem Rohrdickicht seine Wunden leckt, war Pulakeshins Heer den Narmada abwärts zu dem ehemaligen Sammelgelände zurückgekehrt und blieb dort für mehrere Wochen. Waffen wurden repariert, während sich die Verwundeten erholten. Jung und kräftig, wie Arjun war, dauerte es bei ihm nicht so lange wie bei anderen Soldaten, seine Gesundheit wieder zu erlangen. Auch sein dringender Wunsch, Gandiva zu helfen, beschleunigte seine Genesung. Sobald er laufen konnte, scheuchte er den Knecht davon, der zur Pflege des großen Bullen abgestellt worden war. »Ich kümmere mich um ihn«, erklärte er, dann führte er Gandiva an den nahen Fluss, wo er warmen Schlamm auf die eiternden Wunden packte. Das hatte Rama ihm einmal beigebracht. Der Meister hatte gesagt: »Ich habe gelernt, wie man verwundete Elefanten pflegt, weil ich zugeschaut habe, wie sie es selbst machen. Sie suchen Wasser und klatschen sich Schlamm auf die Wunden. Er trocknet, hält die Insekten fern und saugt den gelben Eiter heraus.« Nach einer Woche ging es Gandiva besser.

Nach zwei Wochen saß Arjun wieder auf seinem Rücken; er zuckte zwar noch vor Schmerz zusammen, doch wollte er unbedingt seine Fähigkeiten als Elefantenreiter wieder üben. Gandivas Ruf machte es Arjun unmöglich, mit ihm zu arbeiten, ohne dass sofort eine Gruppe bewundernder Zuschauer um sie herumstanden.

Dennoch, *ein* Zuschauer war nicht zur Bewunderung gekommen. Vasu stand schweigend zwischen den anderen, bis Arjun ihn entdeckte. Da winkte er mit beiden Händen und rief: »Vergiss nicht, Held! Wir haben eine Verabredung! Denk dran! Demnächst!«

An diesem Abend, als Arjun in der Nähe eines Feuers saß, an dem sich die Mahouts zum Weintrinken versammelt hatten, kam ein Mahout von einer anderen Einheit zu ihm zu Besuch. Es war Skanda.

Er begann mit einer Entschuldigung. In der Vergangenheit, erklärte Skanda, hätte er gewisse Dinge einfach nicht durchschaut. »Erstens«, sagte er, »habe ich nicht geahnt, dass du so ein guter Abrichter bist. Zweitens, dass du mutig bist. Drittens, dass du tatsächlich die Freundschaft meines Lehrers verdient hast. Um meinen Irrtum wieder gutzumachen, habe ich durch jemanden, der in Ramas Lager hinuntergeht, eine Nachricht geschickt. Er wird unserm Lehrer sagen, wie gut du in der Schlacht warst, du und dein Gaja. Lass uns Freunde sein.«

Es war eine Aufforderung, die Arjun gern annahm, auch

wenn er am nächsten Tag etwas hörte, das ihn an der Aufrichtigkeit des älteren Mahouts zweifeln ließ. Anscheinend hatten die Generäle beschlossen, die Elefantenvorhut aufzugeben. Wenn auch der Einsatz gegen Harsha gelungen war, konnte diese Angriffsmethode ein zweites Mal verhängnisvoll werden, besonders dann, wenn der Feind Zeit hatte, eine geeignete Verteidigung zu ersinnen. Das bedeutete für die Überlebenden der Vorhut eine Rückkehr zum normalen Elefantencorps – für alle bis auf Gandiva und seinen Mahout. Sie wurden zur Bewachung des Harems und des Hofstaats beordert.

War es also denkbar, dass Skandas Sinneswandel gar kein echter Wandel war? Wollte er einfach einen Freund nahe der Macht?

Arjun war selten argwöhnisch oder misstrauisch. Doch an Skanda hatte er bis dahin keine gute Seite entdeckt. Er wollte die Freundschaft mit Vorsicht behandeln. In der Zwischenzeit musste er aber den plötzlichen Wechsel seiner militärischen Rolle überdenken.

Dazu blieb jedoch keine Zeit. Gerüchte liefen um – und sie bestätigten sich fast unmittelbar darauf –, dass der König, hochbefriedigt über seinen Triumph über den Eindringling, beschlossen hatte, einen eigenen Eroberungsfeldzug zu unternehmen. Bis zur Ostküste wollten die Chalukyer marschieren, mehr als fünfhundert Meilen weit, ›um uns den tatkräftigen Beistand und das Wohlwollen der Menschen im Land Andhra zu sichern‹.

Auf diesem langen Marsch ostwärts würden Arjun und Gandiva mit dem Harem und dem Hofstaat gehen, weniger um sie zu verteidigen als um ihre Neugier zu befriedigen. Alle wussten von dem Elefanten, der Harshas Liebling vernichtet hatte, und sie wollten mehr über den knabenhaften Mahout erfahren, der diese wuchtige Gestalt mit bloßem Zehentippen beherrschte.

15

Mit etwas Hilfe von den andern Mahouts und Kavadais hatte Arjun sich immer selbst um Gandivas Bad und sein Futter gekümmert, doch nun hatte er einen Burschen und zwei Futterknechte, die ihm persönlich zugeteilt waren. Seine einzige verbliebene Aufgabe war es, Gandiva zu reiten und dafür zu sorgen, dass sein königlicher Elefant korrekt geschmückt war.

Korrekt geschmückt – Gandiva musste jeden Tag prunkvoll aussehen. So lernte Arjun vom Parikarmin, dem Zeremonienmeister des Königs, wie er Gandiva zu Auftritten vor der königlichen Familie herausputzen musste.

Breite Streifen zinnoberroter Paste mussten auf die Stirn des großen Bullen gestrichen werden. Weiße Muschelschalen wurden ihm an die Ohren gehängt, Goldplättchen an den Stoßzähnen befestigt, bronzene Fußringe mit hell bimmelnden Glöckchen an seinen Hinterbeinen angebracht. Das war der Schmuck, wie er auf einem militärischen Feldzug verlangt wurde; für die Paläste in Nasik und Badami wäre das pompöse Drum und Dran weit komplizierter gewesen. Um vor einem Herrscherhof zu erscheinen, musste einem königlichen Elefanten das Maul mit einem roten Stoffschleier bedeckt werden und der Rücken mit einer Schabracke aus rötlichem Leder, auf die ein goldener Sattel kam. Fest an den Sattelknauf gebunden war ein weißer Sonnenschirm, von dessen Rand kostbare Juwelen baumelten. Zusätzlich drapierte man eine Vielzahl bunter Seidentücher auf Hals und Rumpf des königlichen Elefanten. Trommler würden rhythmisch jeden seiner schwerfälligen Schritte bekannt geben.

So viel äußerliche Form erinnerte Arjun an dörfliche Feste,

bei denen der Priester sich endlos lange über die Puderzeichen verbreitet hatte, die man sich auf Stirn und Arme malte, über die Stickerei an den Säumen bestimmter Gewänder, die exakte Länge der Quasten an Fliegenwedeln und die Anordnung von Blumen und Früchten zu peinlich genauen Mustern auf dem Altar. Wie der Onkel immer gesagt hatte, ›reichte es, um selbst die Götter verrückt zu machen‹.

Doch solch vielschichtiges Ritual wäre nicht Arjuns größtes Problem gewesen.

Schlimmer war der Haushofmeister. Dieser hagere alte Staatsdiener führte den königlichen Haushalt, der auch die königlichen Elefanten einschloss. Als man Arjun zu seinem Zelt im Lager gerufen hatte, starrte der Haushofmeister den Jungen lange durchdringend an, dann murmelte er: »Jung, sehr jung, zu jung.« Seine Stimme war leise, kurzatmig, als sei Sprechen eine Anstrengung für ihn. »Aber man sagt, du bist mutig. Nicht, dass das wichtig wäre. Wichtig ist nur, dass dein Elefant Harshas Elefant getötet hat – das ist doch richtig, oder? Deshalb bist du hier. Die Leute wollen sehen, wer du bist.«

Arjun sagte nichts.

»Unsere königliche Majestät hält nur drei Elefanten. Der alte kann keinen langen Feldzug mitmachen. Zwei sind schon seit vielen Jahren am Hof. Ihre Mahouts wissen, was von ihnen verlangt wird. Und jetzt du.« Seufzend blinzelte er Arjun aus wässrigen Augen an.

Arjun sagte nichts.

»Jungsein wird dich nicht weit bringen. Oh, im Moment ist man neugierig am Hof. Aber wenn der Reiz des Neuen verflogen ist und sie sehen, dass du weiter nichts als ein Junge bist ...« Der Haushofmeister wedelte geringschätzig mit der Hand. »Jedenfalls, vorläufig bist du hier. Beide sind wir hier.« Der alte Beamte musterte Arjun scharf, als könne allein ein forschender Blick erklären, warum eine derartige Kreatur von irgendwelchem Interesse für den Hof war, und sei es auch nur für eine Weile. »Tu, was man dir sagt. Benimm dich und du hast ein gutes Leben. Eines Tages kannst du in dein Dorf zurückkehren, Land kaufen und Gemüse anbauen. Verstehst du?«

Arjun, der nicht sicher war, wie der Hofmeister das meinte, sagte nichts.

»Senk den Blick, wenn dich die Frauen des Königs ansprechen. Rede nie über sie mit diesen primitiven Mahouts, mit denen du zusammen bist. Viele Frauen werden dir goldenes Flitterzeug schenken. Verwahre die Schätze, kauf keinen Palmwein davon. Führ dich gut auf, sei verschwiegen, sei bescheiden, wasch dich häufig und man wird dich belohnen. Heb gut auf, was du bekommst. Verstehst du? Du wirst als reicher Mann hier weggehen.« Er machte eine Pause und wartete auf eine Reaktion. »Aber du zeigst gleich am Anfang kein gutes Benehmen. Bis jetzt hast du noch kein Wort gesagt. Kannst du sprechen?«

Statt einer Antwort sah Arjun den Beamten nur an. Die Frage fuhr ihm brennend ins Gedächtnis, denn er hatte oft gehört, wie Leute seine Schwester gefragt hatten: ›Kannst du sprechen?‹ Mit herausfordernd gerecktem Kopf hatten sie Gauri von oben bis unten gemustert und dann ganz langsam gesagt: ›Kannst ... du ... sprechen?‹, als hätten sie bezweifelt, ob das Mädchen verstehen könne. Gauri hatte nur ihre neugierigen Blicke erwidert und nichts gesagt. Jetzt war es Arjun, der sich weigerte, die Frage zu beantworten. Vielleicht hatte sich ja auch Gauri absichtlich geweigert? Und in ähnlicher Trotzhaltung beschlossen, nicht auf die Neugier der andern einzugehen?

Der Haushofmeister, der auf eine Antwort wartete und keine bekam, fragte noch einmal, diesmal mit wachsender Gereiztheit. »Bist du nicht in der Lage zu sprechen? Man hat mir nicht gesagt, dass du stumm bist. Kann es sein, du bist stumm? Bist du stumm, Junge?«

Arjun, in die Gegenwart zurückkehrend, erschrak über sein unverschämtes Verhalten. Nicht mal ein General würde dem Haushofmeister die Stirn bieten. »Nein, Exzellenz, ich bin nicht stumm. Ich bin nur … unsicher in Eurer erlauchten Anwesenheit. Ich werde tun, was man mir sagt.«

Der alte Mann blinzelte ärgerlich. »Dann antworte, wenn ich frage.«

»Ja, Exzellenz.«

Während er den Jungen immer noch prüfend ansah, forderte er ihn auf: »Sag mir die Wahrheit. Warst du tapfer?«

»Als Gandiva angriff, hat er mich mitgerissen.«

»Hast du Angst gehabt?«

»Ich glaube schon.«

»Du glaubst?«

»Als es so aussah, als würden wir nie über die Ebene zwischen den Armeen kommen, da wusste ich: Ich wollte gar nicht hinüber. Die Ebene sollte sich immer weiter dehnen. Also muss ich wohl Angst gehabt haben. Aber dann waren wir auf einmal bei ihren Linien.« Arjun stockte.

»Ja?«

»Danach war ich mittendrin in allem.«

»Mit ›allem‹ meinst du die Schlacht?«

»Ja, die Schlacht.«

»Hast du nach Darpashata Ausschau gehalten und deinen Elefanten auf ihn gehetzt?«

»Nein, Exzellenz. Mein Gaja hat von sich aus angegriffen. Ich habe nichts getan.«

Nachdenklich schob der Haushofmeister die Lippen vor. »Manch einer würde sagen, so viel Wahrheitsliebe ist Mut.«

Arjun schwieg. Er hätte sagen können, dass in seiner Brahmanenfamilie Mut eine geringere Tugend gewesen war als Ehrlichkeit.

»Es war also nicht deine Idee?«

»Nein, Exzellenz.«

»Und du willst mir erzählen, es war die Idee des Elefanten?«

»Gandiva wollte seine Größe beweisen.«

»Das ist deine Meinung?«

»Ja.«

Der Haushofmeister war nicht an kurze Berichte gewöhnt bei denen, die er befragte. Er rechnete immer damit, dass die Leute in ihren Erklärungen mehr sagten als nötig. Ungeduldig fuhr er fort: »Nun, Junge, weiter. Es muss doch mehr zu erzählen geben.«

»Als ich erst mal mittendrin war, musste ich nur sehen, dass ich vorwärts kam.«

»Vorwärts?«

»Ja, vorwärts. Bis in die Mitte der feindlichen Truppen. Das war meine Pflicht.«

Spöttisch sagte der Haushofmeister: »So einfach kann es nicht sein. Du hast einen Elefanten mitten in die feindlichen Linien gejagt und einen großen Kriegerkönig gedemütigt – und du sagst, es war deine Pflicht?«

»Mein Lehrer, Shri Mahout Rama, hat gesagt, Pflicht ist alles.« Nachdenklich setzte er hinzu: »Was hätte ich sonst tun können auf dem Schlachtfeld?«

»Du hättest dich von dem ganzen Getümmel abwenden und versuchen können, dich zu retten. Du wärst nicht der erste Soldat gewesen, der das getan hat.«

»Und der alles verloren hat. Einschließlich seines Lebens.«

Der Haushofmeister lächelte schwach. »Das ist eine vernünftige Antwort. Du bist jung, doch du weißt dich zu verteidigen. Ich meine, mit Worten. Eine Fähigkeit, die ich durchaus achten kann. Da es scheint, dass wir beide wahrheitsliebend sind, will ich dir ein kleines Geheimnis verraten. Wenn ich wählen müsste zwischen Mut und Überleben, würde ich mich für das Überleben entscheiden. Vielleicht, Mahout, ist es dir heute gelungen, beides zu wählen. Zumindest hast du dieses Gespräch mit mir überlebt. Das ist nicht bei jedem der Fall. Sei zufrieden mit deinem Erfolg. Und tu, was man dir sagt.«

Der Januar, ein kalter, trockener Monat, war ideal für lange Märsche. Im Hochgefühl des kürzlich errungenen Sieges brachen die Chalukyer Mitte Januar zu einem Eroberungsfeldzug in den Osten auf.

Obwohl Arjun kaum Zeit hatte, sich mit höfischen Gebräuchen vertraut zu machen, wurde ihm ein Platz im Zentrum der Kolonne zugewiesen, hinter den Generälen und dem König, doch unmittelbar vor dem Harem. Einen Teil des Wegs ritten die königlichen Frauen auf Pferden. Hohe Sonnenschirme wurden ihnen von nebenher laufenden Trägern über die Köpfe gehalten. Doch zu Tageszeiten, wenn die Hitze zunahm oder die Frauen sich vom langen Reisen erschöpft fühlten, zogen sie sich in die von Ochsen gezogenen Wagen mit gewölbten Dächern und Vorhängen zurück. Die Wagen sahen aus wie Hütten, die im Wind schwankten.

Hier, im gesicherten Zentrum des königlichen Hofes erlebte Arjun eine ganz andere Art von Marschordnung als die, die ihm vertraut war. Träger mit Betelvorräten hatten Fähnchen an den Rücken gebunden. Zusammengeschnürte Wurfspieße, die den Höflingen gehörten, wurden in geschnitzten hölzernen Kästen verstaut und mit feierlicher Würde von Trägern mit Turbanen auf den Köpfen befördert. Kunstvoll gemusterte Gefäße mit Buttermilch wurden mit feuchten Tüchern dicht verschlossen. Die unterschiedlichsten Körbe wurden in diesem königlichen Zug mitgeführt. Sie enthielten Bratroste, Töpfe, Bratspieße, Kasserollen und Trinkgefäße aus Bronze. Mit Kissen aus Samuruka-Leder, der weichsten Hirschhaut, war das Innere der königlichen Wagen ausgekleidet. Während des Marschs wurden den Frauen alle möglichen Süßigkeiten angeboten. Diener reichten ihnen Bambusröhrchen mit Mangosaft und schwarzem Aloeöl sowie gebratene Fleischhäppchen. Sie tranken auch köstlich duftende Getränke aus Gewürzkräutern, Milch, ausgelassener Butter und Reis. Ihre Pferde und Ochsen ließen sie von den Dienern mit besonderen Leckerbissen verwöhnen.

Um den scharfen Geruch so vieler Tiere abzuschwächen, hielten sich die Frauen des Königs kleine Beutel mit Moschus an die Nasen und Sträußchen aus Gewürznelken und Muskatnuss. Im Innern ihrer Wagen, hinter den Vorhängen, verglichen sie Größe und Schnitzerei ihrer aus Rhinozeros-Elfenbein gefertigten Ringe und vergnügten sich mit Würfelspielen. Ihr ausgelassenes Kreischen und Lachen wehte durch die Staubwolken, die von Fußsoldaten, Pferden und Elefanten aufgewirbelt wurden.

Obwohl Arjun vor dem Harem ritt, erhaschte er ab und zu einen Blick auf die verschleierten Frauen. Sie trugen eng anliegende Mieder, besetzt mit Perlen in Tautropfenform, ihre Stirnen waren mit Safranpaste hell orangefarben getönt, und bei jeder Bewegung klimperten ihre Juwelen.

Nach den ersten Tagen überkam Arjun ein Gefühl der Erleichterung. Der Haushofmeister hatte sich geirrt: Niemand am Hof interessierte sich für ihn oder Gandiva, so konnten sie sich in aller Ruhe ihren Aufgaben widmen. Jede Nacht lagerten sie mit anderen Elefanten und Mahouts weit außerhalb des königlichen Kreises. Arjun hatte die Mahnung des Haushofmeisters nicht vergessen, und als die Mahouts anfingen, ihn über die Haremsfrauen auszufragen, erklärte er ohne zu zögern: »Ich werde nichts über sie sagen. Nichts. Niemals.«

Das brachte die Mahouts zum Schweigen und stärkte gleichzeitig ihre Achtung vor Arjun. Einer von ihnen nahm ihn sogar beiseite und sagte: »Gut gemacht, Junge. Schweig still. Wenn du keinen Fehler machst, wird eines Tages der König selbst auf dich aufmerksam werden.«

Hinter dem Harem ritten Höflinge und Edelleute, viele davon Verwandte des Königs – angeheiratete und entfernte Vettern. Ein paar von ihnen kamen manchmal an Arjuns Seite geritten und plauderten eine Weile mit ihm. Woher er stamme? Wie lange er schon Mahout sei? Ob es leicht gewesen sei, seinen Gaja abzurichten?

Seine Antworten waren höflich, sein Auftreten so würdevoll, dass die Neugier unter den Hofleuten wuchs. Schließlich drang es bis zu Königin Sutanuka, der Ersten der Frauen des Königs, dass der junge Mahout sich so ungewöhnlich gut benahm.

Immer wenn die Kolonne Rast machte, führte man die königlichen Elefanten und Pferde von den ruhenden Frauen weg und ließ sie an der Straße weiden. Einmal kam während einer solchen Rast eine Dienerin auf Arjun zugelaufen, als er gerade auf dem Rücken Gandivas einem nahen Wald zustrebte.

»Ihre Majestät Königin Sutanuka«, sagte das Mädchen, »wünscht dich zu sehen.«

Als Arjun zögerte, setzte sie ungeduldig hinzu: »Komm von dem Elefanten runter und lass ihn von einem Burschen versorgen. Du kommst mit mir.«

Eilig wurde Arjun zu einem königlichen Wagen geführt, an dem die Vorhänge zurückgezogen waren, sodass er die halb auf Kissen gebettete Königin sehen konnte. Als sie Arjun bemerkte, tastete sie nach ihrem Schleier, um sich zu vergewissern, dass er ordentlich saß. Eine Dienerin kniete ihr zu Füßen und ließ die Ebenholzzähne eines Rekha-Kamms durch das königliche Haar gleiten. Königin Sutanuka trug ein weites hellblaues Gewand, in der Taille zusammengefasst durch einen edelsteinbesetzten Gürtel, von dem Reifen und Quasten hingen. Sie war eine Frau in den Dreißigern mit großen Augen, die sie mit schwarzer Kohle betonte. Auf ihre Stirn waren mit rotem Lackharz Kreise und Dreiecke gemalt. Ihre vielen Ringe, Armreifen, Fußspangen und Halsketten funkelten im Schein einer Kerze, die das Innere des Wagens schwach beleuchtete. Das goldene Licht spiegelte sich in ihren großen, dunklen, warm schimmernden Augen, die über den Schleier blickten.

Sie eröffnete das Gespräch, indem sie Arjun und seinen Gaja für ihre Tapferkeit lobte und dem jungen Mahout so die Befangenheit nahm. »Mein Sohn ist ein paar Jahre jünger als du«, sagte sie, und ihre Worte bauschten den Schleier sacht nach außen. »Ich bete zu Gott Shiva, dass er einmal ebenso tapfer sein möge. Du bist gewiss Brahmane«, stellte sie beiläufig fest, als wäre es eine unbestreitbare und eindeutige Tatsache. »Vielleicht hast du deshalb deinen Elefanten Gandiva genannt – du kennst die *Mahabharata*. Wie treffend du ihn genannt hast!

Ein magischer Bogen. Du hast ihn auf das Schlachtfeld gerichtet, und sein Stoßzahn traf wie ein Pfeil mitten ins Ziel. Erzähl mir nun deine Lebensgeschichte.«

Als Arjun anfing, unterbrach ihn die Königin: »Sieh nicht zu Boden wie ein Sklave. Schau mich an.«

Arjun erzählte ausführlich und offener als gegenüber dem Haushofmeister, weil die Frau gespannt und ohne ihn zu unterbrechen zuhörte, während ihr die Dienerin unentwegt das Haar kämmte.

Als er schließlich schwieg, zog Königin Sutanuka ihren Schleier zur Seite, damit er ihr Lächeln sah – eine seltene Geste des Vertrauens und der Anerkennung von einer Chalukyer-Königin. »Ich würde gern deine Schwester singen hören.« Der Schleier fiel wieder und sie sagte: »Du musst fest daran glauben, dass sie noch lebt. Doch! Mach nicht so ein finstres Gesicht. Es ist durchaus möglich. Wenn du unserem König treue Dienste leistest, wirst du weit und breit bekannt werden. Und gleichzeitig mit deinem Ruf wird man auch von deiner Geschichte und deiner Schwester erfahren. Die Leute werden nach ihr suchen in der Hoffnung, dir einen Gefallen zu tun und eine Belohnung zu erhalten. Ich habe gehört, du tust deine Arbeit, weil du die Pflicht achtest. Das ist ein guter Grund. Doch denk nach, Arjun. Für dich gibt es noch einen anderen Grund, nach Erfolg zu streben. Einen noch besseren.« Seufzend drehte die Königin den Kopf, damit die Dienerin ihr Haar in eine Art Ring ordnen und mit goldenen Kämmen feststecken konnte. »Du hast bereits Freunde, junger Mahout. Zähl auch mich dazu.«

Die Worte der Königin waren wie jene Schätze, von denen der Haushofmeister gesprochen hatte. Arjun nahm sie mit auf den Nachmittagsmarsch, verwahrte sie gut und hielt sie in Ehren. Sie gaben ihm Zuversicht und ein Ziel. Er hatte sich schon ganz einem Leben rechtschaffener Pflichterfüllung verschrieben, so wie es Rama von seinem Gehilfen gewünscht hätte, so wie sein Vater, der arme Onkel und die ganze Familie es von einem Brahmanenjungen erwartet hätten. Doch jetzt, nach dem klugen Rat der Königin, sah er in seinem militärischen Erfolg eine Möglichkeit, Gauri zu finden. An diesem Nachmittag fuhr er oft liebevoll mit der Hand über die Stoppelhaare auf Gandivas Kopf.

16

Einen Monat, nachdem sie das Lager verlassen hatten, geschah etwas, das interessierte bei Hof niemanden und bei den Soldaten kaum. Doch alle im Elefantencorps nahmen lebhaft Anteil.

Der Mahout namens Skanda war getötet worden. Von seinem eigenen Gaja.

Nach dem Tagesmarsch hatte ihn Skanda gerade an einen Baum angebunden. Ohne Ankündigung hatte der Elefant seinen massigen Kopf gedreht, den Rüssel um Skandas Taille geschlungen, hatte ihn hochgehoben, zu Boden geschleudert und dann den blutenden Mann mit seinem wuchtigen rechten Fuß zermalmt wie mit einem Hammerschlag.

Die Mahouts, Arjun unter ihnen, saßen um das abendliche Feuer und sprachen über den Vorfall.

Einer sagte: »Das beweist, dass man den Tieren nicht trauen kann. Seines hat sich ohne Warnung gegen ihn gestellt.«

Ein anderer: »Es zeigt die Tücke des Schicksals. Jedem von uns hätte das passieren können.«

Und ein anderer: »Ich geb dir Recht. Zu uns Mahouts ist das Schicksal am tückischsten. Es kommt aus dem Nichts.«

Noch ein anderer: »Hat jemand von euch diesen Skanda gekannt?«

»Ich«, sagte Arjun. Erwartungsvoll sahen sie ihm entgegen. Arjun wollte nichts über seine letzte Begegnung mit Skanda sagen, bei der ihn der Mahout erbarmungslos über den Hof ausgefragt hatte. Schenken sie dir Goldklunker? Wenn ja, dann lass sie mich verkaufen für dich. Was schenken sie dir denn? Etwas andres? Ich kann alles verkaufen. Ziehen dich die Frauen ins Vertrauen? Kannst du vielleicht ihre Geheimnisse erfahren? Wenn ja, können wir ihnen drohen, alles zu verraten, wenn sie nicht zahlen. Zusammen werden wir reich werden.

Nach einem solchen Ansturm war Arjun weiteren Gesprächen mit Skanda ausgewichen. Doch zu den aufhorchenden Mahouts sagte er nur: »Skanda war vor meiner Zeit der Kavadai meines Lehrers gewesen. Als er bei ihm gelernt hat, ist er gut mit Elefanten umgegangen.«

Aus dem Hintergrund sagte jemand: »Doch als Skanda wegging von deinem Lehrer, war er nicht mehr gut.« Ein Mahout trat in den Feuerschein. »Ich hab gesehen, wie er seinem Gaja einen Ankus in den Schädel gestoßen und dann herumgedreht hat.«

»Wann war das?«, fragte jemand.

»Vor Monaten. Aber damals sagte ich mir, das vergisst der Gaja nicht. Der Zorn wird weiter in seinem Herzen brennen.«

In dieser Nacht konnte Arjun nicht schlafen. Er rief sich noch einmal Skandas Bild vor Augen: wie er sich träge herumlümmelte, sein spöttisches Lächeln, sein abschätzender Blick. Rama hatte immer gesagt, wenn du Gaja grob behandelst, wird er dich eines Tages ohne Warnung umbringen.

Ohne Warnung wird er dich umbringen. Arjun dachte plötzlich nicht mehr an Elefanten. Er dachte an Vasus Drohung.

Hin und wieder während des Marschs fiel sein Blick zufällig auf den rachsüchtigen Mann. Dann durchfuhr ihn jedes Mal eine Angst, als sei ihm plötzlich ein schlimmer Traum eingefallen. Manchmal sah Arjun den kräftig gebauten Unteroffizier in einer vorbeireitenden Gruppe des Elefantencorps. Dann wieder spürte er, dass ihn jemand ansah; drehte er sich blitzschnell um, erkannte er in der Ferne den schnauzbärtigen Vasu. Nie wechselten sie einen Gruß oder gaben im Geringsten zu verstehen, dass sie sich kannten. Vasu schien zurückgezogen und nachdenklich. Sollte Arjun ihn fürchten? Oder seine Drohungen abtun? War Vasu ein boshafter Tyrann oder ein stolzer Krieger?

Noch ein anderes Problem machte das Einschlafen schwer

für Arjun. Falls die Königin Recht hatte – und er spürte, dass es so war –, musste sein Ruf als Krieger bedeutender werden. Nicht, dass ihn um seinetwillen danach verlangte. In Wirklichkeit war ja Gandiva der Held. Arjun machte es eher verlegen, wenn ihn bewundernde Blicke trafen. Doch sein sehnlicher Wunsch, Gauri zu finden, weckte in ihm den Ehrgeiz, dass man ihn überall, wohin die Armee marschierte, erkennen sollte. Nach dem, was die Königin gesagt hatte, würde möglicherweise irgendwann jemand kommen, der etwas über seine Schwester wusste, und eine Belohnung beanspruchen.

Vermutlich war der Gedanke der Königin aber weniger brauchbar, als es zuerst den Anschein gehabt hatte. Schließlich waren die Chancen, Gauri aufzuspüren, äußerst gering. Die Banditen konnten sie überallhin verschleppt, an jeden Beliebigen verkauft haben. Vielleicht war sie ja lange schon tot.

Andererseits, was blieb ihm übrig? Die Königin hatte ihn überzeugt: Lass Ruhm den Mittler auf deiner Suche sein. Arjun malte sich aus, wie Leute an der Straße auf ihn zuliefen, die Hände ausgestreckt, atemlos rufend: »Ich habe ein stummes Mädchen mit einer wunderschönen Stimme gesehen! Für eine Belohnung kann ich dich zu ihr führen!« Er musste berühmt werden, diesmal mit voller Absicht.

Schließlich ging er mit seinem Anliegen zum Haushofmeister. Nachdem der alte Mann ihn angehört hatte, schüttelte er entrüstet den Kopf. »Sechshundert Elefanten gibt es in dieser Armee, von denen nur drei den Luxus genießen, dass sie während der Schlacht im abgeschirmten königlichen Bereich bleiben dürfen. Doch du kommst zu mir und bittest um Rückversetzung ins Elefantencorps, wo du kämpfen und sterben kannst. Bist du verrückt? Soll ich dich interessant finden, weil ich verrückte Leute immer interessant finde? Geh wieder an deine Arbeit und stell meine Geduld nicht länger auf die Probe.«

Arjun fügte sich.

Die Armee drang weiter nach Osten vor bis nach Kalinga, das von der Ganga-Dynastie beherrscht wurde. Die Menschen des Andhravolks waren bekannt für ihr hitziges Temperament und ihr flinkes Mundwerk, doch schon in einem ersten Vorposten-Geplänkel mit Pulakeshins Truppen machten sie kehrt und rannten davon. Während dieses Gefechts blieb Arjun im abgesicherten königlichen Zentrum; er spürte Gandivas Körper unter sich beben – ein Zeichen von Frustration bei einem Elefanten. Wenige Tage später kam es an einem Waldrand zu einem neuerlichen Zusammenstoß, und wieder flohen die Truppen der Kalinger.

Am nächsten Tag sandte der in die Enge getriebene Ganga-König einen Boten: Er bat um Frieden und erkannte so die Oberherrschaft der Chalukyer über das Reich der Ganga an. Demütig bat er, dafür weiterhin die Kontrolle über die Reichtümer des Landes behalten zu dürfen. Pulakeshin stimmte zu. Sein Hauptinteresse lag darin, seinen Machteinfluss zu festigen und sich Untergebene zu verschaffen. Er verlangte nur, dass das Ganga-Reich einen jährlichen Tribut in die Hauptstadt Nasik senden müsse – besonders Elefanten, denn die weiten Wälder von Kalinga waren berühmt dafür. Der Tribut sei von einem königlichen Prinzen abzuliefern, der vor dem Löwenthron niederknien und den Chalukyern seine Ergebenheit erklären müsse.

Solche mühelosen Eroberungen weckten Pulakeshins Verlangen nach mehr. Er marschierte an der Küste entlang südwärts und richtete seine Streitkräfte als Nächstes auf die südlichen Nachbarn der Gangas, die Vishnukundins, ein weitaus mächtigeres Volk dieser Region. Unter großer Prachtentfaltung residierte der glanzvolle Hof entweder in der ländlichen Hauptstadt Pishtapura, fünfzig Meilen nördlich des Godavari nahe der Küste, oder in der südlichen Hauptstadt Vengi, nur wenige Meilen vom Ufer des Sees Kolleru entfernt. Pulakeshins Generäle warnten, die Vishnukundins könnten sich als gefährliche Gegner erweisen. Feindliche Auseinandersetzungen zwischen zwei solchen Mächten würden die Aufmerksamkeit der Menschen weit und breit auf sich ziehen.

Je mehr Arjun von dem bevorstehenden Krieg hörte, desto unruhiger wurde er. Ganz Indien würde davon wissen und durch Lieder von den Großtaten der Helden erfahren. Vielleicht würde solch eine Chance, sich einen Namen zu machen, nie mehr wiederkommen. Abgeschirmt in der Schutzzone zwischen den Würdenträgern würde man ihn vergessen. Niemand würde nach ihm suchen und erklären: ›Ich habe deine Schwester gesehen!‹

Nochmals zum Haushofmeister zu gehen würde nichts nützen, deshalb machte sich Arjun verzweifelt und ungeduldig auf den Weg zur Königin. Dass dies gefährlich war, wusste er. Keiner näherte sich Ihrer Majestät, ohne vorher höflich darum zu ersuchen – keiner außer dem König selbst. Doch die Enttäuschung hatte Arjun kühn gemacht. Während einer Marschpause trat er auf den Wagen der Königin zu, an dem die Vorhänge zugezogen waren, und rief laut: »Bitte, Eure Majestät, ich bin mir meiner Unverschämtheit bewusst und bitte um Verzeihung, doch hört mich an, Majestät, bitte, bitte, hört mich an!«

Das letzte Wort war kaum über seine Lippen gekommen, da rissen ihn drei Wächter zu Boden, Arme auf den Rücken, und setzten ihm ein Schwert an den Hals.

Eine Gardine wurde sacht zur Seite geschoben. Mit gebieterischem Ton befahl die Königin, man solle den Jungen freigeben. »Lasst ihn vor.«

Arjun rappelte sich auf und machte ein paar zaghafte Schritte auf den Wagen zu.

»Näher, näher, Mahout«, forderte sie ihn auf. »Was führt dich in solcher Verzweiflung hierher?«

»Ich habe den Haushofmeister gebeten, dass er mich mit dem Elefantencorps in den Kampf ziehen lässt.«

»Ich verstehe. Um deinen Ruf als Krieger zu mehren.«

»Wie Ihr vorgeschlagen habt, Majestät. Aber er hat Nein gesagt.«

Die Königin schüttelte den Kopf, was Arjun an die ähnliche

Reaktion des Haushofmeisters erinnerte, doch schien bei ihr die Geste eher Sorge als Entrüstung auszudrücken. »Warum dein Leben aufs Spiel setzen für jemanden, der vielleicht schon tot ist?«, fragte sie. »Es war ein Fehler von mir, dass ich es vorgeschlagen habe.«

»Bitte, Eure Majestät ...«

»Es war ein Fehler, Arjun. Doch sag, was du mir sagen wolltest.«

»Ihr habt mir erzählt, große Krieger werden berühmt.«

»Leider habe ich das gesagt, ja.«

»Wie werden sie berühmt?«

»Barden schreiben Lieder über sie. Diese Lieder erreichen die Dörfer, die am Marschweg der Armee liegen, dann entferntere Orte, kleine und große Städte. Die Leute wollen wissen, wer sie besiegt hat oder demnächst möglicherweise besiegen wird. Nichts erregt so viel Interesse wie Eroberungen.« Seufzend fügte sie hinzu: »Über Krieger gibt es mehr Lieder als über die Liebe.«

»Dann möchte ich so ein Krieger werden.«

Nachdenklich schwieg die Königin. Dann sagte sie: »Du lässt dir nicht abraten. Und ich trage dafür die Verantwortung. Was erwartest du von mir, Arjun?«

»Ich muss in jeder Schlacht kämpfen. Ich darf mich nicht in der Schutzzone ausruhen. Ich muss draußen sein, ganz vorn, und mir einen Namen machen.«

»Ach, kleiner Arjun...«, begann die Königin bekümmert, dann stockte sie. Als sie weitersprach, klangen ihre Worte brüchig vor Resignation. »Vielleicht ist es Schicksal. Wenn es so ist, kann man nichts machen. Deine Entschlossenheit ist so unumstößlich wie das Schicksal, das sehe ich wohl. Ich lasse dich also wieder ins Elefantencorps versetzen. Und noch etwas will ich tun. Ich lasse von den königlichen Barden Lieder über dich und deine Schwester schreiben. Wo immer die Chalukyer durchziehen, werden sie deine Botschaft hinterlassen. In jedem Dorf und jeder Stadt. Und jeder wandernde Sänger wird sie zu unbekannten Orten bringen. Bald wird ganz Indien von Arjun und seiner Schwester wissen.«

Während des Marschs blieb Arjun im Zentrum beim königlichen Hof, doch sorgte Königin Sutanuka dafür, dass er wieder zum Elefantencorps versetzt wurde, bevor man das Königreich Vishnukundin erreichte. Es war ein großer, mächtiger Staat, dessen Grenzen ein Gebiet nördlich des Flusses Godavari bis südlich des Flusses Krishna umschlossen. Nach Westen hin lag ein von einer niedrigen Bergkette begrenztes Tafelland. Im Osten, wo die Chalukyer marschierten, war das Land heiß, feucht, von üppiger Fruchtbarkeit, und fiel sanft zum Meer hin ab.

Zur ersten Begegnung mit dem Feind kam es bei der nördlichen Hauptstadt Pishtapura. Es war eine Festungsstadt, in der Prinz Manchanna Bhattaraka herrschte. Vor der Stadt waren Erdwälle aufgeschüttet zum Schutz der von der Sonne ausgedörrten Ziegelmauern. Am Ende jeder Festungsmauer erhob sich ein viereckiger Turm mit überdachter Brustwehr für Bogenschützen. Der Zugang nach Pishtapura war allein durch ein hölzernes Tor möglich, gerade so breit, dass drei Streitwagen Seite an Seite hindurchfahren konnten.

Pulakeshins Generäle waren übereinstimmend der Meinung, dass Pishtapura allein durch Belagerung einzunehmen war. Gewöhnlich bedeutete das, eine Festung zu schwächen und den Hungertod der Einwohner abzuwarten. Da jedoch die Vishnukundins vom Vorrücken der Chalukyer ausreichend gewarnt waren, hatten sie zweifellos ihren Vorratsspeicher gut bestückt. Sie auszuhungern würde viele Monate dauern. Die Festung musste gestürmt werden.

Die Vorbereitung für einen derartigen Sturmangriff dauerte mehrere Wochen. In Vorratswagen hatte man Rosshaarseile und Winden für ein Katapult mitgeführt, doch für das Gerüst dieser Kriegsmaschine musste man Holz aus Bäumen des nahen Waldes schlagen. Von einem langen Holzbalken wurde das eine Ende durch ein Zahnradsystem an diesem Gerüst befestigt. Das andre Ende war durch ein starkes Seil mit einer Winde verbunden. Dann wurde ein Stein, so schwer, dass drei Männer ihn gerade heben konnten, in die aus dem Balken gehöhlte, löffelartige Vertiefung gestemmt. Indem man das Seil aufwickelte, zog man den Holzbalken zurück. Wurde das Seil von der Winde befreit, löste sich die Spannung. Die Energie zum Vorschnellen des Balkens kam durch eine aufgestaute Schubkraft zu Stande, weil um das eine Ende des Balkens Seile gewickelt und durch ein Getriebe gesichert wurden. In die Luft geschleudert würde das Steingeschoss im Bogen über die Festungsmauer fliegen und die Verteidigung im Innern sprengen.

Die Konstrukteure der Chalukyer bauten auch einen Rammbock aus einem riesigen Baumstamm. Sein vorderes Ende war mit Eisen umkleidet, sodass man damit das Haupttor zerschmettern konnte. Sechzig Männer würden mit exakt aufeinander abgestimmten Bewegungen in die Lederriemen greifen, die man durch Bohrlöcher entlang der Seiten gezogen hatte. Der Rammbock hing an Ketten von den oberen Balken einer ›Schildkröte‹, einem hölzernen Gestell, das man errichtet hatte, um die Ramm-Mannschaft vor den Pfeilen und Steinen abzuschirmen, die es von den belagerten Festungsmauern aus hageln würde. Mit feuchtem Ton und rohen Häuten beschichtet, dass nicht durch brennende Scheite Feuer im Holzdach ausbrechen konnte, war die Schildkröte eine bewegliche Festung auf Speichenrädern.

Als Arjun hörte, dass vier Elefanten die Schildkröte vor das Tor schieben und ziehen und danach noch selbst als Rammböcke fungieren sollten, sah er darin eine Chance zum Ruhm. Ohne zu zögern ging er zum Nayaka, der die Armee in der Schlacht von Mandlesir angeführt hatte.

»Natürlich erinnere ich mich an dich«, sagte der Nayaka.

»Und an meinen Gaja?«

»Natürlich.«

»Er ist stark und furchtlos. Wir würden uns ganz besonders gut für den Sturmangriff eignen.«

»Du bist fest entschlossen, ein großer Krieger zu werden.«

»Ja, Shri Nayaka. Es wäre uns eine Ehre, die Schildkröte zu ziehen.«

Lächelnd gab der Nayaka seine Zustimmung. »Dann sollt ihr die Ehre haben.«

17

Länger als eine Woche waren Bogenschützen der Chalukyer damit beschäftigt, die Bollwerke der Festung mit Sperrfeuer zu belegen, Reiter suchten vergeblich nach erkennbaren Schwachstellen in der Verteidigung.

Nach Rücksprache mit den anderen Generälen riet der Mahasenapati dem König, nun mit einem Frontalangriff zu beginnen, und dabei war der erste und wesentliche Teil der Sturm auf das Tor.

Gandiva wurde mit einem eisernen Kopfstück in V-Form ausgestattet, dessen Spitze auf das Tor gerichtet war. Kork- und Eisenbande bedeckten Gandivas Rücken, um ihn vor Pfeilen zu schützen. Arjun trug einen breiten Schild. Weil er seine Kommandos mit den Zehen gab, konnte er den Schild mit beiden Händen über den Kopf halten. Die anderen drei Mahouts, die zur Beherrschung ihrer Tiere einen Ankus brauchten, würden ihre Schilde mit nur einer Hand halten müssen.

Die vier Elefanten – ein Paar zog und ein Paar schob – waren mit dicken Tauen an die Schildkröte gespannt. Sechzig Soldaten standen geduckt darunter. Gandiva, einer der Zugelefanten, stieß ein lautes Trompeten aus, als sich der belebte Rammbock ächzend in Bewegung setzte. Eine Gruppe von Bogenschützen lief voraus, blieb in Abständen stehen und schickte zur Deckung der Schildkröte eine Salve gegen die Lehmschutzwälle. Die Verteidiger hielten ihre Stellung nicht lange, sondern zogen sich von den Wällen zurück und rannten durch das offene Tor, das daraufhin laut klirrend geschlossen wurde.

Als mit quietschenden, knirschenden Rädern die Schildkröte schwerfällig anrollte, sah Arjun auf den Brüstungen und Wehrgängen der Türme eine Reihe von Schützen, die in Erwartung des bevorstehenden Angriffs ihre Bogensehnen bereits halb gespannt hatten. Sie duckten sich, wenn Katapult-Geschosse über sie hinwegflogen, dann tauchten sie wieder auf, die Bogensehnen halb gespannt.

Arjun wartete ab, bis sie die Bogensehnen straff zogen, dann hob er seinen Schild über den Kopf. Die schwankende Schildkröte war nun fast am Eingang der Festung. Das Prasseln dumpfer Schläge auf den Schild, die wie dichter Hagel klangen, sagte Arjun, dass die erste Salve abgeschossen worden war. Ein Pfeil steckte zwischen den Platten des Eisenpanzers auf Gandivas Hals. Arjun brachte seinen Elefanten am Tor zum Stehen, drehte sich um und öffnete die Verbindung zwischen Gandivas Halsseil und dem Tau an der Schildkröte. Jetzt, da sie nicht mehr an dem Rammbock hingen, steuerte er Gandiva mit einem weiteren Zehenstoß gegen das Tor. Die Wucht, mit der das starke Tier sein scharf zugespitztes Kopfstück gegen die Holzplanken krachen ließ, riss Arjun fast von Gandivas Rücken. Mit einem kurzen Blick nach rechts sah er, dass die Rammer den dicken Baumstamm bereits in schwingende Bewegung versetzt hatten. Dann prallte der Rammbock gegen das Tor, drückte es mit dem ersten Schlag ein und brachte einen Teil mit dem zweiten zum Bersten.

»Vorwärts!«, schrie Arjun und drängte Gandiva mit einem blitzschnellen Stoß seiner Zehen voran. Wieder knallte die Eisenspitze des Kopfstücks gegen das Tor, und weil das Mittelteil durch den Rammbock schon angeknackst war, konnte es der Elefant diesmal durchstoßen; heiß pulsierte sein Körper unter Arjuns Beinen. Das ganze Tor brach plötzlich nach allen Richtungen auseinander und zerfiel in wenigen Augenblicken in splitternde Stücke. Arjun spürte, wie er in eine Lücke vorstieß, merkte kaum, dass er mit dem Kopf gerade so eben einem speerähnlichen Holzsplitter auswich, der noch im Torrahmen steckte, und ahnte, dass sein gesenkter Schild wie der Rücken eines Stachelschweins aussehen musste. Triumphierende Rufe dröhnten ihm in den Ohren – der Lärm kam von hinten, wo jetzt die Infanterie der Chalukyer vorrückte, um in Pishtapura einzumarschieren. Auch Arjun selbst schrie. Inzwischen kannte er dieses Gefühl: die Kehle wie zugeschnürt, trockener Mund, einen Schleier vor Augen von der Anspannung der Nerven, und unter ihm Gandiva, der zu schwellen und beben schien, als schwanke die ganze Erde in einer umwälzenden, unerklärlichen Katastrophe.

Festung und Stadt waren bald erobert. Viele Verteidiger flohen, darunter Prinz Manchanna Bhattaraka. Als Erstes plünderten die Truppen den ländlichen Palast, dann setzten sie den Stadtkern um den Marktplatz herum in Brand, töteten viele Soldaten, ließen das gemeine Volk jedoch laufen und erlaubten den Leuten, so viel von ihrer Habe mitzunehmen, wie sie tragen konnten – so war es zu jener Zeit militärischer Brauch.

Einer der vier Elefanten des Sturmangriffs hatte zahlreiche Speerwürfe in den Bauch abbekommen und starb noch vor Einbruch der Nacht. Auf den zweiten Elefanten war ein Teil des Tores herabgestürzt und hatte ihm das Rückgrat zerschmettert. Gandiva und der vierte Elefant hatten jeder mindestens ein halbes Dutzend Pfeilwunden davongetragen, aber keine davon war Besorgnis erregend. Zwei der vier Mahouts waren umgekommen, ein dritter hatte ein Auge eingebüßt. Nur Arjun ging unversehrt aus der Schlacht hervor. Er wusste nicht, warum das so war. Längst wehrte er sich gegen die Vorstellung, die Götter würden ihn bevorzugen. Das war ein Hirngespinst aus der Kindheit gewesen, und nach seiner Begegnung mit dem Tiger im Rohrdickicht hatte er überlegt, ob nicht doch göttliches Eingreifen ihm das Leben gerettet habe. Doch der Krieg hatte ihn eines andern belehrt. Arjun hatte seine Verletzbarkeit erkannt: Zur Bestätigung trug er eine hässliche blaue Narbe am Bein.

Die Großtaten des jungen Mahouts brachten ihm diesmal eine Audienz beim König ein. Während noch Siegesrufe und Schmerzensschreie zwischen den rauchenden Trümmern der bezwungenen Festung hallten, saß König Pulakeshin in seinem Zelt mit Blick auf das gefallene Pishtapura. Er aß eine Mangoscheibe und winkte Arjun zu sich heran.

Seit seiner Versetzung in die Umgebung des Königs hatte der Mahout den Herrscher oft gesehen, doch bis jetzt nie so nah. Ein Angstschauer durchfuhr ihn, als er dem festen Blick aus den weit auseinander liegenden Augen mit den schweren Wimpern begegnete, skeptisch und gebieterisch zugleich.

»Du bist mir aufgefallen«, sagte der König mit einer Stimme, die unheilvoll klang, auch wenn die Worte gar kein Unheil verkündeten. »Du reitest ein hervorragendes Tier. Ich glaube, dein Elefant hat Darpashata niedergestreckt. Stimmt das?«

»Ja, Eure Majestät.«

»Und zwar, ohne dass du ihn angetrieben hast.«

Der Haushofmeister muss es ihm erzählt haben, dachte Arjun. Sein Mund war trocken wie vor einer Schlacht. »Das stimmt, Eure Majestät.«

»Heute hat er ohne dein Zutun das Tor eingerammt?«

Arjun lächelte. »Nein, Eure Majestät.«

»Ich habe gehört, dein Lehrer war Rama. Der größte aller Mahouts.« Der König nahm noch ein Stück Mango, schaute es gedankenvoll an, ehe er es in den Mund steckte, und sagte: »Du scheinst in seine Fußstapfen zu treten. Als ich nach der Schlacht von Mandlesir von dir hörte, habe ich entschieden, nicht mit dir zu reden. Ist das verwunderlich? Ich habe die Wahrheit geahnt«, sagte er mit dem nüchternen Selbstbewusstsein eines Menschen, dem nie widersprochen wird. »Der Elefant, nicht sein junger Mahout, beschloss, Harshas Liebling anzugreifen. Doch heute warst du es, nicht der Elefant, der die Entscheidung traf. Heute warst du kein Junge mehr. Und heute hast du eine Belohnung verdient. Was möchtest du, Mahout? Verlang etwas und du sollst es haben.« Der König winkte einem Höfling, der einen Lederbeutel voll Gold in die Höhe hielt. »Das hier? Oder ein Pferd? Oder ein Schwert mit juwelenbesetztem Griff?«

»Danke, Majestät, doch Euch zu dienen ist die schönste Belohnung.«

Der König lächelte leise über die taktvolle Höflichkeit, dann fragte er Arjun, was er gern als zweitschönste Belohnung hätte.

»In diesem Fall, Majestät, hätte ich gern ein weißes Gewand mit einem großen, aus Goldfäden gewebten Eber auf der Brust. Einen breiten Gürtel in Schwarz mit bunten Quasten daran. Und einen leuchtend roten Turban.«

Der König verzog das Gesicht, dann lachte er und sah sich unter seinen Höflingen um, ob auch sie lachten. »Komm, Junge. Soll dich denn der Feind sofort erkennen?«

»Ja, Majestät.«

Der König zog die Schultern hoch, als könne oder wolle er eine so prahlerische Haltung nicht begreifen. »Ich halte mein Wort. Wenn du das haben willst, sollst du es bekommen. Geh zum Parikarmin. Er wird dieses *Prunkkostüm*« – der König betonte die Worte spöttisch – »nach deinen Angaben machen.«

Der Zeremonienmeister tat, wie der König verlangte – er ließ ein weißes Gewand, einen schwarzen Gürtel mit grellbunten Quasten und einen roten Turban für den jungen Mahout machen. Als die Höflinge ihn so sahen, kicherten manche über Arjuns protzige Kleidung. Andere murrten, der jungen Elefantenreiter wolle sie in den Schatten stellen. Auch den Soldaten gefiel es nicht. Viele johlten, wenn Arjun vorbeiritt, sie pfiffen und nannten ihn ›Zieraffe‹.

Selbst Hari war bestürzt über diese Veränderung seines Freundes. Eines Abends, kurz nachdem man den königlichen Mahout in der angeberischen Kleidung gesehen hatte, kam Hari an Arjuns Lagerfeuer.

»Es heißt, du bist aufgeblasen und töricht geworden«, verkündete Hari finster.

»Und was findest du?«, fragte Arjun.

Hari wartete einen Augenblick, dann platzte er heraus: »Ich finde, dass sie Recht haben. Ich glaube, du hast vergessen, wer du bist. Ich glaube, dein Lehrer würde sich schämen.«

Die letzte Bemerkung schmerzte Arjun, doch sein Entschluss war durch nichts zu erschüttern. Falls Gauri lebte, konnte er sie auf die Weise bestimmt am ehesten finden.

Auf königlichen Befehl war Arjun auf dem Marsch nun der Gesellschaft des Königs zugeteilt, zusammen mit dem Bhatashvapati, dem Mahasenapati und anderen Generälen, dem Oberst der Kavallerie, dem Oberst der Elefantentruppe und dem Haushofmeister selbst.

Der alte Mahout, der vorher diesen Platz auf dem Marsch innehatte, war empört, dass er nun mit dem Harem reiten musste. »Bei den Frauen habe ich vor vielen Jahren angefangen«, klagte er anderen alten Mahouts sein Leid, »jetzt komme ich zu ihnen zurück. Ich habe meinem König treu gedient. Warum werde ich zurückversetzt? Was habe ich getan, dass ich eine solche Kränkung verdiene? Warum soll ein Junge meinen Platz einnehmen? Noch dazu so ein unnützer, dummer Junge. Mit den Farben von einem Dutzend Vögeln zieht er in die Schlacht!«

Pulakeshin überquerte den Godavari und griff die Hauptstadt Vengi an, die nahe am Nordufer des Kolleru-Sees lag. Madhavavarman der Dritte floh auf eine Inselfestung in der Mitte des Sees, er war zu alt, um sein Land gegen einen solchen Eroberer zu verteidigen.

In der Schlacht am Kolleru-See stieß Gandiva ein halbes Dutzend großer Bullen kampfunfähig und pflügte unter Arjuns anhaltendem Drängen eine Schneise durch die Infanterie. Mindestens drei Pfeile prallten an Arjuns Kettenhemd ab, das er unter seinem Gewand trug. Ein weiterer streifte seinen linken Arm. Eine Keule, die ihm entgegengeschleudert wurde, stieß ihn fast von Gandivas Rücken und hinterließ eine böse, faustgroße Prellung auf seinem rechten Oberschenkel. Doch alle, die ihn sahen, fanden, dass der junge Mahout mit satanischer Wut gekämpft hatte.

Innerhalb weniger Tage, während die siegreiche Armee ausruhte, war ein Lied über Arjuns Heldentaten komponiert worden. Nun wurde es gesungen. Soldaten trugen es über Land, wenn sie durch die Gegend streiften, und schon bald war das Lied im besiegten Vengi und in angrenzenden Städten und Dörfern zu hören.

Doch trotz seines Erfolgs war Arjun der Verzweiflung nahe.

Hari war umgekommen. Von einem Pfeil durch den Hals getroffen.

Arjun war bei der Massenverbrennung dabei und sah zu, wie sich die Asche seines Freundes mit der vieler anderer Toter mischte. Er weinte um den verlässlichen Freund. Unter Vasus Schikanen damals im Ausbildungslager hatte Hari ihn immer ermutigt festzubleiben. Wie oft hatte er gesehen, wie sich Haris sorgenvolle Miene in ein Lächeln verwandelte!

Arjun weinte auch wegen seines eigenen Versagens als Freund. Statt Hari in dem Glauben zu lassen, er, Arjun, sei ruhmessüchtig geworden, hätte er ihm den wahren Grund für seinen Wandel erklären müssen. Er hätte seinen Freund beruhigen können, wenn er ihn ins Vertrauen gezogen hätte. Zu vieles von sich hatte er zurückgehalten, zu viele seiner Gedanken und Gefühle. Vielleicht hatte Angst ihn vorsichtig gemacht – Angst vor dem Spott. Hari hätte ihn vielleicht ausgelacht, weil Arjun Gauri zu finden hoffte, indem er sein Leben aufs Spiel setzte. Diese Angst hatte Arjun sich nicht eingestehen wollen, und so hatte er dem Freund die Wahrheit einfach verschwiegen. Aber Hari hätte es verstanden und er hätte ihre Freundschaft geachtet.

Jetzt, da er tot war, hatte Arjun keinen Freund mehr.

Nur noch Gandiva.

Der große Gaja war immer bei ihm. Diese Gewissheit hob Arjuns Stimmung ein wenig. Er tätschelte den stoppeligen Kopf, beugte sich vor und sagte: »Du und ich, alter Freund, wir sind noch zusammen. So wird es immer sein.«

Eines Morgens setzte sich die Armee wieder in Bewegung, schwankend wie ein vom Schlaf noch schwerfälliges Tier. Ihr

Ziel war das Land der Pallavas, das der König als nächste Eroberung ausersehen hatte. Langsam schob sich das Heer an der Küste südwärts wie ein großer Tausendfüßler, zog vorbei an Bauern, die ihre Felder pflügten und denen Krieg und Eroberungen sichtlich gleichgültig waren. Doch in einer der strohgedeckten Hütten entlang der Straße hauste vielleicht ein Mädchen, das nicht sprechen konnte. Ihre wortlosen Lieder konnten durch irgendjemanden, der sie gehört hatte, zu Arjun dringen. »Ich weiß, wer du bist.« In Arjuns Wachtraum lief jemand neben Gandiva her und sah zu ihm hoch. »Ich weiß auch, wo deine Schwester ist. Ich kann dich zu ihr bringen.«

18

Nachdem sie über den Fluss Krishna gesetzt hatten, marschierten sie weiter nach Nellore am Rand des Gebiets, in dem die Pallavas regierten. Sie überschritten die Grenze zu dem Reich, das Tondaimandalam, Dramila oder – nach der Sprache, die man hier sprach – Tamil Nadu genannt wurde. Das Königreich Tamil, im Norden von dem Fluss Penner begrenzt, im Süden vom Ponnaiyur, im Westen von der Bergkette der Ostghats und im Osten vom Golf von Bengalen, hatte einen berühmten Ort namens Kanchi zur Hauptstadt. ›Ka‹ stand für den Gott Brahma und ›anci‹ bedeutete Verehrung, Kanchi war also die Stätte, an der Brahma gehuldigt wurde. Fromme Pilger bezeichneten Kanchi als eine der Sieben Heiligen Städte.

Arjuns Onkel, der weit gereist war, um seine Waren zu verkaufen, hatte immer mit Ehrfurcht von Kanchi gesprochen. Es war – wie Kashi – eine so heilige Stadt, dass jemand, der dort starb, sofort sein Seelenheil fand. Doch hingereist war der Onkel nie. Baumwoll- und Seidenstoffe aus Tamil waren schließlich ebenso gut wie die, die er zu verkaufen hatte, und überhaupt, er konnte kein Tamil sprechen, und außerdem waren diese dunklen, zierlichen, kleinen Leute mit den funkelnden Augen gefährlich – von unberechenbarem Wesen und schnell gekränkt. Den Bau eines Tempels begannen sie damit, dass sie ein Kind als Opfer darbrachten und unter dem ersten Balken begruben. Sie beteten Furcht einflößende Dorfgöttinnen an, von denen eine schwerer zufriedenzustellen war als die andere. Um solch eine fordernde, finster drohende Göttin zu beschwichtigen, zog häufig ein Priester durch das Dorf, wobei er sich die Innereien eines Lamms um den Hals gewickelt hatte und die Leber aus dem Mund hängen ließ. Nachdem Arjun als

Kind solche Geschichten gehört hatte, war für ihn klar gewesen, dass er nie nach Tamil gehen würde.

Nun war er dorthin unterwegs und würde gegen einen mächtigen König kämpfen, Mahendravarman, dessen Kriegsbegeisterung seiner Liebe zu Musik und Dichtkunst gleichkam. All das machte ihn für König Pulakeshin zu einem würdigen Gegner, so wie es Harsha gewesen war. Arjun hatte das Gefühl, dass er im Mittelpunkt der Welt lebe, dass nichts je so bedeutend war oder bedeutend sein werde wie das, was jetzt vor sich ging: der Kampf der Titanen um die Vorherrschaft in dem von den Göttern begünstigten Land.

Eine Woche lang gab es jeden Abend leuchtend rote Sonnenuntergänge. Man sah darin die ersten Vorboten der Schlacht, doch es kam zu keiner Schlacht. Nicht mal ein Spähtrupp der Tamilen war auszumachen. Die marschierenden Soldaten sahen nur eine ausgedörrte, struppige, von bizarren Granitgebilden durchsetzte Landschaft und ab und zu dichte Wälder. Manchmal, wenn der Sonnenuntergang wie eine blutrote Woge hinter den Palmen stand, hörte die rastende Armee Schakale bellen und Affen kreischen.

Die Chalukyer, die aus dem Landesinnern kamen, konnten jetzt immer mal wieder einen kurzen Blick auf die funkelnde Bucht erhaschen, eine endlose Wasserfläche. Das Meer zu sehen, war in seiner Jugend Arjuns sehnlichster Traum gewesen, doch jetzt bedeutete ihm der Anblick nichts. Es war nur ein Ort, an dem Seeschlachten ausgetragen wurden. Der einst an allem interessierte Junge war nun ein Krieger, dessen Blick einzig auf kommende Schlachten gerichtet war. Er sah nichts anderes.

Die Streitkräfte machten häufig Rast, oft zwei, drei Tage lang. Dann wurden unter den Offizieren Trinkgelage und Wettkämpfe im Bogenschießen veranstaltet. Alle machten Würfelspiele. Die Soldaten kauften in den Dörfern Widder und ließen sie gegeneinander kämpfen. Sie steckten auch kleine Wachteln paarweise zusammen, die sogenannten Lavakas, die sich unerbittlich bis auf den Tod bekämpften. Auch untereinander trugen die Soldaten Ringkämpfe aus. Und nach wie vor wurden Wetten abgeschlossen. Es kam ein Gerede auf, dass der König – angeblich gelangweilt vom langen Feldzug – zwei Elefanten gegeneinander antreten lassen wolle. Dies stellte sich aber als unbegründetes, lächerliches Gerücht heraus. Käme während des Eroberungsfeldzugs ein Elefant bei Sport und Spiel ums Leben, würde das mit Sicherheit die Götter beleidigen, denn sie erwarteten von Männern, die andere in die Schlacht führten, Vernunft, nicht Leichtfertigkeit.

Schlangenbeschwörer kamen mit Kobras in Körben; Händler mit Sandelholz und billigem Schmuck tauchten auf, wo immer die Armee ihr Lager aufschlug. Eines Tages erschien eine umherziehende Gruppe von Musikanten und Tänzern am Straßenrand. Niemand bedrohte oder verletzte sie. Solche Spielleute zogen damals überall durch Indien, in Kriegs- und Friedenszeiten, bei Überschwemmung und Hungersnot, und brachten Geschichten, Tanz und Gesang in das Leben sowohl einfacher Leute als auch der Höflinge.

Auf Zerstreuung erpicht, forderte König Pulakeshin die Wandertruppe auf, am Abend den Hofstaat mit einem Auftritt im Bereich der königlichen Zelte zu unterhalten. Auf der Grasfläche in der Mitte des Lagers wurde getrommelt, geflötet und das Yal gestrichen, dazu tanzten junge Frauen bei Fackellicht.

Am nächsten Tag erfuhr Arjun, dass die fahrenden Sänger ein Lied über einen jungen Mann gesungen hatten, der ein Elefantenreiter und berühmter Krieger geworden war und die Welt nach seiner verlorenen Schwester absuchte.

Für Arjun war das Lied der Wandersänger eine Bestätigung, wie weit sich inzwischen sein Ruf als Krieger verbreitet hatte. Nun war er bestimmt ein Held, so groß, dass er überall Aufsehen erregte. Er fing an, sich in Gedanken als den wahren Nachfolger seines Namensvetters Arjuna, des Pandavakriegers in der *Mahabharata*, zu sehen. Einen solchen Vergleich öffentlich anzustellen, wäre viel zu gewagt, zu dünkelhaft gewesen. Nur Gandiva konnte er es sagen. In ein Ohr, so breit wie drei Bananenblätter nebeneinander, sagte der Junge: »Zusammen, alter Freund, haben wir den Göttern die Köpfe verdreht. Wir sind berühmt weit und breit. Ein Stups von meinem Zeh an deinem Ohr ist ein Weltwunder.«

Während die Armee immer weiter nach Tamil vorstieß, tauchten Gerüchte über das kriegerische Wesen des Gegners der Chalukyer auf. Soldaten, die das Land kannten, wurden nach Einzelheiten befragt. Es hieß, die Mütter der Tamilen seien hocherfreut, wenn ihre Söhne in der Schlacht umkämen, weil die Götter sie dann sofort in den Himmel der Krieger, Virasvarga, geleiteten. Starb ein hoher Offizier im Bett, wurde dem Toten ein Schwert durch den Körper gestoßen, damit die Götter glauben sollten, der Mann sei in der Schlacht gefallen. Man sang fromme Sprüche, Mantras, die seinen Mut und sein großes Können rühmten, um ihm einen Platz in Virasvarga zu sichern. Die Tamilen versahen ›Heldensteine‹ mit Inschriften, die ausführlich über die Taten großer Krieger berichteten. Als Arjun davon hörte, sah er in Gedanken einen Stein vor sich, in dem sein und Gandivas Name eingemeißelt waren.

Man sagte auch, dass Pallavakönige kein größeres Vergnügen kannten als unterworfene Feinde mit Kränkungen zu überhäufen. Die Krone eines besiegten Königs wurde eingeschmolzen und das Gold für die Fußringe der Haremsfrauen verwendet. Besaß er einen Schutzbaum, was in Königshäusern üblich war, wurde dieser gefällt und zu einer Kriegstrommel für den Sieger verarbeitet. Und das eroberte Land wurde grausam verwüstet. Nicht einmal Reisfelder verschonten die unerbittlichen Tamilen. Bekannt war auch, dass sie dutzende Giftschlangen ins feindliche Lager warfen. Letzteres führte dazu, dass man nachts mehr Wachposten aufstellte.

Doch ähnliche Gerüchte hatte es auch über die Vishnukundins gegeben, und die waren ihrem Ruf als wüstes, kampflustiges Volk in keiner Weise gerecht geworden. Arjun war es egal, ob das Gerede über die Tamilen stimmte oder nicht. Eigentlich hoffte er sogar, dass es stimmte. Rama hätte gesagt: »Je grimmiger dein Gegner, desto besser kämpfst du.«

Auch wenn es – trotz der Sonnenuntergänge – zu keinem wesentlichen Zusammenstoß kam, so ereigneten sich doch kleinere Gefechte, mit denen die Pallavas den Vormarsch der Chalukyer zu behindern versuchten. Ausfälle der tamilischen Kavallerie gegen die Flanken und die Nachhut gehörten bald schon zum Alltag. Schließlich kam es zu einer offenen Feldschlacht auf einem Ödland zwischen der blauen See und den grünen Hügeln. Vielleicht fünftausend Pallavasoldaten nahmen daran teil, doch zu einer Konfrontation mit der ganzen Streitmacht war Mahendravarman offensichtlich noch nicht bereit. Wenige Tage später traf eine weitere Truppe auf die vorrückenden Chalukyer und es gab einen kurzen, aber heftigen Zusammenstoß. Die Tamilen erprobten Pulakeshins Taktik und seine Entschlossenheit.

Durch die Sondierungsangriffe lernten auch die Chalukyer ihre Gegner kennen. Die Tamilen waren ziemlich klein und dunkelhäutig, sie hatten dünne schwarze Schnauzbärte und trugen Ohrringe, die ihnen bis auf die Schultern hingen. Ausgerüstet waren sie mit hölzernen Schilden, rot bemalt, und mindestens zwei Dolchen im Hosenbund. Ihre Hauptwaffe war ein langer, dreizackiger Speer, den sie mit großer Geschicklichkeit gebrauchten. Vor dem Angriff veranstalteten die Soldaten der Infanterie einen ekstatischen Tanz – sie pumpten wie besessen mit angewinkelten Armen, sprangen ein ums andere Mal in die Luft, verzerrten ihre Gesichter zu wüsten Grimassen und ließen dabei ihre strahlend weißen Zähne sehen. Um die Offiziere vor der grellen Sonne zu schützen, hielten ihnen tamilische Diener Schirme aus Pfauenfedern über die Köpfe, selbst während des Gefechts. Andere trugen Flaggen mit dem Bildnis vom *Stier, der den Sieg schenkt,* Symbol der tamilischen Verehrung für Gott Shiva, der den Stier reitet – so wie Ganapati die Maus, Brahma die Gans und Indra den Elefanten.

Arjun zeichnete sich in jedem Kampf aus, indem er sich mit Gandiva ins dichteste Getümmel stürzte. So wie sein Ruf als Krieger wuchs, änderte sich sein Auftreten – wahrscheinlich hätte Hari seinen alten Freund nicht mehr erkannt.

Arjuns Sucht nach Anerkennung überwältigte ihn so sehr, dass er ganz aus den Augen verlor, warum er die Anerkennung eigentlich wollte. Das Verlangen nach Ruhm war zum Selbstzweck geworden. Wenn Arjun aber doch einmal an seine Schwester dachte, überkam ihn eine grenzenlose Trauer, als wüsste er in seinem Innersten, dass sie tot war. Doch meistens war er in Gedanken nur noch mit den Schlachten beschäftigt und schwelgte im Bewusstsein seiner Tapferkeit. Er fand, er habe die Lieder, die seine Heldentaten priesen, durchaus verdient. Und vielleicht stand er ja wirklich unter göttlichem Schutz. Immerhin zog er mit leuchtenden Farben in die Schlacht und bot ein sicheres Ziel, trotzdem überlebte er. Andere gingen unter, er überlebte. Und bei jeder Feindesbegegnung, in der er seinen Mut zur Schau stellte – verwegenen Mut –, vermehrte er seinen Ruhm. Und mit jedem Sieg näherte er sich seinem Ziel: ein großer, nein, der größte Krieger zu sein.

Jetzt, wo die vorrückende Armee fast täglich mit Störangriffen zu rechnen hatte, wurden verschiedene Teile des Heers zur Verteidigung gegen Überfälle aus dem Hinterhalt in eine neue Marschordnung gebracht. Eines Nachmittags wurden die Haremswagen an den Elefantentruppen vorbeigelenkt. Ein Wagen mit geschlossenen Vorhängen, in dem oft die Königin reiste, schob sich an Gandivas Seite. Der Vorhang wurde zurückgezogen und Arjun konnte ein goldenes, mit funkelnden Edelsteinen eingelegtes Ohrgehänge sehen. Auf einer bleichen Stirn hing ein von Smaragden übersäter Goldreif, das Emblem von Mahadevi Sutanuka, der obersten Königin der Chalukyer. Ihre Blicke begegneten sich. Arjun erwartete, dass sie den Schleier zur Seite halten und ihm ihr Lächeln zeigen würde. Wenigstens winken würde sie doch – wenn auch nur andeutungsweise. Aber nichts geschah. Es war, als betrachte sie einen Fremden. Warum ignorierte sie ihn und starrte ihn trotzdem an? Missbilligte sie sein Verhalten? Hielt sie ihn für einen Dummkopf, weil er so unerschrocken sein Leben riskierte? Das konnte nicht sein, entschied Arjun. Jetzt, wo er berühmt war, musste sie ihm vielleicht nicht mehr helfen, nicht einmal freundlich sein. Egal. Deutlich spürte er, wie die Fußsoldaten bewundernd zu ihm aufsahen und wie die Kavalleriereiter von der Seite her neidische Blicke auf ihn richteten.

Langsam sah er sein und Gandivas Dasein von anderen losgelöst, wie eingeschlossen in einen unsichtbaren Ring ihrer Verdienste. Immer nach dem Abendessen verließ er die gesellige Runde der Mahouts und ging direkt zu der Stelle, wo die Elefanten angebunden waren. Er führte Gandiva von den anderen weg und redete ein bisschen mit ihm, dann rollte er sich zusammen, legte sich neben den riesigen runden Elefantenfuß und schlief ein. Kein anderer Mahout würde so etwas tun. Ein schlafender Elefant könnte sich auf ihn wälzen. Oder, wenn ein Gaja im Stehen schlief, plötzlich aufwachte und den Entschluss fasste, sich eine Weile niederzulegen, vergaß er vielleicht, dass sein Mahout neben seinem Fuß lag und würde ihn zerquetschen.

Arjuns Gefühl von Unüberwindlichkeit führte zu einer neuen Haltung gegenüber Vasu, seinem alten Peiniger aus dem Ausbildungslager. Immer, wenn sie einander sahen, starrte Arjun ihn an, bis der raubeinige Unteroffizier den Blick abwandte und sich umdrehte. Nach dem zweiten Vorposten-Geplänkel stellte Arjun fest, dass Vasu einen Verband um den linken Arm trug. Doch verwundet oder nicht, er war keine Bedrohung mehr. Der Beweis lag für Arjun in der unterwürfigen Art, wie Vasu den Blick abwandte.

Nach einer Reihe kleiner Gefechte mit Pallava-Streitkräften kam der Nayaka zu Arjun. »Du hast gute Arbeit geleistet,

Mahout, aber Glück ist immer von kurzer Dauer. Besonders für einen Soldaten. Ich möchte dir eine Änderung vorschlagen. Leg nächstes Mal, wenn wir in die Schlacht ziehen, den roten Turban ab, den bunten Gürtel und das weiße Gewand. Zieh nur ein Lendentuch über und einen Eisenpanzer.«

»Abgesehen von meiner Kleidung, glaubt Ihr, dass der Feind von mir weiß?«

Der Nayaka überlegte, bevor er antwortete. »Möglich. Befriedigt dich das?«

»Ja.«

»So sehr, dass du dafür dein Leben aufs Spiel setzt?«

»Ja.«

Der Nayaka zog die Schultern hoch. »Dann tu, was dir gefällt.«

Es war Mai – in Tamil ist das der heißeste, trockenste Monat des Jahres, der Vorläufer des Monsuns. Bald würde die Regenzeit beginnen. Schon wälzten sich Wolken heran, die den Himmel die meiste Zeit eintrübten. Es gab keine blutroten Sonnenuntergänge mehr, die eine Schlacht vorhersagen könnten. Trotzdem kam es zu einer Schlacht, einer großen, zur Schlacht von Pullalurla, wenige Meilen nördlich der Hauptstadt Kanchi.

Der Morgen war feucht, schwül und so heiß, dass viele der Soldaten in Schweiß gebadet waren, bevor der Priester die Kriegstrommeln und die Flaggen mit dem Eber gesegnet hatte. Auch König Pulakeshin schwitzte, obwohl er eine feierliche Waschung vorgenommen hatte, bevor er sich für die Schlacht ankleidete. Er trug einen Stirnschmuck, einen silbernen Reif, dessen Enden wie die ineinander greifenden Kiefer zweier Krokodile geformt waren. Deshalb nannte man diese Krone Makaramukha. In vollem Staat sang er ein Gebet zu Trivikrama, dem Gott der Macht, hielt sein Schwert in die Höhe, machte vierundsechzig Schritte nach Osten, verbeugte sich gegen die Sonne und bestieg seinen Streitwagen. Dann setzte

Musik ein. Unterdessen segneten die Priester den königlichen Schirm mit dem Goldgriff und dem Rand aus herabhängenden Perlen. Dann beteten sie im Singsang für die Brhatketu, eine dreieinhalb Meter hohe Standarte, auf die, anderthalb Meter groß, ein Eber gemalt war.

Ein Kundschafter hatte die Nachricht gebracht, dass Prinz Narasimha die Pallavas anführen werde. Obwohl sein Vater auf dem Schlachtfeld bekannt war und offiziell immer noch den Befehl führte, war Narasimha der bedeutendere Krieger.

»Prinz Narasimha soll sich auf was gefasst machen«, sagte Arjun zu Gandiva, als sie auf das Signal zum Vorstoß warteten. »Heute wird er uns kennen lernen, alter Freund.« Liebevoll tätschelte er den weich-knubbeligen Schädel, sah kurz zu Gandivas mädchenhaft langen Augenwimpern hinunter und murmelte: »Wieder einmal, Bruder meiner Seele, wieder ziehen wir miteinander los ...«

Die Schlacht von Pullalurla wurde hitzig geführt, der Ausgang blieb den ganzen Vormittag über ungewiss. Doch dann rollte die Chalukyer-Kavallerie die linke Flanke auf, und das Elefantencorps stieß durch die tamilische Hauptlinie der schweren Infanterie. Das zwang Prinz Narasimha zu einem geordneten Rückzug in Richtung Kanchi.

Wenn auch die Schlacht noch nicht gewonnen war, hatte sich der Gang der Ereignisse klar zu Pulakeshins Gunsten gewendet. Schreiend und johlend drängten seine neu belebten Soldaten vorwärts.

Auch Arjun schrie und lenkte Gandiva in den Hauptstrom des Geschehens. Er sah sich nach einem Gegner um, stürmte hinter einem zurückweichenden Elefanten her und hatte ihn fast erreicht, da zwang ihn eine Bewegung auf seiner Rechten zu einer leichten Wendung. Er sah einen anderen Elefanten, einen Chalukyer, auf sich zujagen. In einem letzten Moment äußerster Verblüffung erkannte Arjun das grinsende, triumphierende Gesicht Vasus und einen eisernen Ankus, der durch die Luft auf ihn zuwirbelte.

Arjun spürte die Wucht des Aufpralls, sonst nichts.

Durch Vasus fürchterlichen Hieb vom Elefanten geschleudert, stürzte er zu Boden, Gandivas linkes Hinterbein verfehlte knapp seinen Kopf.

Der Elefant brauchte nur wenige Augenblicke, dann merkte er, dass sein Reiter nicht mehr auf dem Rücken saß. Er kam zum Stehen, schwang seinen Rüssel in fieberhafter Suche nach Arjun aufwärts nach hinten und trompetete so laut, dass Schwertkämpfer mitten im Werfen und Parieren innehielten. Dann drehte sich Gandiva mit dem erstaunlichen Tempo und der verblüffenden Behändigkeit, die man keinem Elefanten zutraut, um und raste in Panik auf die eigenen Reihen zu.

Andere Chalukyer-Elefanten, die einen der ihren umkehren sahen, achteten nicht mehr auf die eindringlichen Vorwärtskommandos ihrer Mahouts. Sie fingen ebenfalls an zu trompeten, kehrten um und stürmten hinter Gandiva her, stießen dabei die eigenen Soldaten um und mähten alles nieder, was ihnen in den Weg kam.

Einige wurden unter Kontrolle gebracht, doch die meisten waren nicht mehr zu halten, am wenigsten der reiterlose Gandiva, dessen Trompeten in Kreischen übergegangen war und der damit seine Verwirrung, seinen Verlust und Schrecken ausdrückte. Die Befehlshaber hatten keine andere Wahl. Sie ordneten an, Gandiva zu erschießen. Eine ganze Abteilung Bogenschützen rückte aus und schoss ihre Pfeile auf den wild gewordenen Elefanten ab. Sein Körper sah aus wie ein gigantisches Stachelschwein, als die Pfeile zwischen den Panzerplatten ihr Ziel gefunden hatte. Gandiva wurde langsamer, wankte, knickte in den Knien ein, und sein massiger Körper kippte vornüber wie ein sinkendes Schiff.

Als er zu Boden ging, zögerten einige Gajas und blieben schließlich schwerfällig stehen. Andere, immer noch gefährlich erregt und durch Gandivas Fall umso mehr, mussten ebenfalls getötet oder außer Gefecht gesetzt werden, um die Armee vor den eigenen Elefanten zu schützen.

Diese unerwartete Wendung der Ereignisse brachte den Vorstoß der Chalukyer zum Stillstand. Nach rascher Beratung mit seinem Stab befahl der König einen allgemeinen Rückzug und gestattete den Tamilen, ohne verheerende Verluste ihr Stadttor zu erreichen. Pulakeshin war der Angriffe müde und hielt es für besser, den Sturm auf die Stadt aufzugeben. Seine erschöpfte Armee, die durch die wilde Flucht der Elefanten ihre letzten Kräfte verbraucht hatte, zog sich aus der Schussweite von Kanchi zurück. Am Morgen würde der König den langen Marsch heimwärts beginnen.

Noch steuerten Nachzügler auf das provisorische Feldlager zu, da teilten sich die Wolken, und kurz vor dem Untergehen brach die Sonne hervor. Der Himmel färbte sich dunkelrot. Ein alter Soldat, der an einem gefallenen Elefanten vorbeikam, erkannte in ihm den Gaja des Jungen, dem er einst, im Infanterielager, den Umgang mit dem Schwert gezeigt hatte. Gandiva lag in seinem strömenden Blut, sein Rüssel in schwacher Bewegung wie eine verebbende Welle, sein sanfter Blick glasig, aber sein starkes Herz pumpte noch und ließ ihn unbarmherzig die tödlichen Schmerzen von mindestens fünfzig Pfeilen in seinem Körper spüren.

Der alte Soldat wusste so gut wie nichts über Elefanten, doch über Schmerzen wusste er aus jahrelanger Kriegserfahrung bestens Bescheid. Selber verwundet, humpelte er zu dem leidenden Tier hin. Noch einmal an diesem Tag gelang es ihm, zu einem Speerhieb auszuholen, er trieb die Waffe in das weiche Gewebe zwischen den Knochenplatten im Schädel des Tiers. Endlich war Gandiva erlöst.

TEIL 3

19

Durch den Ankus, den Vasu geschwungen hatte, waren Arjuns Nase und eine Wange so von Blut überströmt, dass tamilische Soldaten ihn für tot hielten, als sie das Schlachtfeld nach Überlebenden absuchten. Schließlich hörten sie ihn stöhnen. Vielleicht hätten sie ihm trotzdem den Gnadenstoß versetzt, wäre da nicht seine Kleidung gewesen; vielleicht, dachten sie, war der Gürtel mit den Quasten und das weiße Gewand mit dem Emblem des Ebers ein Zeichen für Chalukyer-Adel. So entging Arjun dem Schicksal vieler Verwundeter. Zusammen mit anderen Gefangenen wurde er auf einen Wagen geworfen und nach Kanchi gekarrt.

Als Arjun die Augen aufschlug, sah er als Erstes eine schmutzige Decke, die in Fetzen von einem Balken hing. Er hörte Husten, Stöhnen. In Wogen, die ihm Übelkeit verursachten, schien sein Gesicht regelmäßig zu schwellen und zu schrumpfen. Der nächste Laut, den er hörte, kam von ihm selbst: ein tiefes Keuchen vor Schmerzen, wieder und wieder und wieder. Dann war es dunkel.

Dann war es hell, dann dunkel.

Dann wieder hell und dunkel. Eine Schüssel wurde ihm achtlos in die halb geschlossene Hand geschoben. Er rührte sich nicht. Die Schüssel verschwand. Hell und dann dunkel. Dann wieder hell. Wieder eine Schüssel. Diesmal gelang es ihm, sie am Rand zu packen, anzuheben und an die Lippen zu führen. Er spürte einen jähen, stechenden Schmerz, als er die Gesichtsmuskeln bewegte, doch er schaffte es, ein wenig von dem Reisschleim zu schlucken. Was nicht danebenging, aß er trotz Schmerzen, dann wurde das Licht schwächer und es war dunkel. Als das Licht wiederkam, richtete er sich so weit auf, dass er liegende Körper in einer Hütte erkannte. Ein paar Männer saßen aufrecht. Jemand kam zu ihm, bückte sich. Eine Schüssel. Er griff danach und aß. In der Hütte war es heiß und feucht, dann dunkel. Das Dunkel wurde hell. Er aß. Die Folge aus Hell, Reisschleim und Dunkel ging endlos weiter. Doch nun saß er aufrecht und hörte andren Gefangenen zu, die bittere Vermutungen über ihr Schicksal anstellten. Ein Regenschauer, der den Monsun ankündigte, trommelte eine Zeit lang gleichmäßig auf das strohgedeckte Dach, dann ließ er nach. Arjun merkte, dass sein Turban fehlte. An dem zerrissenen weißen Gewand klebte hart gewordener Schlamm und getrocknetes Blut. Er kroch zu dem offenen Eingang und betrachtete sich in der glatten Oberfläche einer Pfütze, die der Regen hinterlassen hatte. Ob Rama ihn erkennen würde? Oder Gauri? Seine Mutter?

Jemand erkannte ihn. Gegen eine Wand gelehnt saß ein Gefangener. »Du! Ja, *du*!«, rief er und deutete auf Arjun. »Wo ist dein Elefant? Kann dich wohl jetzt nicht beschützen, wie?«

Doch niemand in der Hütte hatte die Kraft für Zänkereien. Die gleichmäßige Folge von Licht und Dunkelheit tat ihren Seelen gut und gab ihren Körpern Zeit zum Heilen. Sprechen trat an die Stelle des Stöhnens. Jemand lachte schallend. Ein anderer erzählte einen Witz und löste damit Gelächter aus. Ein paar, die Tamil verstanden, tauschten kleine anzügliche Bemerkungen mit den Wachen, die mit der täglichen Reisschleim-Mahlzeit auch Knollenfrüchte und rohes Getreide brachten. Sobald sich der Gesundheitszustand der Gefangenen besserte, wurden einige aus der Hütte geschafft und kamen nicht mehr zurück.

Arjun konnte mit den Fingerspitzen über die narbigen, verschorften Schnittwunden auf seinem Gesicht fahren. Obwohl seine Nase noch ein unförmiger, geschwollener Klumpen war, konnte er durch sie atmen.

Als er hinreichend genesen war, wurde er zum Verhör zu

einem Offizier gebracht, der einige Sprachen des Dekkan beherrschte. Der dunkle, zierliche Mann saß unter dem Vordach eines Gebäudes. Ein Wachposten stieß Arjun in unterwürfige, kniende Stellung nieder. Der Posten senkte den Blick, der Gefangene wartete.

Schließlich sagte der Offizier: »Wer bist du?«

Arjun sah in das schmale, nachdenkliche Gesicht. »Ein Mahout, Shri.«

»Ein Mahout? Hör zu, falls du zur königlichen Familie gehörst, senden wir einen Boten wegen Lösegeld nach Vatapi. Dann kannst du nach Hause.«

»Zur königlichen Familie?« Arjun lächelte schwach. »Nein, Shri. Ich bin nur ein Mahout.«

»Ja? Und warum hast du dann dieses ...?« Er zeigte auf das Gewand mit dem goldenen Emblem, das Arjun immer noch auf dem Leib hatte.

»Ich wollte auf dem Schlachtfeld berühmt werden.«

Nach einer solch merkwürdigen Antwort musterte der Offizier den Gefangenen umso gründlicher. Erzählte er Lügen oder war er ein kleiner Narr? Wenn der Gefangene ein Adliger war, schien eine Lösegeldforderung auf jeden Fall angebracht. Doch die Chalukyer waren vernünftigerweise nach Hause gezogen, die tamilische Schatzkammer war wohlgefüllt, und einen Boten in solch zweifelhafter Mission loszuschicken, könnte sich als unersprießlich, erfolglos, sogar entwürdigend herausstellen. So ließ er aus Eigennutz die Behauptung des Gefangenen, er sei ein einfacher Mahout, gelten und hob die Hand, damit man den merkwürdigen jungen Mann abführe.

Als der Wachposten den Arm nach ihm ausstreckte, umklammerte Arjun dessen Hände und bat flehentlich: »Bitte, Shri! Hört mich an!«

»Nun? Was ist?«

»Mein Gaja ... wenn Ihr herausfinden könntet ... falls irgendjemand weiß ... wenn doch nur ...«

»Wovon redest du?«, fragte der Offizier ungeduldig.

»Wenn irgendjemand weiß, was mit meinem Gaja passiert ist ...«

»Was das betrifft, das ist allgemein bekannt.« Wieder sah er den Gefangenen forschend an, dann sprach er weiter. »Dein Elefant, Mahout, muss wohl ganz dringend nach dir gesucht haben. Nachdem du gefallen warst, wurde er wild und hat unter euren Truppen großen Schaden angerichtet. Das kommt dir zugute«, sagte er mit ironischem Lächeln. »Weil dein Tier sich hilfreich erwiesen hat für uns, hat es dir das Leben gerettet.« Der Offizier lachte leise vor sich hin. »Adlig oder nicht, du wirst am Leben bleiben wegen seines Verhaltens.« Nach einer Pause setzte er leise hinzu: »Was du für ein komisches Gesicht machst. Ist es, weil er tot ist?« Der Offizier kräuselte die Lippen und sah Arjun verständnisvoll an. »Es ist ja nicht so, als wäre dein Bruder gestorben. Aber Mahouts sind da ganz sonderbar, das ist bekannt. Eure eigenen Bogenschützen haben ein paar hundert Pfeile auf das Tier abgeschossen, bis genügend zwischen die Panzerplatten drangen und ihn töteten. Ich habe es mit eigenen Augen gesehen.«

»Tot«, murmelte Arjun.

»O ja, das denke ich doch. Mausetot. Nicht mal ein solcher Bulle kann bei so vielen Pfeilwunden am Leben bleiben.«

Seit seiner Gefangennahme lebte Arjun in ständigen Schmerzen, doch von nun an lebte er auch in Trauer. Und in Unglauben. Je mehr er über Gandivas Tod nachdachte, desto mehr hatte er das Gefühl: Es war unmöglich. Wie konnte ein so prächtiges Tier erschossen werden? Diese Frage nahm er mit zurück in die Gefängnishütte. Der Tag wich der Nacht, und Arjun grübelte ununterbrochen, bis sich der Unglaube in Schicksalsergebenheit wandelte.

Wie war ein solch prächtiges Tier erlegt worden?

Mit Pfeilen.

Das war die nüchterne Wahrheit. Mit Pfeilen.

Er hatte sich selbst etwas vorgemacht, als er dachte, sein Leben mit Gandiva stünde unter göttlichem Schutz. Jetzt sickerten sein törichter Stolz und das Gefühl von auserwähltem Schicksal aus ihm heraus wie Blut aus einer Wunde. Rama hätte gesagt ... Arjun dachte den Satz nicht zu Ende. Zum ersten Mal drängte er den Einfluss seines Lehrers zurück. Gandiva, sein einziger Freund, war von Pfeilen getötet worden. Daran konnten Ramas Worte nichts ändern. Auch Arjuns heiliges Band konnten sie nicht wiederbringen und sein Gesicht nicht wieder schön machen. Ein neues, höchstwahrscheinlich furchtbares Leben lag vor ihm. Weder Rama noch sonst jemand konnte ihm helfen.

Als man Arjun ein paar Tage später aus der Hütte holte, wurde er gefesselt wie damals, als er an die Chalukyer-Armee verkauft worden war. Diesmal jedoch war es nicht ein schmaler Eisenring um den Fußknöchel, sondern eine schwere Kette zwischen Beinschellen. Er wurde in Fußfesseln gelegt wie ein wilder Elefant und dann zu einem umzäunten Lager gebracht, wo in schäbigen Unterständen aus Bambusstangen und Bananenblatt-Dächern fünfzig oder mehr Sklaven aßen und schliefen.

Jeden Tag wurden die Sklaven zu einer Baustelle geführt, wo gerade ein Palast für Prinz Narasimha entstand. Sie hievten Holzbalken von Wagen und schleppten sie zu einem dichten Wald aus Gerüsten und Leitern. Flüchtig sah Arjun einen Garten, der im Hof angelegt wurde. Einmal, als er einen Augenblick am Eingang stehen blieb, sah er einem Mann zu, der eine Wand in einem schon fertig gestellten Raum bemalte. Das lebensgroße Bild zeigte Parvati, die Gefährtin von Gott Shiva, beim Tanzen neben einem Teich.

Rama hatte ihn nicht verlassen. Das begriff Arjun nach einer Weile. Die Worte des Lehrers kehrten zurück wie verständige, alte Freunde. »Tu deine Pflicht. Mehr kann keiner von dir verlangen, nicht einmal du selbst.« So arbeitete Arjun still und ergeben und gewann dadurch die Achtung seiner Schicksalsgenossen.

Auf dem Weg zwischen Sklavenlager und Baustelle sah Arjun zum ersten Mal eine große Stadt. Es war Kanchi. Eine Ziegelmauer schützte den äußeren Stadtrand. Vier Gorpuras, Tore, wurden nachts abgesperrt und mit mächtigen Eisenstangen gesichert. Im Innern der Stadt gab es viele Teiche, Gärten und weiß gekalkte Wohnhäuser aus sonnengetrockneten Ziegeln mit überdachten Galerien, erhöhten Terrassen und Höfen.

Die Armen der Stadt hausten in niedrigen Strohhütten mit gewölbten Dächern aus Palmblättern. Die Sträflingskolonne schleppte sich durch enge Straßen, vorbei an den Läden von Mattenflechtern und Korbmachern, Kupferschmieden und Elfenbeinhändlern. Arjun hatte sich immer gewünscht, einmal durch die betriebsamen Straßen einer großen Stadt zu gehen. Nie hatte er sich träumen lassen, dass es unter solchen Umständen geschehen würde.

Tamilische Männer starrten die vorbeischlurfenden Sklaven an. Frauen hielten im Einkaufen inne und musterten neugierig die Fremden. Es waren dunkle Frauen von üppiger Schönheit. Arjun bewunderte die Art, wie sie ihr Haar hinten zu einem Knoten zusammengesteckt hatten und wie sich dabei unter einem Ohr eine einzelne Locke hervorringelte. Sie trugen leuchtende Seidentücher und gestreifte Leinengewänder, die ihnen bis halb über die Waden reichten. Bronzene Fußspangen waren der Form ihrer Füße angepasst. Jeden Tag watete Arjun durch den Blütenduft ihrer zahlreichen Parfüms.

Die große Stadt beherbergte auch eine Vielzahl von Hunden: schäbige, raubgierige, boshafte, bissige. Selten achteten sie auf die Menschen, kümmerten sich um nichts als ihr eigenes Überleben, streunten durch die Stadt, unerwünscht, mit Füßen getreten, durch ständige Raufereien von eiternden Wunden auf kahlen Hautstellen übersät. Sie waren Aasfresser, die mit brutaler Logik Macht und Unterwerfung untereinander regelten. Sie rollten sich zu kleinen, festen Kugeln zusammen und schliefen auf der durchnässten Asche alter Kochfeuer.

Dann rappelten sie sich auf, schüttelten sich, gingen auf Raubzug und trugen wieder ihre Kämpfe aus. »Die haben Höllenherzen«, hörte Arjun einmal jemanden murmeln. Ein Hund aus Kanchi sicherte seine Oberherrschaft, indem er den Hals seines Gegners so lange nicht losließ, bis das besiegte Tier sich auf die Seite rollte und schutzlos seinen Bauch präsentierte. Selbst dieses Zeichen von Unterwerfung reichte nicht immer. Es war leicht möglich, dass der launenhafte Sieger einfach festhielt und seine Kiefer vollends zuschnappen ließ. Das Schmerzgeheul konnte ein Dutzend Hunde auf den Plan rufen. Manchmal stürzten sie sich dann auf das unterlegene Tier und gaben ihm den Rest. Manchmal schnupperten sie nur und trotteten davon. Arjun fürchtete und hasste die Hunde. Allmählich schlichen sie mit ihren kleinen, gelb glühenden Augen durch seine Träume und hetzten ihn zu Tode.

Der Monsun fegte mit seiner ganzen Gewalt durch Kanchi. Die Unterstände hatten löchrige Dächer, so wurden die Sklaven nie trocken. Krankheiten breiteten sich aus, die Kleider wurden stockig, Insekten brachten einige Sträflinge bis an den Rand des Wahnsinns. Ratten und Bandikuts – Beuteldachse – fielen die Kranken an, die nicht zum Arbeitsdienst gehen konnten. Krähen schnappten Männern, die sich vor Erschöpfung nicht wehren konnten, dreist das Essen aus der Hand.

Arjun begegnete der täglichen Plage, indem er die Sprache der Tamilen lernte. Zu Hause hatte er sowohl Kannada als auch Telagu gekonnt, und bei der Armee hatte er ein wenig Maratha gelernt. Er widmete sich der schwierigen Aufgabe, und die Wachen sahen es mit Wohlwollen, denn sie waren stolz auf ihre komplizierte Sprache.

Eines Tages fing ein Sklave aus Andhra – er war vor ein paar Jahren während eines Krieges mit den Vishnukundins gefangen genommen worden – einen Beuteldachs, der auf der Suche nach Körnern bis in seinen Unterstand vorgedrungen war. Der Dachs hatte etwa die Größe eines Hasen, lange Hinterläufe, hellgraues Fell und einen weißen Bauch. »Tamilen können sie nicht ausstehen«, sagte der Sklave zu Arjun, der mit ihm in dem Unterstand hauste. »Bandikuts töten Hühner, graben sich unter Hütten, kommen durch den Boden ins Innere und fressen Babys. Gebraten schmecken die Tiere sehr gut.«

Arjun und der Mann aus Andhra versteckten das Tier zwei Tage lang unter einem Stück Stoff, bis das Holz, das sie auf dem Hof gefunden hatten, getrocknet war. Für die Erlaubnis zum Feuermachen hatten sie einem Wächter eine Hinterkeule versprochen. Während das gehäutete Tier schmorte, merkte Arjun, wie jemand von draußen ganz gebannt in ihren Verschlag hereinsah, gleichgültig gegen den prasselnden Regen. Der Mann war winzig, kaum größer als ein Kind, und er hatte die strahlendsten Augen, die Arjun je gesehen hatte. Während der Beuteldachs briet, starrte der vor dem Unterstand hockende Mann wie in Trance auf den Braten und rührte sich nicht.

Arjuns Genosse hatte ihn auch bemerkt. »Was glotzt du?«, fragte er grob.

»Verzeiht mir«, sagte der kleine Mann. »Ich habe seit einem Jahr nichts als widerlichen Reisschleim und rohes Getreide gegessen.«

»Dann iss mit uns«, bot Arjun spontan an.

»Darf ich reinkommen?«, fragte der kleine Mann.

Arjuns Wohngenosse zog die Schultern hoch. »Wenn er sein Essen hergibt, von mir aus. Nur lass die Finger von meinem.«

Der kleine Mann kam in den Unterstand gekrochen und nickte dankbar mit dem Kopf. »Danke«, sagte er zu Arjun. »Sie haben dir wohl das Gesicht zerschlagen? Deine Nase war früher schmaler, jetzt ist sie breiter, nicht wahr? Mach dir nichts draus. Eines Tages wird sie dir Ruhm und Ehre einbringen. Man wird dich mehr achten, weil du eine breitere Nase hast. Sie verleiht Würde und den Ausdruck von Reife. Man wird sagen: ›Hört auf ihn. Seht seine bedeutsame Nase und die gewichtige Narbe auf der Wange. Das ist ein einflussreicher

Mann, der etwas von der Welt gesehen hat.‹ Hm, das Tierchen sieht prachtvoll aus!« Er zeigte auf den Beuteldachs, der allmählich bräunte.

Die drei Männer sahen zu, wie das Fleisch schmurgelte. Ein paar andere kamen zum Unterstand, erfassten die Situation und gingen wieder. Wenn irgendwo Ratten oder Bandikuts gefangen wurden, gehörten sie allein den Fängern. Es hatten vielleicht ein halbes Dutzend Männer in Arjuns Unterstand gehaust, doch vor kurzem war einer gestorben, ein anderer lag zusammengekrümmt in einem Winkel und war zu krank zum Essen. Zwei andere hatte man mit Schiffen zu den Steinbrüchen gebracht.

Der kleine Mann betrachtete Arjun lange, bevor er weitersprach. Zusammenhanglos sagte er: »Ich heiße Manoja, der Geistgeborene – nach Kama, dem Gott der Liebe, und glaub mir, diesem Pfad bin ich gewissenhaft gefolgt. Mit jeder Frau, die mich ertragen hat, seit ich in deinem Alter war.« Er schwieg, dann ergänzte er: »Jünger.«

»Ich habe früher Schnüre für Bettbespannungen gewebt«, erzählte er weiter. »Es hieß, ein Bett aus Schnüren, von mir gewebt, ist nie kaputtgegangen, und ich glaube es.« Blitzschnell drehte er die Hand. »So macht man es. Mit keiner anderen Methode gelingt es so gut. Das Weben hat mir eine einarmige Frau beigebracht, die mit ihren Zähnen und mit einer Hand die besten Schnüre der Welt gemacht hat.«

Später, als sie den Beuteldachs aufgegessen hatten – sein gebratenes Fleisch schmeckte nach Lehm, als hätte sich bei der vielen Wühlerei durch die Erdgänge Dreck in Muskeln und Fett des Tiers festgesetzt –, ging der Mann namens Manoja einfach nicht wieder. Er säuberte seine Zähne mit einem Holzsplitter und benahm sich wie ein Gast, der sich verpflichtet fühlt, seinen Gastgeber mit Geschichten zu unterhalten.

Manoja war Einbrecher gewesen. Er hatte eine schwarze Maske getragen, hatte einen Dolch bei sich gehabt, eine Grabeschaufel, eine Pfeife, um seine Kumpane zu warnen, Zangen zum Heben, Kerze und Docht und ein Seil. »Und Köpfchen habe ich«, ergänzte er augenzwinkernd.

»Ich bin auch kein Tamile. Ich komme von der Westküste, aber ich habe die verrückten Menschen hier lieben gelernt. Ah, sie sind begeistert von ihrer Sprache. Zum Beispiel glaubt man, diese Stadt heißt Kanchi. Doch die Leute draußen in den Straßen geben ihr alle möglichen Namen. Ich habe schon gehört, wie sie mit jemandem gestritten haben, der den Ort Kanchi nannte. Ich habe gehört, wie man die Stadt mit tiefster Überzeugung Praylaya Sindhu und Shivapuram genannt hat und Mumurtivasam und Brahmapuram und Kamapitham ...« Er holte tief Luft, dann machte er weiter. »Und Kamakkottam und Tapomayam und Sakalashuddi und Kannikappu und Tundirapuram und Dandakapuram und Satyavratakshetra.«

Außer Atem grinste er Arjun an und sagte: »Da hast du den Tamilen – ein Sprachliebhaber, weitschweifig, stolz auf seine Klugheit und jederzeit bereit, über einen wohlklingenden kleinen Vers in Tränen auszubrechen. König Mahendravarman schreibt selber Stücke. Eine hohe Persönlichkeit namens *Mattavilasa* beschreibt einen betrunkenen Priester, seine Ehefrau, einen skrupellosen Mönch und einen Wahnsinnigen.« Er lachte gackernd. »Armut ist die Schwester der Schande. Das hat mal jemand geschrieben. Ich, der ich lesen kann, habe diese Worte irgendwo gesehen. Sie sind sehr gut, sehr treffend.«

Am nächsten Tag kam er wieder. Er kauerte sich auf den Boden, richtete unverwandt seine strahlenden Augen auf Arjun und fing an zu reden, als wären sie erst eben mitten im Gespräch gewesen. »Keine Frage, ein Brahmane ist schlimmer als ein Kshatriya. Der Kshatriya bringt dich vielleicht mit einem Schwerthieb um, aber diese habgierigen Brahmanen lassen dich zu Tode schuften. Glaub mir, ich weiß Bescheid. Ich habe einmal bei einem Brahmanen als Putzer gearbeitet. Wenn er gerade nicht gebetet hat, hat er seine Dienstboten geschlagen.«

Am nächsten Tag kam er und hockte sich draußen vor den Verschlag, bis Arjun ihn hereinbat. Ohne Einleitung fing er an:

»Bei Munnir bin ich immer in Versuchung gekommen, Munnir, dieses Dreifachwasser, das die Tamilen so gern trinken. Ein Gemisch aus Milch von unreifen Kokosnüssen, Zuckerrohrsaft und einem ganz feurigen, fremdländischen Getränk – gut abgelagert in vergrabenen Bambusfässern.« Er leckte sich die Lippen. »Das schmeckt noch besser als Schweinebraten von einem Eber, den man lange nicht zur Sau gelassen hat.«

Eines Abends schien er in grüblerischer Stimmung. »Du weißt nicht, was in dieser Stadt los ist. Für manche ist sie Wohnsitz der Götter, für andere die Höhle der Dämonen. Verehrer von Gott Shiva versammeln sich hier. Manche werden Maskarins genannt, weil sie einen Bambusstock bei sich haben – man nennt sie auch Pashupatas, weil sie den göttlichen Hirten anbeten. Andere laufen nackt herum, schmieren Asche auf ihren Körper und hängen sich eine Kette aus Totenschädeln um die Hüften. Sie trinken daraus Blut und Wein und Urin von Kühen. Das sind die Kapalikas. Alle diese Verrückten glauben, dass sie für ihre Sünden ganz schrecklich büßen müssen, deshalb leben sie von der Luft, brennen sich Löcher in die Füße und starren in die Sonne, bis sie blind sind.« Nachdrücklich spuckte er aus. »Statt sich das Leben zu versagen, sollten sie's lieber umarmen.« Manoja grinste. »So wie ich.«

Oft trat er ohne Ankündigung auf Arjun zu, fasste den Jungen am Arm und sprach dann mit der stillen Versonnenheit eines Menschen, der mit sich selbst redet. »Es passieren sonderbare Dinge. Und sie bedeuten mehr, als man glauben möchte. Zum Beispiel erscheint plötzlich eine dicke, rötliche Frau. Es kommen Kobolde daher mit mehr als vier Gliedmaßen. Pferde schreien und Elefanten verweigern das Futter. Bienen schwirren um den Rand königlicher Schirme. Muschelschalen geben keinen Ton von sich, wenn man hineinbläst. Schwarze Schlangen kriechen in Schlafgemächer von Königen. Schwerter springen aus ihren Scheiden. Wagen, die zu einer Fahrt aufbrechen, kehren von allein um. Vögel fliegen nur in Linksbögen. Krähen hören nicht mehr auf zu krächzen, nicht mal, wenn mitten in der Nacht ein Regenbogen erscheint. Wenn Schakale heulen, kommt Feuer aus ihrem Maul. Wenn eine Haremsfrau sich einen Spiegel vorhält, sieht sie kein Gesicht. Flaggen wehen nicht im Wind. Wenn die Sonne aufgeht, wird die Erde kalt. Ich sage dir, Junge, ich habe vieles davon gesehen und das Übrige habe ich gehört. Diese Welt ist sonderbar.« In tiefer Verwunderung schüttelte er den Kopf.

Auch für Arjun war die Welt sonderbar. Er träumte jede Nacht von den Toten, die auf Schlachtfeldern wieder lebendig wurden. Alle hatten Kindergesichter. Rudel von hechelnden, ausgehungerten Hunden trieben sich dazwischen herum. Ich war verrückt, dachte Arjun, dass ich in die Schlacht gezogen bin. Ich habe auf der anderen Seite gelebt, wo überall der Tod lauert. Jetzt träume ich von toten Kindern und grässlichen Hunden.

20

Die südwestlichen Monsunwinde legten weite Strecken über das Meer zurück und saugten sich dabei mit ungeheuren Mengen Feuchtigkeit voll, die sie später über Indien als Regen ausschütteten. Danach kamen milde, stetige Winde aus Nordosten, strömten südwärts bis zur Bucht von Bengalen, drehten nach Westen und kühlten und trockneten das durchnässte Land. Das ging so fort, bis sonnige Tage das Land wieder aufheizten und die ausgedörrte Erde auf eine neue Regenzeit wartete.

In dieser Zeit, als das glutheiße Wetter träge in Regen überging, zogen heiß-schwüle Winde über Kanchi hin, wehten über welke Gärten und staubige Märkte und umhüllten Tempel, die in der Hitze schmachteten. Sklaventrupps arbeiteten am Bau öffentlicher Gebäude, die zur Verherrlichung des Pallava-Königs errichtet wurden, nachdem sein Chalukyer-Rivale geschwächt, wenn auch unbesiegt, abgezogen war.

Prinz Narasimhas Palast, an dem Arjun mitarbeitete, war fast fertig gestellt. Der ehemalige Mahout wohnte zusammen mit Manoja in dem alten Unterstand; alle andern Bewohner waren an Krankheiten gestorben.

Arjun sah in dem Einbrecher so etwas wie einen liebenswerten, unzuverlässigen, älteren Bruder. Manoja hatte nicht Gandivas tröstliche Ausstrahlung, Ramas strenge Weisheit oder Haris herzliche Verbundenheit. Einmal, als das Trommelsignal zum allgemeinen Reisschleim-Essen gegeben worden war, kroch Manoja aus der Unterkunft, balgte sich um seinen Anteil und vergaß völlig, seinen schlafenden Freund zu wecken. Und doch war er Arjun nahe – so nahe, wie diesem die drei anderen gewesen waren. Manoja gab seinem jungen Freund das Gefühl, dass alles möglich sei; es brauchte nur Ermutigung, um aus sich selbst herauszugehen.

Wenn sie nicht arbeiteten, hockten sie stundenlang zusammen in ihrem Unterstand. Langsam wussten sie fast alles voneinander.

»Wie war das?«, fragte Manoja. »Mit einem Elefanten zu leben? Was war das Beste daran?«

»Flüsse überqueren«, sagte Arjun. »Oder durch Wälder reiten, wo man überall gegen Bäume streifte. Gandiva hat immer die Zweige über meinem Kopf weggeschoben. Mit dem Rüssel, und immer im richtigen Moment, ohne dass er mich je auf seinem Rücken gesehen hätte.«

»Und was war das Schlimmste?«

»Es gab kein Schlimmstes. Aber es war nicht immer leicht. Man musste ihm Insekten von den Ohren fernhalten und Dornen aus der Haut ziehen und Futter suchen. Einen Elefanten zu füttern, das ist harte Arbeit. Er braucht so viel und er frisst alles, aber von fast allem kriegt er einen verdorbenen Magen.«

Manoja verzog das Gesicht. »Ich könnte mich nie dran gewöhnen, so etwas Riesiges um mich zu haben. Da war ich schon lieber Spion.«

Er unterhielt Arjun mit kunstvoll ausgeschmückten Geschichten aus seiner Zeit als Spion, denn als solcher habe er an vielen Höfen in Dienst gestanden. Weil er die Sprachen des Dekkan beherrsche, habe er oft für die Tamilen spioniert, behauptete er. Ein Spion müsse robust sein, wagemutig, nicht habgierig und ein Menschenkenner. Asketen und Astrologen seien gute Spitzel. Augenzwinkernd sagte er: »Auch Frauen. Sie sind die besten Giftmischer, die schnellsten Denker und überhaupt die Furchtlosesten.«

Es kümmerte Arjun wenig, dass Manoja solche Kenntnisse vielleicht tatsächlich von echten Spionen aufgegabelt hatte. Der kleine Mann liebte das Leben und konnte gar nicht genug davon bekommen, egal, wie viel Leid es ihm schon gebracht hatte. Manojas unerschütterlicher Optimismus übertrug sich auf Arjun und der gewann daraus Mut zum Durchhalten und Hoffnung für die Zukunft.

So saßen sie in ihrer armseligen Unterkunft bei nassem und bei trockenem Wetter, aßen den ranzigen Reisschleim und blieben tatsächlich am Leben. Eines Tages aber kam Arjun von der Arbeit nach Hause und fand Manoja zusammengekrümmt auf dem Boden, zitternd wie ein kranker Hund. Als Arjun davonstürzte und ihm eine Schale Wasser holte, stieß sie der kleine Mann fort. »Meine Zeit ist gekommen. Ich will, dass es schnell geht. Hilf mir nicht. Sei mein Freund und bleib weg.«

»Das werd ich nicht!«

Stöhnend und zitternd murmelte der Kranke: »Hilf mir wenigstens nicht.«

Arjun blieb die ganze Nacht bei ihm sitzen und wischte seine fiebrige Stirn mit einem nassen Fetzen ab, nachdem Manoja zu schwach geworden war, sich dagegen zu wehren. Am nächsten Morgen bat Arjun flehentlich, ob er nicht bei seinem Freund bleiben dürfe, aber der Sklavenaufseher sagte Nein. Als Arjun am Abend zurückkam, fand er seinen Freund sterbend. Manoja musste Arjuns unterdrücktes Schluchzen gehört haben, denn er sah auf und sagte: »Du hast es noch nicht gefunden.«

Überglücklich, seinen Freund sprechen zu hören, sagte Arjun: »Was habe ich nicht gefunden? Wir können zusammen suchen, wenn du wieder gesund bist.«

»Du hast es noch nicht gefunden. Das, wo du hingehörst.« Nach einer Pause sagte Manoja: »Du wirst nicht hier enden.« Der Kranke schien bewusstlos zu werden, da schlug er plötzlich noch einmal die Augen auf. »Du bist so weit gekommen. Es wäre zu sonderbar, wenn du nicht weiter kämst. Das Leben ist sonderbar, aber so sonderbar auch wieder nicht.«

Das viele Sprechen ermüdete ihn und er schlief ein. Gegen Morgen griff er nach Arjuns Hand und flüsterte: »Ich glaube an dich, wo du auch sein wirst.«

Was meinte er? Arjun grübelte, doch eine Antwort auf die

Frage würde er nie bekommen. Kurze Zeit später fiel Manoja in ein Koma und starb.

Tag um Tag um Tag verging, ein monotones, beständiges Ticken der Zeit wie das klopfende Geräusch des Monsunregens auf dem Dach. Wenn der Regen, der jetzt wieder begann, die Arbeiten am Palast unmöglich machte, lag Arjun in seinem Unterstand und sah den Geckos zu, die über die Unterseite des strohgedeckten Dachs huschten. Manchmal sahen sie mit großen, runden, kalt glitzernden Augen zu ihm herunter. Wenn der Regen nachließ, schleppte Arjun sich mit anderen Sklaven zur Palastbaustelle. Sonst passierte nichts. Er redete wenig. Jede Fröhlichkeit war aus seinem Leben verschwunden, und mit ihr jede Aussicht auf Zukunft.

Eines Tages wurde das Einerlei unterbrochen, als Arjun einen neuen Sklaven im Lager singen hörte. Zum Rhythmus von zwei aufeinander geschlagenen Bambusstöcken sang der tamilische Sklave von einem Chalukyer-Mahout und seiner verlorenen Schwester. Arjun, der die Herkunft des Liedes lebhaft vor Augen hatte und angerührt war von der Traurigkeit (der Mahout fand seine Schwester nie), spürte, dass das Lied ein Eigenleben angenommen hatte, es war wie das Leben eines anderen Menschen, wie das eines Fremden. Es hatte sich von Arjuns Leben gelöst, und wenn auch die Worte seine eigene Geschichte erzählten, so gehörten sie doch nicht mehr zu ihm, sondern zu dem Sänger und zu jedem anderen Sänger, der sie vortrug. Arjun hätte gern gewusst, ob es mit dem Ansehen eines Menschen genauso war – ob jemandem ein guter Ruf einfach angehängt werden konnte, obwohl er ihn gar nicht verdiente, oder weggenommen, obwohl er ihn sehr wohl verdient hätte. Allmählich kam er zu dem Schluss, dass sich Wahrheit nicht weit vom Menschen entfernte. Stand einer mitten im Geschehen, erschien ihm das als Wahrheit. Von weiter weg betrachtet, veränderte sie sich.

Man war, wer man war, nicht mehr und nicht weniger. Diese Vorstellung wuchs in Arjun, bis er am Ende Trost darin fand.

Sein Leben lang hatte er sich auf andere verlassen, selbst wenn er es sich nicht eingestanden hatte: im Dorf, in der Armee, hier im Sklavenlager. Jetzt hatte er das Gefühl, als sei alles, was andere Menschen ihm übergestülpt hatten, abgefallen wie Blätter von einem Zweig. Da war nur noch Arjun mit dem schiefen Gesicht, ein junger Mann, der in diesem Moment lebte, hier und jetzt.

Und Gauri? Ein fürchterlicher Zweifel überkam ihn, als er an sie dachte. Vielleicht hatte es Gauri gar nicht wirklich gegeben? Er konnte sich ja nicht mal an ihr Gesicht erinnern. Hatte sie wirklich gelebt? Natürlich. Aber ganz bestimmt nicht so wie in seiner Erinnerung. Hatte er seine Schwester wirklich gekannt? Vielleicht nicht – nein, eigentlich nicht. In Wahrheit hatte er sich nie bemüht, hinter ihr Schweigen zu schauen und zu ergründen, wer sie wirklich war. Er fing an, ganz neu über Gauri nachzudenken. Sie war eine schemenhafte Erscheinung in einer Kindheitserinnerung und stand in seinem Gedächtnis wie ein Sonnenuntergang von ungewöhnlicher Schönheit. Die wirkliche Gauri war ihm verborgen geblieben. Indem er sich zu dieser Wahrheit bekannte, gestand er sich noch eine andere ein: Er hatte nie versucht, Gauri zu verstehen. Vielmehr hatte er ihren Verlust dazu benutzt, sein eigenes Leben neu zu gestalten, es besser und edelmütiger erscheinen zu lassen. Wenn er jetzt an sie dachte, war es wie ein flüchtiger Blick über die Schulter nach einer Gestalt, die in der Ferne im Nebel entschwand.

Es kam doch noch zum Wandel in Arjuns Leben, unerwartet und folgenschwer. Manoja hätte vielleicht gesagt: »Siehst du, was ich meine? Die Welt ist sehr sonderbar. Wenn du gerade denkst, jetzt wird sich wohl nichts mehr tun, wirbelt man dich herum, stellt dich auf den Kopf und macht einen neuen Menschen aus dir.«

Ein halbes Dutzend Sklaven wurde für Arbeiten außerhalb von Kanchi ausgewählt. Die anderen fünf, tamilische Verbrecher, freuten sich darüber, denn nichts war schlimmer als das Sklavenlager von Kanchi. Dort leben zu müssen war ein Todesurteil. Jeder von ihnen wollte nur weg, selbst wenn das bedeutete, gebrandmarkt zu werden. An ihrem zukünftigen Einsatzort würde es mehr Freiheit und also bessere Fluchtmöglichkeiten geben, deshalb musste jeder Sklave deutlich gekennzeichnet sein. Als Kriegsgefangener hatte Arjun zwar das schlimmste Arbeitslager verdient, doch man wählte ihn aus, weil er trotz der harten Bedingungen immer noch gut bei Kräften war.

Die Beinfesseln wurden ihm von den Knöcheln gelöst, darunter zeigten sich bläuliche Einkerbungen, die aussahen wie Fährten von einem Tier. Zwei Soldaten hielten Arjun fest, dann wurde ihm ein rauchendes, heißes Eisen in die Haut gedrückt. Er hörte das Zischen, roch den Gestank nach verbrennendem Fleisch und verlor fast die Besinnung vor Schmerzen. War das Brandmal erst geheilt, würde Arjun den Umriss eines sitzenden Löwen in Faustgröße auf dem Bizeps seines rechten Arms tragen. König Mahendravarman aus der Pallava-Dynastie hatte den sitzenden Löwen zu seinem persönlichen Emblem erwählt. Arjun gehörte jetzt ihm.

»So, Chalukyer«, sagte grinsend der Soldat, der ihm das Zeichen eingebrannt hatte, »du bist fertig für den Steinbruch.«

König Mahendravarman hatte sich entschieden, seine Höhlentempel nicht aus weichem, feinkörnigem Sandstein bauen zu lassen, wie es im Dekkan üblich war, sondern aus dem harten Granit der tamilischen Berghänge. Um seine Rivalen aus dem Dekkan zu übertrumpfen, ließ er seine Steinbildhauer den härtesten aller Steine bearbeiten, was mehr Arbeit erforderte, die Entwicklung einer anderen, geschickteren Methode des Behauens und mehr Zeit für die Fertigstellung. An einem Tempel bei Mandagapattu ließ er im Torbogen eine Inschrift einmeißeln, die besagte, dass dieser Wohnsitz der Götter ohne Ziegel und Balken von König Mahendravarman in Auftrag gegeben worden war; außerdem wurden die anderen königlichen Namen hinzugefügt: Vichitrachitta (Wohlgesonnener), Chattakari (Tempelbauer) und Mathavilas (Der Freude Hingegebener).

Ein solcher Höhlentempel, Vimana genannt, bestand gewöhnlich aus einem Säulengang mit gemeißelten Bildtafeln in den Seitenwänden und einem Schrein in der rückwärtigen Wand. Der Schrein wurde von Relief-Figuren der Dvarapalas bewacht, das waren Türhüter, die sich, den Blick nach vorn gerichtet, auf massive, von Schlangen umwundene Knüppel stützten. Das Innere des Schreins war leer bis auf ein in satten Farben gemaltes Bild des Gottes, der hier verehrt wurde. Mahendravarman und sein Sohn Narasimha ließen im ganzen Königreich Berghänge aushöhlen als Zeugnis ihrer Frömmigkeit und zum Beweis ihrer Macht und Herrlichkeit.

Zu einer dieser Baustellen westlich von Kanchi brachte man Arjun und die anderen Sklaven. Das ganze Gelände zwischen Hügelketten aus Granit wurde Steinbruch genannt, obwohl man das, was wertvoll war, nicht von hier wegschaffte. Wertvoll war der dunkle Hohlraum hinter der rechteckigen Öffnung im grauen Felshang, wo aus einer der härtesten Substanzen der Erde eine Höhle herausgehauen wurde. Als Arjun den Felsen betrachtete, fiel ihm sein erster Besuch in Ajanta ein und dass er sich damals vorgestellt hatte, wie Träger das Gestein aus einer Höhle schleppten. Nun würde er selbst Steine schleppen.

Während der ersten Wochen tat Arjun nichts als körbeweise Bruchstein und Felsbrocken den Berg hinunter zu einem Schuttplatz zu tragen. Fünfzig Männer – die Hälfte hielt Meißel, die Hälfte schwang Hämmer, manche auf Gerüsten, manche kniend – schlugen einen Gang, etwa viereinhalb Meter in den Granit hinein. An der rechten Wand arbeiteten ein Dutzend Silpins, Bildhauermeister mit hohen weißen Turbanen, an einer Relieftafel, auf der Shiva, seine Gefährtin Parvati und ihr Sohn Skanda dargestellt waren. Arjun hastete von einer

Stelle zur andern und sammelte Schutt in große geflochtene Körbe, die mit einer Schlaufe auf dem Rücken getragen wurden. Er verrichtete seine Arbeit schweigend, geduldig und mit der Konzentration eines Menschen, der ganz in seiner Arbeit aufgeht.

Eines Tages, als Arjun gerade eine Ladung Steinbrocken auf der Schutthalde ausgeleert hatte, kam der Aufseher der Arbeitstruppe zu ihm. Es war ein knochiger Mann mit eckigem Kinn und kleinen, funkelnden Augen. »Hast du schon mal als Steinbrecher gearbeitet?«

Als Arjun den Kopf schüttelte, verzog der Aufseher das Gesicht. »Was hast du dann gemacht?«

»Einen Kriegselefanten geritten.«

Nachdenklich sah ihn der Aufseher an. »Erst mal wirst du lernen, wie man den Meißel hält. Komm mit.«

Was Arjun tatsächlich zuallererst lernte, war, wie schwer sich mit Granit arbeiten ließ. Man meißelte Granit eigentlich nicht, man schlug und traktierte ihn. Statt ihn von der Seite her zu behauen und dabei stückweise den Stein abzuspalten, zertrümmerte man die Oberfläche durch Hammerschläge von vorn. Die Methode, wobei ein Mann einen schweren Meißel gegen die Granitwand stemmte und ein anderer mit einem großen Holzhammer daraufhieb, wurde Steinbrechen genannt. Hatte ein Raum durch dieses grobe Behauen erst mal seine ungefähre Form erhalten, kam ein Silpin mit einem kurzstieligen Eisenhammer und einem klobigen, etwa zwei Finger breiten Flachmeißel; damit begann er die Feinarbeit, nämlich Bilder und kunstvolle Muster in den Felsen zu hauen.

Der Aufseher gab Arjun einen Meißel, er selbst hatte einen Hammer in der Hand. »Halt deinen Meißel locker. Du kannst die Wucht des Hammerschlags nicht abschwächen, indem du den Meißel fest und krampfhaft hältst. Davon kriegst du nur fürchterliche Blasen. Halt ihn locker, aber ruhig. Wenn du das nicht machst, wenn du mit deinen Gedanken woanders bist und mit der Hand wackelst, stehst du auf einmal mit gebrochenen Fingerknöcheln da. Das passiert immer wieder«, sagte er schulterzuckend und ließ dabei den Hammer durch die Luft sausen, als wolle er eine Hand zerschmettern. »Dann nützt du uns nichts mehr und wir schicken dich zurück nach Kanchi.«

Also nahm Arjun den Meißel und wurde Steinbrecher.

Die Arbeitssklaven in den Höhlen hatten gewisse Vorrechte. Sie durften nach Belieben die Berghänge der Umgebung durchstreifen und im nahen Fluss baden. Andererseits war ihnen der Aufenthalt in Nachbarorten verboten. Erwischte man einen dort, wurde er auf der Stelle hingerichtet. Bei Sonnenuntergang zur Sperrstunde stellten sich alle auf, riefen laut ihre Namen und wurden gezählt. Weil tamilische Militärlager in der Nähe waren, machten die Sklaven nie einen Fluchtversuch, sondern sahen ihr ganzes Glück darin, reichlich zu essen und sogar eine Spur von Freiheit zu haben.

Auch Arjun wurde sich allmählich seines Glücks bewusst, als Tage in Wochen übergingen und er als Steinbrecher immer geschickter wurde. Er hielt den Meißel genau in dem Winkel, den der Aufseher angab, und dadurch, dass er das Werkzeug ruhig, aber locker hielt, verteilte sich die klingende Wucht des geschwungenen Hammers in seinem ganzen Arm. Die rhythmische Arbeit, der ständige Klang der Hämmer, die Wolken aus alles durchdringendem, heißem Staub verbanden sich zu einem anhaltenden Gleichmaß täglichen Lebens, das Arjuns alte Erinnerungen an Schlacht und Tod ablöste.

Nach langen Stunden der Arbeit lag er in seiner Hütte und sah zu, wie das Sonnenlicht zwischen den Ritzen im Dach tanzte. Die Erde unter ihm schien zu knarren wie ein trockenes Brett. Er hörte Affen zwischen den Banyanbäumen und den schlaffen Blättern schlanker Teakbäume herumtoben. Manchmal machte er einen Spaziergang in den nahen Wald, wo sich Cashewbäume duckten wie nistende Hennen, ihre Äste zu grünen Zelten gebreitet. Er kam an einem Tümpel mit ausgetrockneten Rändern aus rissigem Schlamm vorbei, aber das Wasser war immer noch so tief, dass Büffel bis zum Hals eintauchen und sich abkühlen konnten. Sie erinnerten ihn an zu Hause.

Wolken türmten sich am Horizont wie ein Haufen weißer Steine. Ein kleines, ordentliches Feld mit blutrotem Chili erhob sich über einem Viereck brauner Erde. Nahe der Hügelkuppe stellte sich Arjun auf einen Felsblock und konnte von da aus die tamilische Landschaft überblicken: Wäldchen mit Holzapfelbäumen, Tamarinden und Nimbäumen, dichte Bambusgehölze und weite Flächen Kusagras mit dürren, spitz zulaufenden Halmen.

Mühelos und ohne es zu beabsichtigen hatte Arjun Madva wieder gelernt, mit den scharf beobachtenden Augen seiner Kindheit zu sehen. Mit ihnen betrachtete er alles staunend und unvoreingenommen, als sähe er es zum ersten Mal. Manoja hätte gesagt: »Siehst du? Die Welt ist sehr sonderbar.«

21

Dass sich Arjun am Blick auf die Welt rings um ihn freuen konnte, half ihm auch, den Fortgang der Arbeit vor seinen Augen zu erkennen. Er sah, wie sich mit jedem Hammerschlag die strukturierte Oberfläche der Steintafel, auf der sich das Licht fing, aus dem glatten, kahlen Granit herausschälte. Ein Höhlentempel wurde ja nicht von unten nach oben gebaut, sondern durch abwärts geführte Meißelstöße in den Fels getrieben. Diese Vorgehensweise brachte das ungeheure Gewicht und die Dichte des massiven Felsens besonders zur Geltung. Jedes Mal, wenn Arjun die Höhle betrat, überließ er sich ganz dem Gefühl von Dauerhaftigkeit und Schutz, das die kalte, graue Masse verströmte. Es gab ihm das Empfinden von Zugehörigkeit. Nie mehr, seit er vor vielen Jahren sein Dorf verlassen hatte, hatte er sich so zu Hause gefühlt.

Sein Steinbrecher-Genosse war ein alter tamilischer Sträfling, der sein Leben lang abwechselnd Stein gemeißelt und Leute bestohlen hatte. Die beiden arbeiteten gut zusammen, in nahezu absoluter Schweigsamkeit. Anders als manche Meißelstemmer sah Arjun nie nervös nach dem großen Hammer, der über seinem Kopf kreiste. Er richtete seine Augen und Gedanken auf die richtige Position des Spitzmeißels und überließ die Sorge um den Hammerschlag ganz dem Tamilen mit seiner ruhigen Hand.

Man hatte ihnen aufgetragen, einen von vier Pfeilern, der auf halbem Weg zwischen Tempeleingang und rückwärtigem Schrein stand, roh zu behauen. Es war ein wuchtiger Pfeiler, er sollte unten und oben viereckig, in der Mitte achteckig werden. Später würde ein Bildhauermeister ihn mit Reliefskulpturen von Lotosblumen, Löwen und Elefanten verzieren. Einen Pfeiler roh behauen durften nur die besten Arbeitspaare, denn es blieb dabei wenig Spielraum für Fehler. Selbst der teilnahmslose alte Tamile lächelte stolz. Er fuhr Arjun über die Hand – es war die, die den Meißel hielt – und lobte seinen jungen Partner, weil der so gut lernte und ihm vertraute.

Der Silpin überzeugte sich, dass Arjun und der Tamile die Oberfläche so weit wie möglich im ursprünglichen Zustand beließen, während sie an der Pfeilerform meißelten. Nachdem sie die grobe Form in ihren Grundzügen aus dem Fels geschlagen hatten, arbeiteten sie an der Verfeinerung der geometrischen Form. Der Silpin kam jetzt häufiger und prüfte den Fortgang der Arbeit. Schließlich blieb er ganz bei ihnen und zeigte Arjun, in welchem Winkel genau er den Meißel für den Schlag des Tamilen ansetzen musste. Als sie mit dem unteren Teil fertig waren, kauerte sich der Silpin neben dem Pfeiler nieder und zeichnete mit Kreide aus Kalkstein die Umrisse eines Elefanten. Dann begann er mit einem kleinen Hammer und einem fingerbreiten Spitzmeißel Stein wegzuhauen. Ab und zu nahm er einen Flachmeißel zur Hand, um die Linie zu korrigieren. Er sah kurz zu Arjun auf und schnappte: »Stimmt was nicht?«

»Doch, Meister, alles.«

»Warum schaust du dann so? Was siehst du so an?«

»Den Gaja«, sagte Arjun schüchtern, den Blick auf die Zeichnung geheftet.

Der Silpin zog seine kräftigen Schultern hoch und gab sich den Anschein von Gleichgültigkeit, dann zögerte er, trat ein paar Schritte zurück und betrachtete prüfend sein Werk. »An der Zeichnung ist nichts verkehrt. Was stimmt denn nicht?«

»Es ist nicht Euer Fehler, Meister.«

Der Bildhauer funkelte ihn wütend an, dann sah er wieder auf die Kreidezeichnung. »Was meinst du mit *mein Fehler*?«

»Das merkt nur ein Elefantenreiter.«

»Elefantenreiter? Was merkt der?« Als Arjun nichts sagte, rief der Silpin: »*Was merkt er?* Komm her, zeig's mir!«

Arjun schob sich langsam näher und strich mit dem Finger über den Stein. »Ein Elefantenreiter würde genau wissen, wie die Rückenlinie verläuft. Gajas Wirbelsäule müsste an dieser Stelle etwas höher sein, nicht wie auf Eurer Skizze.«

»Was verstehst du von Elefanten?«

»Ich war Mahout.«

»Du?«, spottete der Silpin, drehte sich aber noch einmal um und sah prüfend den Rücken des Elefanten an, dessen Linie er noch nicht mit dem Meißel behauen hatte. Mit Kreide korrigierte er die Zeichnung, dann, ohne Arjun dabei anzusehen, fragte er: »So?«

»Ja, Meister.«

In den nächsten Tagen sah Arjun zu, wie der Silpin ein Bild aus dem Stein herausholte, mit Feilen glättete und mit Schleifsteinen polierte. Gespannt folgten seine Augen den Bewegungen des Meißels auf dem Granit: Manchmal waren sie sanft wie ein leichter Wind, der über Gras streicht, dann wieder haarscharf gezielt wie Schwerthiebe. Ihm fiel ein, wie er zugesehen hatte, als auf der gekalkten Wand der Höhle von Ajanta ein königliches Gesicht aus dem Stein erschienen war. Damals hatte er begriffen, dass die Welt nicht nur durch einen Gott verändert werden konnte, sondern auch durch das, was ein Maler schuf. Was der tamilische Bildhauer jetzt aus dem Stein meißelte, war das Flachrelief eines Elefanten. Es war ein Elefant und doch kein Elefant. Er lebte zuerst im Kopf des Bildhauers, dann in den Augen des Betrachters, und er würde nie alt werden und sterben, sondern in diesem Felshang weiter bestehen, solange es die Götter wollten. Seine Erscheinung war lebendig, so sehr, dass seine Beine und sein Rüssel scheinbar mitten in der Bewegung innehielten. Er lebte auf eigene Art.

Eines Nachmittags während einer Arbeitspause, als Arjun das fertige Relief bewunderte, trat unbemerkt der Silpin heran und blieb neben ihm stehen. »Merk dir«, sagte der Bildhauer, »ich arbeite ein Relief heraus, indem ich der Körnung des

Steins folge. Deshalb kommt die hintere Seite des Elefanten mehr heraus als die vordere. Ist nicht gerade die Sichtweise, die ein Mahout auf einen Elefanten hat. Aber so hebt sich der Elefant besser vom Hintergrund ab, als wenn ich ihn meißeln würde, wie man einen echten sieht. Natürlich, weichen Sandstein kann man fast auf jede beliebige Art behauen, da muss man sich nicht nach der Körnung richten. Sandstein bröckelt und bricht nicht wie Granit.«

Triumphierend grinste er Arjun an. »Ihr aus dem Dekkan arbeitet mit Sandstein. Ihr macht es euch leicht. Das ist, wie wenn man durch Tierfett schneidet. Aber dieser tamilische Fels ...«, er schlug mit der Faust gegen den Granitpfeiler, »... zerfällt erst, wenn die Götter selbst zu Grunde gehen.«

Arjun überlegte, ob ihm der Silpin übel nahm, dass er einen Fehler in der Kreidezeichnung entdeckt hatte. Schon bald erhielt er die Antwort.

Eines Nachmittags rief ihn der Silpin von der Arbeit weg und ging mit ihm über den Pfad hangabwärts, vorbei an der Schutthalde und zum Ufer eines nahen Flusses.

»Ich habe dich beobachtet«, sagte der muskulöse Mann. »Weißt du, was ich sehe? Einen Menschen, der genau hinschaut.« Er öffnete seine schwieligen Hände, die Handflächen nach oben, und betrachtete sie. »Die sind nicht viel wert, und auch nicht ein starker Rücken, wenn ein Mann nicht zuallererst seine Augen zu benutzen weiß. Das ist das Geheimnis.« Er sah Arjun lange forschend an, dann fuhr er fort: »Du kannst weiterhin bei den Steinbrechern bleiben oder du kannst eines Tages so was hier tragen.« Er fasste nach seinem hohen weißen Silpinturban. »Du kannst mein Gehilfe werden.«

»Meister, ich bin Kriegsgefangener.«

»Ein Steinbildhauer ist kein Sklave oder Kriegsgefangener, kein Reicher oder Armer. Er ist nichts als Steinbildhauer. Meißelst du gern in Stein?«

»Als ich meinen Gaja verlor, dachte ich, nichts könnte je das Glücksgefühl ersetzen, das ich auf seinem Rücken erlebt habe.

Aber jetzt habe ich einen zweiten Gaja aus dem Felsen kommen sehen.«

»Was sagst du?«

»Etwas aus dem Felsen herausholen wie diesen Gaja, das ist vielleicht eine Möglichkeit, wieder Freude zu spüren.«

Der Silpin nickte. »Eine Möglichkeit, Freude zu spüren, ja. Aber auch eine Möglichkeit, die grausamste Enttäuschung zu erleben. Selbst wenn man gut ist, weiß man, dass man besser sein müsste. Jeder Fehler, den du machst, bleibt im harten Gestein. Dort ist er noch, wenn du tot bist und wenn alle, die du kennst, tot sind, und andere kommen und schauen und sterben, und dann kommen andere und andere und andere, und alle schauen und alle sind Zeugen deines Fehlers. Hörst du? Du verstehst wohl nicht.«

»Ich verstehe, Meister.«

»Würdest du verstehen, hättest du Angst im Gesicht.«

»Wenn eine meiner Bildhauereien den Anblick einer Höhle ruinieren würde, wäre ich untröstlich. Aber ich habe keine Angst.«

»Dann habe ich keine Angst, dich dahin zu bringen, wo du scheitern kannst.«

Doch dazu kam es nicht mehr. Ehe der Silpin seinen neuen Gehilfen zur letzten Stufe meisterlicher Beherrschung der Bildhauertechnik führen konnte, wurde Arjun durch einen Befehl des Prinzen Mamalla Narasimha abberufen. Die Nordostwinde setzten gerade wieder ein und brachten wolkenlosen Himmel und heiße Tage mit sich.

Die Lieblingsstadt des Prinzen war nach ihm selber benannt – Mamallapuram –, obwohl bereits sein Vater diesen Seehafen südlich von Kanchi zur eigenen Stätte der Verehrung erwählt hatte. Holz, Mörtel und Backstein waren vergänglich, deshalb hatte König Mahendravarman beschlossen, dass die für ihn geschaffenen religiösen Kunstwerke einzig und allein aus Fels gehauen werden sollten. Weder Feuer noch Flut, achtlose Behandlung oder feindliche Invasionen sollten beeinträchtigen, was seine Architekten und Steinbildhauer in seinem Namen zu Ehren der Götter hervorbrachten.

In einer graubraunen Landschaft gelegen, deren langweilige Farbe durch das Grün umliegender Felder belebt wurde, besaß Mamallapuram Regierungsgebäude und königliche Wohnhäuser aus Balken und Ziegelsteinen, die auf Steinfundamenten errichtet waren. Schiffe aus dem Orient legten in diesem Hafen an, beladen mit Seide, Lack- und Töpferwaren, Sonnenuhren und Metallspiegeln, und fuhren wieder ab mit Ladungen von Gewürzen, Kupfer, Ölpflanzensamen, Elfenbein und Baumwolle. Doch das bedeutendste Unternehmen der Königsstadt fand eine Meile landeinwärts statt, wo entlang einer niedrigen Bergkette aus Granit Höhlentempel in den Fels gehauen wurden.

Und nicht nur Höhlen. Mahendravarman hatte außerdem eine gigantische Skulptur in Auftrag gegeben, die sich außen über die ganze Länge und Breite einer gewaltigen, kahlen Felswand ziehen sollte. Ihr religiöser Zweck war es, an göttliche Gnade zu erinnern – wie sie in einer alten Geschichte beschrieben war.

In dieser frommen Erzählung wollte ein Eremit die Asche seiner Vorfahren von Sünden reinigen und sie deshalb in das heilige Wasser des Flusses Ganges streuen. Unglücklicherweise wohnte die Göttin Ganges in einem himmlischen Reich und weigerte sich auf die Erde zu kommen. Die Menschen damals übten sich in Selbstverleugnung, wenn sie die Götter zur Hilfe bewegen wollten. Indem der ausgemergelte Eremit viele Jahre lang mit erhobenen Armen auf einem Bein stand, überzeugte er schließlich Gott Shiva von seiner Willenskraft und Aufrichtigkeit. Da befahl Shiva der widerspenstigen Göttin, auf die Erde niederzusteigen und den Wunsch des Asketen zu erfüllen. Als Ganges erklärte, sie würde die ganze Welt überfluten, wenn sie herunterkäme, ließ Shiva die Wassermassen der Ganges zuerst durch seine verflochtenen Haarlocken fließen, hemmte auf diese Weise den starken Wasserfall und bewahrte die Erde vor der Zerstörung.

In Mamallapuram hatte man ein ganzes Heer von Steinbildhauern zusammengerufen, die »Die Herabkunft von Ganges« in Granit meißeln sollten. Kreaturen, große und kleine, wurden dargestellt, wie sie sich versammelt hatten und Gott Shiva für seine Gnade dankten. In der Mitte der Felswand wurde von oben nach unten ein tiefer Spalt ausgehöhlt, der als Rinne für das Wasser diente, das aus einem großen Becken oberhalb des Felsens strömte. Bei Ritualen stürzte das Wasser in Kaskaden über eine siebenköpfige Schlange herab. Die nördliche Hälfte des Felsreliefs war bevölkert von fliegenden Göttern und Tieren, darunter zwei ausgewachsenen Elefanten und vier kleine, die alle dem Mittelpunkt des Spalts zustrebten. Auf der Südseite stand der Asket auf einem Bein, daneben der vierarmige Gott Shiva. Über ihnen schwebte eine Gruppe fliegender Göttinnen. Zu ihrer Linken scharten sich Menschen, Löwen und Hirsche. In einer Nische neben dem Wasserfall saß ein Affe, der seinem Kumpan Läuse aus dem Pelz zupfte. Ob irdisch oder himmlisch, die Gestalten bevölkerten den enormen Felsblock ohne jede Ordnung. Nur zum Teil aus dem Stein befreit, schienen sie in einem ewig währenden Prozess aus dem Granit herauswachsen zu wollen.

Um mit den Leistungen seines Vaters zu konkurrieren, dehnte Prinz Narasimha seine Schirmherrschaft auf weitere Künstler aus und brachte sie auf eigene Kosten nach Mamallapuram. Und um seinen Geschmack dem des Königs entgegenzustellen, förderte er alles Neue. Er beauftragte seine Schar Steinbildhauer, aus einem frei stehenden Granitblock südlich der Ganges-Skulptur Nachbildungen hölzerner Tempel zu schaffen. Sie hatten bereits angefangen, einen Felsbuckel, hoch und lang wie dreißig Elefanten hintereinander, mit Hammer und Meißel zu behauen. Dabei gingen sie vor wie Gärtner, die eine Hecke in Tierform schneiden wollen. Ihr Ziel war es, fünf Tempel samt Nischen auszuhöhlen, in denen später Schreine mit den jeweiligen Gottheiten aufgestellt werden sollten.

Doch der ehrgeizige junge Prinz wollte mehr. Angespornt durch seinen eigenen Wetteifer entwickelte er Ideen zur Steinbildhauerei, die sich von denen seines Vaters grundlegend unterschieden. Er war der Meinung, der Schaft eines Pfeilers sollte nicht glatt, sondern geriffelt sein und als Besonderheit eine Konsole mit einem weiteren Aufsatz tragen. Den Fuß des Pfeilers sollte statt Blumen und Elefanten ein sitzender Löwe schmücken. Die Zähne des Löwen mussten sich nach hinten statt nach vorn wölben und sein Fell sollte nicht in geraden Linien gestaltet werden, sondern schneckenförmig gewunden sein. Das Hauptanliegen des Prinzen war es, mehr Variationen in seine Tempel zu bringen.

Ältere Silpins, die nichts von derlei kühnen Neuerungen hielten, arbeiteten ohne Begeisterung. Da machte sich der Prinz auf die Suche nach jüngeren Bildhauern, die solche Neuerungen vielleicht mit Interesse statt mit Vorbehalten sehen würden. Arjun hatte man zwar noch nicht in die Zunft der Silpins eingeführt, doch sein Alter sprach für ihn und auch sein Können. So wurde er bei der Zusammenstellung junger Steinbildhauer für Mamallapuram mit aufgenommen.

Auf der gemeinsamen Fahrt im Wagen tauschten die andern, die man zur Arbeit für den Prinzen ausgesucht hatte, Gerüchte und Geschichten über das Leben in der Hafenstadt Mamallapuram aus. Am meisten wurde über das Essen geredet. In der Königsstadt war fast alles zu bekommen: Zwiebeln, Linsen, Melonen, Feigen, Reisquark, Ziegenfleisch und Fisch – Hilsa, der lieblich schmeckte, und Mahseer, ein Fisch, der in Bergflüssen gefangen wurde. Palmwein aus Mamallapuram war bei weitem der beste – und stärkste – im Land. Einer der Steinbildhauer, ein Mann, der schon einmal in Mamallapuram gewesen war, leckte sich die Lippen und erklärte: »Gewürze, die man in dieser Stadt kauft, haben einen ganz eigenen, königlichen Geschmack. Kardamom, Kümmel und Senfkörner sind so kräftig, dass man meint, ein Skorpion hätte einem in die Zunge gestochen!«

Arjun war weniger versessen darauf, nach Mamallapuram zu kommen; er hätte lieber seine Lehrzeit beendet. Nachdem er den langen Prozess zur Ausbildung als Mahout durchlaufen hatte, wusste er, wie notwendig Geduld, Beobachtung und Übung waren. Auch der Silpin machte ihm das Weggehen nicht leichter. »Du solltest bei mir bleiben«, brummelte der untersetzte Mann. »Du bist noch nicht gut genug für den Turban eines Silpins. Bist noch unsicher mit dem feinen Flachmeißel. Siehst nicht immer gut bei Fackellicht. Betonst zu sehr die Tiefe der Steintafel. Verstehst du?«

»Ja, Meister. Ich brauche immer noch Anleitung.«

Der Silpin lachte zufrieden. »Natürlich. Aber die Wahrheit ist: Du bist fast fertig.« Nach einer Pause sagte er mit breitem Lächeln: »Die Wahrheit ist: Du bist so nah dran, dass ich vor kurzem deine Aufnahme in die Zunft vorgeschlagen habe. Noch vor der nächsten Regenzeit wirst du in Mamallapuram den Turban tragen.« Dann wurde seine Stimme wieder schroff. »Ich hoffe aber, jemand achtet auf dich, wenn du den feinen Flachmeißel in die Hand nimmst. Darin brauchst du noch Unterweisung.«

Es gab einen weiteren Grund, weshalb Arjun so wenig erfreut war, nach Mamallapuram zu gehen: Er wollte für immer bleiben. Ehe er sein Dorf verließ, hatte er sich gesehnt fortzukommen, doch das Reisen hatte ihm Leid und Verlust gebracht. Jetzt war er wieder auf der Straße, den Launen eines ehrgeizigen Prinzen ausgeliefert, unterwegs in ein neues, unbekanntes Leben.

Das Erste, was Arjun sah, waren die fünf Tempel in verschiedenen Stadien der Fertigstellung. Sie duckten sich an die Erde wie Lehmhütten in einem kleinen Dorf. Nichts strebte empor; der behauene Stein blieb mit der Erde verbunden. Nie zuvor hatte Arjun etwas wie diese fünf Tempel gesehen.

Auch etwas wie das Ganges-Relief hatte er noch nicht gesehen. Als er näher an die Felsskulptur herantrat, spürte er, wie sich seine Nackenhaare aufstellten. Er blieb lange Zeit nahe vor dem gigantischen Felsenbild stehen und ließ seine Augen langsam und aufmerksam zwischen den einzelnen Darstellungen hin- und herwandern. Schließlich konzentrierte er sich auf den nördlichen Teil des Reliefs, wo die Elefanten waren.

Unter einem großen Bullen drängten sich vier Kälber, und hinter ihnen kam eine Kuh ohne Stoßzähne. In der Größe reichte der Bulle an Gandiva heran, wenn auch seine Stoßzähne nicht ganz so lang waren. Die glatte Granitoberfläche, auf der der Elefantenbulle wie ein schützender Baum über seinen Nachkommen stand, schimmerte in der Nachmittagssonne. Arjun trat näher heran und strich über den kühlen Stein, so wie er früher über die warme Haut seines Gajas gestrichen hatte. Obwohl Kopf und Gesicht aus Stein waren, sah Arjun dahinter das Bild seines Freundes aus der Erinnerung aufsteigen: die langen, mädchenhaften Augenwimpern, die klugen kleinen Augen, die vorstehende Unterlippe, das feuchte, rosa Maul, und der Rüssel, der sich wie eine Ranke rollte.

Hier war kein Atem, aber er hörte es atmen. Für immer hob die Elefantenkuh ihr linkes Vorderbein und folgte Gandiva. Sie hatten vier Kälber, pummelig und zufrieden.

Arjun weinte.

22

Die fünf kleinen, frei stehenden Tempel wurden rathas genannt – nach den geschmückten Streitwagen, auf denen man bei Festlichkeiten bronzene Götterstatuen durch die Straßen der Stadt zu fahren pflegte. Die rathas waren unterschiedlich weit vorangetrieben. Der größte Teil der Arbeiter auf dem Gelände, mindestens hundert, schlug den noch vorhandenen Granit weg, der jeden Tempel umgab. Arjun wurde anfangs auch für die grobe Arbeit eingeteilt; dann aber gab ihm der Aufseher eine Chance, sein Können zu beweisen. An einer Säule des größten ratha, des Dharmaraja, so genannt nach einem großen Krieger aus der *Mahabharata,* meißelte er die linke Vorderpranke eines sitzenden Löwen.

Nachdem der Aufseher den Fortgang der Bildhauerei beobachtet hatte, insbesondere als Arjun mit dem feinen Flachmeißel arbeitete, sagte er kurz angebunden: »Jetzt mach die rechte.«

Als auch die rechte Pranke fast fertig war, brachte ihn der Aufseher zu dem Baumeister, der für Prinz Narasimhas Projekte in Mamallapuram verantwortlich war. Der war noch kleiner und zierlicher als die meisten Tamilen, wodurch seine großen Augen und die vorspringende Nase umso mehr auffielen. Er saß auf einem Felsblock, neben ihm lagen Palmblattstreifen. Sie waren von Entwürfen und Größenangaben übersät, die erst mit einer Nadel in die Blattoberfläche geritzt und danach durch Auftragen von feinem Lampenruß sichtbar gemacht worden waren. Der Baumeister sah von seiner Arbeit auf und warf Arjun einen kurzen, prüfenden Blick zu.

»Man hat mir gesagt, du hast eine gute Hand und ein gutes Auge. Wie kommt es nur, dass Leute aus dem Dekkan so oft gute Bildhauer sind?«

Arjun lächelte schwach.

»Vielleicht hast du den großen Felsbrocken in der Nähe des Sahadeva-Ratha-Tempels bemerkt?«

Natürlich hatte Arjun ihn bemerkt. Ein Trupp Steinbrecher hatte sich kürzlich über den Brocken hergemacht und ihm mit Hammer und Meißel die ersten Anzeichen einer Form gegeben.

»Daraus soll ein Elefant werden«, fuhr der Baumeister fort. »Gleiche Größe wie der Bulle im ›Ganges-Relief‹. Ich habe gehört, du hast mal mit Elefanten zu tun gehabt, also musst du wissen, wie sie aussehen. Sobald der Elefant in groben Umrissen ausgehauen ist, übernimmst du die Feinarbeiten. Alles am Kopf. Schädel, beide Augen, beide Ohren.«

Er zögerte, ehe er weitersprach, als wolle er seinen Entschluss noch mal überdenken. »Ja, doch«, verkündete er schließlich. »Nur wenige Bildhauer in deinem Alter bekommen eine solche Chance. Aber durch deine Erfahrung mit Elefanten bist du der Richtige für die Aufgabe. Du trägst die Verantwortung für dein Werk. Das heißt, keiner wird dir über die Schulter schauen. Was von hier kommt« – er tippte an seine Augen –, »geht nach da« – er ballte die rechte Hand zur Faust – »und dann direkt in den Stein.« Der Baumeister raffte den Stapel Palmblätter zusammen und sah grimmig vor sich hin. »Unser Prinz wünscht ein dauerhaftes Zeugnis seiner Frömmigkeit. Die Monumente hier sollen den überzeugten Glauben verherrlichen. Außerdem müssen es die prächtigsten Bildhauereien im ganzen Land sein, unerreicht, nicht mal durch die, die sein Vater in Auftrag gegeben hat. Der Prinz verlangt es.«

Das Drohende und Herausfordernde dieser Worte beeindruckte Arjun nicht besonders; vielmehr empfand er Freude, dass er den Kopf eines Elefanten aus dem Fels arbeiten und Gandivas Züge zu neuem Leben erwecken durfte.

Eine Jahreszeit folgte der andern, aus nassen Tagen wurden kühle, trockene Tage, dann heiße, trockene Tage und dann wieder nasse Tage. Doch Regen oder Sonnenschein hatten nicht viel Bedeutung für Arjun, der den größten Teil des Tages auf einem Bambusgerüst verbrachte, den Meißel in einer Hand, den Hammer in der andern. Manchmal konnte er nicht schlafen, weil sich seine Finger wie zu Habichtsklauen verzerrten und vor Schmerz pochten. Doch in der Dämmerung des nächsten Morgens stieg er wieder auf sein Gerüst, stellte sich in die richtige Position, keine Handbreit von dem Granitkopf entfernt, nahm sein Werkzeug zur Hand und machte sich an die Arbeit.

Während Gandivas Gesicht Gestalt annahm, verlor sich allmählich Arjuns Gefühl von Verlust. Augen und Ohren wurden sichtbar und verschmolzen in Arjuns Kopf mit der wieder gefundenen Erinnerung an die guten Zeiten mit dem großen Bullen. Lange Stunden akribischen Meißelns formten sowohl den Stein als auch die Erinnerung zu einem dauerhaften Bild von Stärke und Sanftheit, von Geduld und Beständigkeit. Arjun schlief wieder gut; in seinen Träumen flog er zwischen Berggipfeln dahin und segelte auf ausgebreiteten Falkenschwingen durch die Lüfte.

Gelegentlich setzte sich der Baumeister in einiger Entfernung auf den Boden und beobachtete Arjun bei der Arbeit. Sie wechselten kein Wort. Dann erschien eines Tages ein Silpin, den Arjun nicht kannte, blieb unter dem Gerüst stehen und rief ihn herunter. Kaum stand Arjun auf dem Boden, da drückte ihm der alte Bildhauer einen weißen Turban auf den Kopf. Beifallsrufe tönten über das ganze ratha-Gelände.

Arjun war in die Zunft der Steinbildhauer aufgenommen.

Damit hatte er neue Vorrechte. Seine Arbeit wurde mit Geld bezahlt und er bekam die uneingeschränkte Freiheit, seine Mußestunden zu verbringen, wo immer er wollte. Nach so langer Zeit in Heerlagern, unter Sträflingen und im Fackellicht der Höhlen genoss Arjun die Gelegenheit, durch die ländliche Gegend und die Dörfer ringsum zu streifen. Er machte weite Gänge. Vertraute Anblicke, die ihm fremd geworden waren, wurden wieder vertraut. Kleine Kinder kauten an geschälten

Zuckerrohrstangen und sahen den Fremden mit ernsten Augen an, wenn er an ihnen vorüberging. Ein Hund ließ sich auf sein Hinterteil fallen, hob ein Bein und kratzte sich den mageren, von Flöhen wimmelnden Hals. Ein dumpfes Klatschen kam von einem brackigen Tümpel, wo Dorffrauen nasse Wäsche gegen die Böschung schlugen. Alles war so schmerzlich vertraut, dass Arjun das Gefühl hatte, er sei schon auf diesem Weg neben seinem Onkel, dem Vater oder dem kleinen Bruder gegangen. An den Rändern der Dörfer, die meistens nur aus einer Ansammlung von Hütten um einen Brunnen bestanden, lagen kleine Gärten mit Zwiebeln, Kohl und Senfpflanzen. Die Gassen waren eng, staubig und dufteten heimelig nach Rauch, chapati-Brot und frischen Gewürzen. Die Dörfer erinnerten ihn stark an zu Hause, aber ein Verlangen zur Rückkehr weckten sie nicht. Jetzt war das Land der Tamilen sein Zuhause.

Er schreckte vor dem Gedanken zurück, dass er den Elefanten irgendwann würde beendet haben. Diese Arbeit war Teil seines Lebens geworden. Der Aufseher kam, nachdem Arjun den Kopf zwei, dann drei Wochen lang poliert hatte. Es sei noch nicht genug, behauptete Arjun und polierte eine weitere Woche, und als der Aufseher wieder kam, bettelte er um noch eine.

Dann rief ihn der Baumeister zu sich. Er teilte Arjun schonungslos mit, dass der Elefant ganz und gar fertig sei, dass bald mit einem äußerst bedeutenden Werk in einer Höhle nördlich des Ganges-Reliefs begonnen werde und dass der fromme Prinz verlange, dieses Werk müsse mit seiner göttlichen Ausstrahlung jeden überwältigen. Arjun solle wegen seiner erwiesenen Kunstfertigkeit eine wichtige Aufgabe bei der Gestaltung einer ganzen Steintafel bekommen.

Ein Silpin begleitete den jungen Bildhauer über einen felsigen Hang zum Höhleneingang. Während sie hinaufstiegen, erklärte der Silpin etwas, wovon der Baumeister kein Wort gesagt hatte: Die Höhle sei vollständig aus dem Fels geschlagen, an der rechten und linken Wand hätte man Tafeln für die Bildhauereien stehen lassen. Die linke Wand sei bereits von den Silpins des Königs zur Huldigung von Gott Vishnu gestaltet. Das bedeute, die Skulpturen an der rechten Wand mussten Gott Shiva ehren – im Namen des Prinzen. Die Offenheit des Silpins ließ Arjun keinen Zweifel: Das hier war ein Wettstreit zwischen Vater und Sohn.

Als sie die Höhle erreicht hatten, nahm Arjun mit erfahrenem Blick alles schnell in sich auf. Im Zentrum der linken Wand war eine große Steinplatte mit Vishnu, der in meditativer Verzückung auf der kosmischen Schlange Ananta lag. Begleiter und treue Anhänger standen um ihn herum. Über ihnen schwebten zwei himmlische Wesen.

An der Rückseite der Höhle waren drei Kammern herausgemeißelt, jede leer, nur die linke bewacht von einem Pfeiler in Gestalt eines kriegerischen Wächters. Auf dem Kopfschmuck des Wächters lag ein Diskus: Das stand für Vishnu; eine Axt hätte bedeutet, das Heiligtum wäre Shiva geweiht. Zu bestimmten Tagen würde man deshalb eine Bronzestatue Vishnus in Sänften zum Höhlentempel tragen, anbeten und wieder wegbringen. Weder die Steintafel noch das Heiligtum waren schon getüncht und in leuchtenden Farben bemalt. Vielleicht wollte der König die Fertigstellung der Vishnu-Höhlenwand hinausschieben, bis er sah, was sein Sohn mit der anderen Seite vorhatte.

Schließlich richtete Arjun seine Aufmerksamkeit auf die rechte Wand, wo eine umfangreiche Kreidezeichnung erst noch mit Hammer und Meißel in die weite graue Oberfläche geschlagen werden musste. Die Zeichnung zeigte einen wütenden Kampf zwischen einer Göttin auf einem Löwen und einem Dämon mit menschlichem Körper und Büffelkopf. Den Entwurf habe der große Shiruttondar geschaffen, erklärte der Silpin.

Arjun hatte von diesem berühmten Maler und Bildhauer gehört. Er stammte aus der Stadt Madurai im Süden und war den Pallavas als Huldigungsgabe von einem unterlegenen König geschenkt worden. Jetzt lebte Shiruttondar in Kanchi, genoss selber Reichtum und Status eines Königs, fertigte Porträts der königlichen Familie und beteiligte sich mit Entwürfen an Prinz Narasimhas Felsenmonumenten.

»Hat man dir gesagt, woran du arbeiten wirst?«, fragte der Silpin, nachdem Arjun eine Weile in der Höhle herumgegangen war.

»Vielleicht am Kopf des Büffels?«

Der Silpin lachte. »Keine Tiere mehr für dich, mein Freund. Du wirst die Göttin machen, die ganze.« Und bevor der verblüffte Arjun fragen konnte warum, ergänzte der Silpin: »Weil du den Krieg kennst.«

Am nächsten Tag wurde der junge Bildhauer wieder zu dem leitenden Baumeister gebracht.

Es war Mittagszeit, und der schmächtige, kleine Mann saß im Halbdunkel einer strohgedeckten Hütte. Draußen war es heiß und die Sonne schien so grell, dass Arjun ihn zuerst kaum sehen konnte.

Der Baumeister tunkte chapati-Brot in eine Schüssel mit gewürztem Quark. Ganz unfeierlich kam er sofort zur Sache. »Nun? Kannst du eine herrliche, erhabene Durga meißeln?«

»Bis jetzt habe ich nur an Tieren gearbeitet.«

»Heißt das, du kannst nur an Tieren arbeiten?«

»Es heißt, mir fehlt die Erfahrung.«

»Überlass mir die Entscheidung, was dir fehlt. Hast du letzte Nacht gut geschlafen?«

»Nein«, gestand Arjun.

»Warum nicht?«

»Ich habe an die Göttin gedacht.«

»An die Kreidezeichnung?«

»Ja.«

»Nicht an das Meißeln? War es die Zeichnung, die dich nicht schlafen ließ?«

»Ja. Mit dem Meißeln bin ich mir sicher.«

»Ah, und mit der Zeichnung nicht? Obwohl sie von Shri Shiruttondar ist? Sag mir die Wahrheit.«

»Ich bin nicht sicher.«

»Gut. Dann habe ich vielleicht den richtigen Mann ausgewählt. Aber es gibt noch etwas anderes zu bedenken. Der Prinz ist fromm, wie du weißt. Er möchte, dass seine Monumente von Menschen mit ähnlich religiösem Bewusstsein geschaffen werden. Shri Shiruttondar hat den Prinzen davon überzeugt, dass *er* die innere Gewissheit besitzt. Andere haben das auch getan, einschließlich mir«, sagte der Baumeister mit einem Lächeln. »Jetzt muss ich mir ein Urteil von deinen religiösen Voraussetzungen bilden. Bist du Vishnu- oder Shiva-Anhänger?«

»Keins von beidem.«

»Betet man im Dekkan nicht zu den Göttern?«

»Doch, aber ich bin schon lange weg von all dem.«

»Und willst nicht unbedingt auf *all das* zurückkommen, stimmt das?«

Arjun schwieg.

»Welche Unterschiede siehst du zwischen den Göttern Vishnu und Shiva?«

»Gott Vishnu hat Liebesaffären wie ein Mensch und kämpft gegen Ungerechtigkeit auf der Erde. Er ist ein menschlicher Gott. Aber Shiva hält sich immer abseits – sogar von seiner Frau –, er meditiert in den Bergen und verbringt viel Zeit mit der Vernichtung seiner Feinde. Vielleicht ist er mächtiger. Auf alle Fälle ist er rätselhafter.«

»Noch etwas?«

»Ich kenne Leute, die sagen die Namen von Gott Vishnu her, um auf die Weise Übel abzuwenden. Wenn jemand in seinem Haus von Schlangen belästigt wird, schreibt er Shivas Namen an die Mauer. Die Flöte gehört zu Vishnu, die Trommel zu Shiva. Vishnu schätzt die Tulasipflanze, Shivas Lieblingspflanze ist der Holzapfelbaum.«

»Sind das die Unterschiede, die dir einfallen? Ich glaube nicht, dass du so ein schlichter Geist bist.«

Arjun hätte sagen können, dass er in seiner Kindheit bestrebt gewesen war, die meisten religiösen Texte schnell wieder zu vergessen, kaum dass er sie gelernt hatte. Aber er schwieg.

»Ich will noch einmal fragen. Welchen der beiden Götter würdest du vorziehen, wenn du wählen müsstest?«

»Keinen«, sagte Arjun offen.

»Ich bin froh, dass der Prinz diese Antwort nicht gehört hat. Ich will dir was sagen, Arjun. Du wirst an einer Steintafel arbeiten, auf der Shivas Gemahlin dargestellt werden soll. Du musst dir eine Kriegerkönigin vorstellen, deren Macht zur Bezwingung des Bösen von Gott Shiva kommt. Verstehst du? Es ist die Darstellung von geistiger und körperlicher Stärke. Du musst daran glauben. Dein Glaube darf nicht vorgetäuscht sein. Du musst ihn in den Augen haben, in den Händen, im tiefsten Innern deines Herzens.« Der Baumeister tunkte wieder ein Stück chapati in den Quark. »Du brauchst Unterstützung, so viel steht fest. Das Rohbehauen der Steintafel wird noch ein paar Monate dauern, du hast also genug Zeit. Ich schicke dich zu einem Heiligen Mann. Du wirst bei ihm bleiben. Er wird dafür sorgen, dass dein Herz es mit deinen Augen und Händen aufnehmen kann.«

Die Regenzeit war zu Ende und vom Meer her wehten die nordöstlichen Monsunwinde, als Arjun sich widerwillig auf den Weg nach dem Küstendorf machte, in dem der Heilige Mann wohnte. Seinen hohen Silpin-Turban ließ er in Mamallapuram. Er trug den schlichten weißen Dhoti, wie es im Süden üblich war: ein Lendenschurz, die Enden zwischen den Beinen durchgezogen und hinten in der Taille zusammengebunden. Flockige Wolken zogen über ihn hin, als er durch Felder und Wälder ging. Die Landschaft erinnerte ihn an das Hochland von Dekkan, auch wenn das Pflanzenleben hier üppiger war. Er wanderte unter Kokos- und Bananenpalmen, wilden Dattel- und schwarzen Sandelbäumen. Der Salireis war reif für die Ernte und der kalama, den man im Frühsommer pflanzte, würde bald so weit sein. Frauen gingen auf den Feldern auf und ab und verscheuchten gefräßige Krähen, wedelten dabei mit bunten Tüchern und schrien auf die schwarzen Vögel ein, die sich mit ausgebreiteten Flügeln zur Landung anschickten.

Das Dorf lag zwei Tagesmärsche südlich von Mamallapuram. Kurz vor dem Ziel fühlte er, dass er am liebsten noch zwei Tage länger gewandert wäre und dann noch mal zwei. Die Landschaft überwältigte ihn mit ihrer zeitlosen Schönheit, während ihn der Gedanke an die religiöse Unterweisung eher bedrückte. In seiner Kindheit hatte er zu viele langweilige Unterrichtsstunden beim Dorfpriester durchgemacht. In der Armee hatte er gesehen, wie Männer, ehe sie in die Schlacht mussten, Japaperlen durch ihre zitternden Finger schoben und lange Mantras murmelten – und wie sie dann hinauszogen und starben. Schmerzen wurden nicht leichter, nur weil sich jemand über einen blutenden Körper beugte und ein paar Stellen aus dem *Veda* aufsagte. Arjun hatte genug vom Krieg gesehen, um den schwachen Glauben, den er besessen hatte, vollends zu verlieren. Die Götter gingen ihren Weg und er den seinen, so sah es Arjun.

Als er dem Dorf des Heiligen Mannes näher kam, verlangsamte er den Schritt. Kinder liefen ihm über den Weg, jagten hintereinander her und riefen mit hellen Stimmen. Ein paar Hütten standen jenseits der aus Lehm gemauerten Dorfumfriedung. Arjun sog den scharfen Duft nach frisch gemahlenen Gewürzen ein. An einer mit blühenden Kletterpflanzen überrankten Mauer lehnten Hacken. Von einem Graben aus, in den man Wasser aus einem nahen Fluss geleitet hatte, bewässerten zwei Frauen ein Reisfeld. Sie standen ein Stück voneinander entfernt und jede hielt das Ende eines langen Seils, in dessen Mitte ein großer Kübel festgeknotet war. Sie zogen den Kübel durchs Wasser, dann schwenkten sie ihn mit einer rhythmischen Bewegung hoch und über den Rand der Wasserrinne auf das Feld. Es war ein sehr heißer Tag. Hunderte Krähen hockten reglos in einem einzigen Baum, da wurden sie von irgendetwas aufgeschreckt, sie flogen hoch und stoben auseinander wie schwarze Kieselsteine, die jemand wütend gegen den Himmel geworfen hatte.

All das war Arjun vertraut, die gleichen Dinge hatte er in seiner Kindheit gesehen. Doch sein Dorf war nun weit im Westen und er fühlte sich nicht mehr als Junge.

Zwei Bauern kamen des Wegs und führten einen Ochsen, der zum Pflügen angeschirrt war. »Ich möchte zum Heiligen Mann«, sagte Arjun mit erwartungsvoll erhobener Stimme.

Die Bauern musterten den jungen Fremden verdrießlich. Obwohl ein paar Tage Wandern bei strahlendem Sonnenschein Arjuns Haut gebräunt hatten, war sie immer noch viel heller, als man es im Süden gewohnt war. Er trug sein Haar kurz, nach Art der Tamilen, doch durch die Narben war er den Bauern verdächtig.

»Wo, bitte, kann ich ihn finden?«

Einer der beiden Bauern deutete mit unbestimmter Geste in Richtung Dorf. Der andere brummte: »Wo der alte Hund liegt.«

Arjun betrat das Dorf und ging weiter, bis er einen alten Hund sah, der wie ein mottenzerfressener Teppich vor der Schwelle einer Hütte lag. Arjun bog von der Dorfstraße ab, blieb vor dem Eingang stehen und rief: »Ich komme aus Mamallapuram und will zum Heiligen Mann. Mein Name ist Arjun Madva.«

Nicht mal der Hund rührte sich. Nachdem Arjun lange gewartet hatte, kam er zu dem Schluss, dass er falsch sei, und wandte sich wieder zur Straße.

Da rief eine Stimme: »Du! Wer du auch bist, komm rein!«

Wieder kehrte Arjun um und sah einen Mann mittleren Alters mit einem mächtigen Bauch im Eingang stehen.

»Wer du auch bist, komm rein«, wiederholte der Mann unwirsch. Er hatte einen Haarknoten und trug einen weißen Lendenschurz, die Enden zwischen den Beinen durchgezogen und auf dem Rücken gebunden. Seinen umfänglichen Bauch kratzend, verschwand er im Halbdunkel der Behausung.

Arjun machte einen Schritt über den schlafenden Hund hinweg und trat in die Hütte. Der Mann saß bereits mit untergeschlagenen Beinen auf dem hart gestampften Lehmboden. Links neben ihm stand ein niedriger Tisch, darauf ein einzelner Becher. Rechts wurde ein guter Teil des engen Raums von einem großen Tisch eingenommen, darauf häuften sich rituelle Opfergaben: Blumen, Schalen mit geweihtem Wasser, ein Berg Kokosnüsse und Ananas. Weihrauchstäbchen verliehen der stickigen, heißen Luft einen würzigen Wohlgeruch.

Der Mann bedeutete seinem Gast Platz zu nehmen, dann zeigte er auf den Becher. »Trink die Milch. Ich hoffe, sie ist noch warm. Ich habe sie schon seit einer Weile fertig, weil ich eine Krähe krächzen hörte und wusste, dass du gleich kommen würdest.«

Arjun merkte beim Trinken, dass die Milch heiß war, fast kochend; sie war unmittelbar vor seiner Ankunft zubereitet worden. Wie hatte der Heilige Mann so genau den richtigen Zeitpunkt wissen können? Überrascht sah er auf und begegnete einem kalten, harten Blick.

»Wer bist du?«, fragte der Heilige Mann eindringlich.

»Arjun Madva aus dem Dekkan, Swami. Ich bin Steinbildhauer in Mamallapuram.« Er überlegte, ob er dem Mann jetzt den Beutel Münzen geben sollte, den ihm der Architekt mitgeschickt hatte. Bevor er sich entscheiden konnte, sprach wieder der Heilige Mann.

»Sie haben dir also aufgetragen, hierher zu kommen und Gott zu suchen.«

»Das stimmt, ja.«

»Glaubst du, du wirst Gott hier finden?«, fragte der Heilige Mann stirnrunzelnd. »An deinem Gesicht sehe ich, dass du es nicht glaubst. In diesem Fall glaube ich es auch nicht. Aber vielleicht wirst du doch einen Nutzen aus deinem Aufenthalt hier ziehen. Wer also bist du?«

»Ich habe es Euch nach besten Kräften gesagt.«

»Nach besten Kräften, das ist gut, sehr gut, wirklich«, sagte der Heilige Mann und lachte leise vor sich hin. »Komm jetzt und sag mir das Gayatri auf.«

Dieser Befehl, beiläufig ausgesprochen und doch unnachgiebig, verwirrte Arjun. Das aus vierundzwanzig Silben bestehende Gayatri-Mantra beschwor den Sonnengott Savitr. Nur Angehörigen der oberen drei Kasten wurde dieses geheime Gebet gelehrt. Wenn einem Jungen das Heilige Band verliehen wurde, flüsterte ihm der Priester die Verse ins Ohr.

»Sag es!«, bellte der Heilige Mann.

Ohne zu zögern, als wäre er wieder ein Schuljunge, beugte sich Arjun vor und rezitierte in dem Singsang, der einem solchen Gebet vorbehalten war:

»Tat savitur varenyam
bhargo devasya dhimahi
dhiyo yo nah pracodayat.«

Der Heilige Mann schürzte die Lippen. »Dein Sanskrit ist sehr gut. Kein Kshatriya oder Vaishya rezitiert so flüssig. Du bist nach den Regeln der Brahmanen unterrichtet worden. Du bist Brahmane.«

»War«, verbesserte Arjun. »Ihr seht, Swami, ich habe keinen Haarknoten, kein Heiliges Band.«

»Hast du es so gewollt?«

»Nein. Aber ich habe nichts unternommen, sie wiederzuerlangen.«

»Obwohl es in Mamallapuram viele Brahmanen gibt.«

»Das ist richtig. Ich könnte um eine neue Zeremonie bitten. Ich könnte das Gayatri aufsagen, den Haarknoten tragen und mir von einem Priester das Band über die Schulter legen lassen.«

»Aber das wolltest du nicht.«

Arjun sagte nichts.

»Und wenn es Gott Shiva wünscht?«

»Gott Shiva hat mir seine Wünsche nicht mitgeteilt.«

»Ha!« Der Heilige Mann lachte leise. »Bis jetzt habe ich als Brahmanenpriester mit dir gesprochen. Gibst du mir Recht?«

»Ja. Wie ein brahmanischer Anhänger von Gott Shiva.«

»Und an deinem Blick sehe ich, dass dir das nicht gefällt. Vielleicht erinnert es dich an einen dummen Priester aus den wilden Tagen deiner Kindheit. Ah, dein Lächeln sagt mir, dass ich ins Schwarze getroffen habe!« Der Heilige Mann sah Arjun lange an, bevor er weitersprach. »Ich bin wirklich ein Brahmanenpriester und Anhänger von Gott Shiva. Man schickt mir Leute aus Mamallapuram und ich unterweise sie in Ritualen und Gebeten. Damit verdiene ich meinen Lebensunterhalt. Doch mit dir werde ich es anders machen. Mit dir werde ich sprechen als einfacher Yogi, der den Geist beruhigt und nach innen blickt, der nach der Einheit der Dinge sucht.« Er hatte seine Stimme zu einem Flüstern gesenkt. »Jeden Tag frage ich mich: Wer bist du? Und jeden Tag kommt die Antwort: ›Du bist *das*.‹ Aber was ist *das*? *Das* ist alles, was ist.«

23

Ein Monat verging, dann zwei, dann drei, und obwohl Arjun die stickige, kleine Hütte kaum verließ, hatte er oft das Gefühl, er lege weitere Entfernungen zurück, als die Armee der Chalukyer während ihres gesamten Feldzugs marschiert war. Die Zeit war seltsam verzerrt wie in der Schlacht, und es wurde mehr von ihm verlangt in diesem halbdunklen Raum als je zuvor, seit er von zu Hause fortgegangen war. Der Grund lag in Bhagavan Nambis festem Entschluss, Arjun von der äußeren Welt in die innere zu führen.

»Man muss alles Äußere beiseite schieben«, erklärte der Heilige Mann, »einschließlich Ritual und Gebet. Das hat beides nichts mit dem Innen zu tun. Allein dhyana kann diese Tür öffnen.«

So verbrachte Arjun seine Tage mit dieser besonderen Form der Meditation oder übte Techniken, die die Wirkung der Meditation steigerten. Er lernte die schwierigen, oft die Glieder verrenkenden Yogastellungen. Am intensivsten lernte er Pranayama, die Kunst der Atemkontrolle.

»Glaubst du, meinen Bauch habe ich vom Essen?«, fragte der Bhagavan streng. »Natürlich glaubst du das! Aber sein Umfang kommt vom Atmen. Die meisten Menschen atmen von hier aus« – er legte die Hand auf die obere Brust. »Ich atme von hier unten« – er tätschelte liebevoll seinen Bauch –, »wo die Kraft ist.« Um es vorzuführen, holte er tief Luft und dehnte seinen Bauch bis zur Größe einer riesigen Melone. »Fass an!«

Arjun streckte die Hand aus und berührte den kugelförmigen Unterleib. Er war verblüfft; eine Kokosnussschale hätte nicht härter sein können.

»Den Atem zu bezwingen erfordert größere Umsicht«, sagte der Heilige Mann, »als einen Elefanten zu bezwingen. Macht man es falsch, kann man sterben.«

Schon bald wusste Arjun, was gemeint war, denn er probierte die verschiedenen Übungen: Bhastrika, Sitali, Visama Vrtti, Surya Bhedana, Pratiloma, Ujjayi. Manchmal hatte er das Gefühl, als müssten seine Lungen platzen, besonders, wenn er nach dem Ausatmen lange nicht einatmen sollte. Jede Übung verlangte ein korrektes Verhältnis von Einatmen, Luft anhalten und Ausatmen. Arjun begann mit fünf Pulsschlägen Einatmen, zwanzig Schlägen Luft anhalten und zehn Schlägen Ausatmen. Die Zahl der Pulsschläge wurde langsam erhöht, doch stets im richtigen Verhältnis. Visama Vrtti – unregelmäßiges Atmen – war am qualvollsten und gefährlichsten, weil das Verhältnis Einatmen, Luft anhalten, Ausatmen dabei von 1:4:2 über 4:2:1 zu 1:2:4 wechselte und alle drei Rhythmen zusammen einen vollständigen Zyklus ausmachten. Achtzig Zyklen mussten in einer Sitzung absolviert werden. Der Bhagavan beobachtete Arjun sorgfältig und unterbrach ihn, wenn er der Ohnmacht nahe schien. Manchmal geriet Arjun in Panik, dann riss er die Augen auf, keuchte, fuhr sich an die Kehle. Der Heilige Mann lachte nur.

Arjun meditierte bei Tagesanbruch, mittags, bei Einbruch der Dunkelheit, abends – und zwar während immer längerer Zeitspannen. Der Bhagavan erklärte, was bei dhyana vor sich ging, was nicht, und was eintreten müsse. Ihr Zweck sei, so sagte er, die verwirrten Knoten im menschlichen Herzen zu lösen. Oft stellte er Fragen, auf die er gar keine Antwort haben wollte. »Gibt es etwas hinter allen Dingen?«, konnte er plötzlich fragen. »Du weißt es nicht? Ich auch nicht. Was nutzt so eine Frage, wenn die Antwort in dir liegt – auf der anderen Seite der Frage?« Ein anderes Mal kam er in den Raum und blieb abwartend stehen – Arjun hatte keine Ahnung, wie lange, denn er hatte die Augen in Meditation geschlossen. Dann sagte der Heilige Mann mit äußerster Weichheit in seiner Stimme: »Was ich sage, kommt nicht aus mir, es kommt aus deinem Sehnen. Du bist es, der spricht, nicht ich.«

Solche Bemerkungen machten Arjun ratlos, denn er spürte nichts von dem Sehnen, von dem der Bhagavan sprach. Er hatte einfach nur das Gefühl, er lerne eine Fertigkeit – etwa wie er gelernt hatte einen Elefanten zu reiten, ein Schwert zu führen oder mit dem Meißel umzugehen. Nach vielen Stunden der Meditation stellte er keinen Wandel in sich fest. Dhyana war ein beruhigendes Erlebnis, das stimmte, doch ganz ohne das Glücksgefühl oder die große Offenbarung, die sein Lehrer angekündigt hatte. Und manchmal brachte sie ihm statt Entspannung mehr innere Unruhe. Eines Abends machte er eine entsprechende Bemerkung, doch der Bhagavan lächelte nur, als sei das Erkennen von Versagen der Anfang zum Erfolg.

»Wenn ich meine Augen schließe«, gestand Arjun, »schwirren mir die Gedanken nur so durch den Kopf und einer zieht den andern nach sich.«

»Ergründe, woher die Gedanken kommen. Es gibt ein altes Gedicht:

Kehre zurück zu dem innern Ort,
an dem es nichts gibt
und achte, dass nichts dorthin kommt.
Geh tief in dich hinein und suche den Ort,
an dem Gedanken nicht existieren.

Hör zu, Arjun. Du lernst nichts durch dhyana. Sondern du befreist dich von dem, was du schon weißt. Schau nicht so verstört! Sei geduldig. Beobachte deinen Atem, wie er ein- und ausströmt, als wäre er die Flut. Sitz reglos wie ein Fels in den Wellen und warte, dass die Atemzüge ruhiger werden. Das werden sie nämlich. Sie werden ruhig wie die Oberfläche eines Teichs.«

Arjun und der Heilige Mann nahmen die Mahlzeiten gemeinsam ein, und der Bhagavan aß tatsächlich sparsam. Bei solchen Gelegenheiten, nach langem Schweigen, sprach er zur Wand, als hätte er die Gegenwart seines Schülers vergessen. Und er sagte zum Beispiel: »Solange ich das äußere Ich von dem inneren Ich unterscheiden kann, habe ich das reine Sein nicht gefunden.«

Zu solchen Bemerkungen sagte Arjun nichts. Zum einen verstand er sie nicht ganz. Zum andern hatte er zu Beginn geschworen, er würde vollkommen offen sein zu dem Heiligen Mann, der sich solche Mühe mit ihm gab. Arjun glaubte zu spüren, dass auch der Bhagavan es so wollte.

Einmal sagte der: »Manche wollen alles, nur Gott nicht. Andere wollen alles und Gott dazu. Andere wollen Gott allein. Was willst du, Arjun?«

Arjun blieb lange still. Sie saßen sich im matten Licht einer einzigen Kerze gegenüber. Geflügelte Insekten schwirrten um die Flamme. Der alte Hund, der in einem Winkel lag, stöhnte ab und zu im Schlaf. Schließlich sagte Arjun: »Würde ich alles wollen, würde ich vielleicht auch Gott wollen. Aber ich will nicht alles. Und ich will nicht Gott allein.«

»Es gibt Menschen, die das Göttliche in sich erkannt haben, sie verlangen nach nichts mehr, nicht einmal nach Gott. Das, Arjun, ist der Zustand wahren Seins.«

Er brachte eine Zeichnung, auf der Kali – die Göttin Durga in ihrer grausamen Gestalt – dargestellt war. Kali stand in Kampfhaltung, einen Fuß auf Gott Shivas ausgestrecktem Körper. Er lag da wie ein Toter, und sie, strahlend in der Rüstung einer siegreichen Kriegerin, sah zornfunkelnd auf ihn hinunter.

»Hat sie Gott Shiva bezwungen?«, fragte der Bhagavan.

Arjun studierte die grimmige Göttin. Von ihrer Zunge tropfte Blut, die Augen traten weit aus den Höhlen, eine Kette aus abgetrennten Köpfen baumelte von ihrer Hüfte.

»Ja«, sagte Arjun.

»Nein«, sagte der Bhagavan. »Geburt und Tod gehören zu Kali, deren Welt außen ist. Shiva ist der Geist innen, der sie über diese Dinge bestimmen lässt. Sie leben füreinander wie Liebende.«

Später an diesem Nachmittag fegte Arjun die Hütte. Als Schüler wurde von ihm erwartet, dass er die niedrigen Arbeiten erledigte. Eine verhutzelte Alte kam jeden Tag und kochte die kargen Mahlzeiten, doch ansonsten sorgte Arjun für den Ashram* – was nicht schwierig war, er bestand ja nur aus einer Hütte mit zwei Räumen und einer kleineren Hütte, wo der Heilige Mann schlief.

Während Arjun noch fegte, kam der Bhagavan Nambi schwerfällig herein und sagte, kaum dass er über die Schwelle getreten war: »Es ist sehr wichtig, dass du dies weißt: In dem Moment, wenn du dich selbst findest, bist du nicht im Stande, dich an deinen Namen zu erinnern.« Der Heilige Mann drehte sich um, ging hinaus und ließ Arjun stehen, der gerade den Besen über einem Häufchen Dreck schwang, den der Wind vom graslosen Vorplatz hereingeweht hatte.

Beim Meditieren sang Arjun: »OM Namah Shivaya« – Ehre sei Shiva. ›OM‹ wurde in drei Tönen ausgedrückt. Nachdem die Wörter vergessen waren, und bevor man in das Schweigen völliger Erleuchtung eintrat, Samadhi genannt, konnte man durch den Dreiklang OM trotzdem Gott preisen und erfassen.

»Natürlich kann man ihn erfassen«, sagte der Heilige Mann, »indem man einfach irgendetwas erfasst. Es ist nur eine Frage der Erkenntnis, dass man ihn von Angesicht zu Angesicht gesehen hat. Zum Beispiel gestern Abend, als wir beim Essen saßen, habe ich genau an dieser Stelle Gott Shiva gesehen.« Er zeigte auf den alten Hund, der wie gewöhnlich in einer Ecke lag und schlief. »Das ist er, das ist der Gott! Gestern Abend habe ich ganz gewiss den Gott als meinen Hund gesehen. Ja, doch!« Er lachte in sich hinein und nickte. »Mein Hund war der Erhabene.« An den Fingern zählte er die verschiedenen Namen des Gottes auf: »Mahakala, Dakshinamurti, Niklakantha, Tryambaka, Rudra, Nataraja«, psalmodierte er hingerissen, »die viel verheißende, die göttliche Macht des Universums, der Himmlische Shiva!« Glucksend vor Vergnügen schlug sich der Bhagavan auf die Knie. »Es ist wahr! Ha, ha, ha! Es war so ein Spaß! Der Schöpfer aller Dinge – zusammengerollt in einer Ecke, räudig und schnarchend! Doch hab keine Angst, Arjun, ich bin nicht verrückt! Und du auch nicht, wenn du in meinem faulen Hund noch nicht den Gott Shiva sehen kannst.«

Arjun dachte nicht an den harmlosen alten Hund des Bhagavans. Er dachte an all die feindseligen Hunde, die durch die Straßen von Kanchi streunten. Waren sie wirklich die Götter Shiva, Vishnu und Brahma? Waren sie die Göttinnen Parvati, Laxshmi und Sarasvati? Diese fürchterliche Möglichkeit brachte ihn aus der Fassung. Schließlich beugte sich der Bhagavan vor und flüsterte: »Denk allein an dhyana. Im Moment findest du es lächerlich, in einem Hund Gott Shiva zu sehen. Denk allein an dhyana. Vergiss es, Gott in einem Hund zu sehen. Das wird später kommen, aber« – er hob einen Finger wie zur Warnung – »es *wird* kommen.«

Eines Tages kam der Bhagavan von einer Beerdigung zurück. Asche von der Leichenverbrennung hing noch an seinem weißen Gewand. »Wie ist es heute gegangen, Arjun?«, fragte er liebenswürdig.

Wie gewöhnlich antwortete der Schüler: »Ich habe es versucht.«

»Hör zu. Auch ich war verzweifelt, weil ich beim Meditieren keinen Erfolg spürte. Dann geschah es ohne Ankündigung: Ich sah deutlich einen blauen Punkt, der aus dem Nichts kam – er zerfiel wie die Blütenblätter einer Lotosblume und machte die Welt ganz und gar frei von Formen. Ich sah Licht tanzen und schwirren und zucken wie einen Schwarm Leuchtkäfer, dann ergossen sich Lichtströme vor meinen Augen wie geschmolzenes Silber. Aus einer ungeheuren Helligkeit erschien die Gestalt der Muttergöttin. Ich öffnete die Augen und sah sie mir gegenüber sitzen – zum Anfassen nahe. Ich streckte die Hand nach ihrem Gesicht aus. Meine Finger spürten den warmen

Atem aus ihrer Nase. Doch sie warf keinen Schatten an der Wand, da wusste ich, dass sie nur in meinem Kopf existierte. Dann verblasste sie, und dennoch hörte ich sie aus dem Raum laufen, denn ihre Fußreifen klimperten. Ihr Haar wehte beim Laufen. Das alles habe ich hier drinnen gesehen«, sagte er und klopfte sich an den Schädel. »Arjun – nur eins musst du wirklich wissen: Wer sich verliert, findet sich. Wer alles verliert, findet alles! Das ist meine Hoffnung für dich, Arjun. Verlier alles, finde alles.«

Ein anderer Bildhauer aus Mamallapuram war geschickt worden, weil er ein Trinker war; der Baumeister glaubte, religiöse Unterweisung könne ihm vielleicht gut tun. Es war ein dunkler, mürrischer Mann mit Schnauzbart, den der Bhagavan bei Nachbarn unterbrachte. Nachdem es dem Silpin gelungen war, sich Palmwein zu verschaffen, veranstaltete er in betrunkenem Zustand Tumult im Dorf. Da holte ihn der Bhagavan in den Ashram. Wie zwei junge Hunde teilten sich Arjun und der Silpin den wenigen Platz in der Hütte des Bhagavan. In den nächsten Wochen wich der Bhagavan dem Silpin nicht von der Seite. Er lehrte ihn nicht Meditation oder Atemkontrolle. Stattdessen ließ er ihn Gebete auswendig lernen und sorgte dafür, dass er sich die täglichen Puja-Rituale* einprägte – und zwar mit einer akribischen Strenge, wie sie auch der anspruchsvollste Priester nicht an den Tag gelegt hätte. Der Silpin hatte so viel zu tun, dass er sich schließlich demütig Gott unterwarf und sogar vor dem Bhagavan auf den Boden streckte, um göttliche Gnade flehte und versprach, für den Rest seines Lebens dreimal täglich seine Gebete zu sprechen.

Der Bhagavan schickte ihn nach Mamallapuram zurück. Er stand mit Arjun im Eingang der Hütte und sah zu, wie der reumütige Silpin langsam davonschlurfte. »Er wird schon bald wieder mit Trinken anfangen. Da konnte ich nicht viel tun. Siehst du, Arjun, er lebt mit einem schlechten Karma. In einem früheren Leben muss er seine Seele mit vielen falschen

Taten verkrustet haben. Böses umgibt sein inneres Sein, wie die Schale das Fleisch einer Kokosnuss umhüllt.« Der Bhagavan seufzte. »Vielleicht hilft ihm das wenige, was wir hier tun konnten, damit er im nächsten Leben Fortschritte macht. Dann kann er im übernächsten mit Glück rechnen.«

Arjun hatte seine eigenen Probleme mit den Geboten des Bhagavan. Beim Meditieren wanderten seine Gedanken mehr denn je. Obwohl er seinen Atem immer besser beherrschte, fragte sich Arjun manchmal nach dem Sinn der Übung, denn sie brachte ihn nicht weiter auf dem Weg nach innen. Wenn auch seine Wertschätzung für den Swami jede Achtung überstieg, die er für andere Männer empfand, so verlangte ihn nicht unbedingt danach, jemandem nachzueifern, den er zwar bewunderte, aber nicht verstand. Auch das Verstreichen der Zeit half nicht, seine Zweifel zu beschwichtigen. Statt sein Selbstvertrauen zu stärken, schienen es die wiederholten dhyana-Meditationen eher zu zerstören. Nie brachten sie ihm die Erfahrungen, die sein Lehrer so sehr schätzte. Und dann begriff Arjun, dass seine wachsende Frustration wenig zu tun hatte mit seiner Leistung. Ihn quälte vielmehr die Vorstellung, den Bhagavan zu enttäuschen.

Vielleicht spürte der Bhagavan die Unsicherheit seines Schülers. Er ließ nicht locker. Wenn er nicht durch priesterliche Pflichten für das Dorf gebunden war, saß er aufmerksam und schweigend in der Hütte, während Arjun Yoga- und Atemübungen machte. Er ermunterte seinen Schüler, noch mehr zu arbeiten und immer noch mehr. »Der Geist ist wie ein Topf«, sagte er. »Er muss immer wieder poliert werden. Reinigt man ihn nicht mit dhyana, wird er stumpf.«

»Aber was, wenn der Topf aus Gold ist?«, fragte Arjun plötzlich. »Dann braucht er das Polieren nicht.«

Der Bhagavan dachte einen Augenblick nach, dann lachte er schallend. »Das ist richtig, sehr richtig. Wenn ein Mensch schon bei der Geburt von göttlichem Licht erfüllt ist, braucht er nie zu meditieren. Bist du von göttlichem Licht erfüllt?«

Arjun schüttelte den Kopf. »Überhaupt nicht.«

»Aber dein Argument ist gut«, räumte der Bhagavan ein. »Gefällt mir sehr. Und ich vermute, Gott Shiva gefällt es auch, denn der Göttliche Lehrer liebt Diskussionen. Anders als Gott Vishnu, der sich nur auf das Herz verlässt.«

Zu Sandhya, der Stunde, in der Nacht und Tag zusammentreffen, weckte der Bhagavan Arjun aus dem Schlaf und zündete Kerzen für das Puja-Ritual an. »Sandhya ist die geheimnisvolle Stunde«, erklärte er, »wenn die Seele allein ist mit dem All-Einen. Alles ist Illusion. Es scheint, als würden wir hier zusammensitzen, doch wer hier sitzt, ist einzig Gott Shiva.« Aus einem kleinen Beutel an seinem Dhoti nahm der Bhagavan etwas Asche und mischte sie mit geweihtem Wasser zu Brei. Dann zog er drei graue Linien quer über Arjuns Stirn und Brust, dann drei über die eigene Stirn und Brust.

»Ich weihe dich Gott Shiva«, sagte er.

Arjun wollte gern Freude empfinden über den Empfang dieser Ehre, doch er empfand Schrecken – besonders, als er den Swami sagen hörte, er, Arjun, müsse sich lossagen von allem, was bisher scheinbar die Grundlage seiner Existenz gewesen war.

»Wahrheit kommt nicht im Sturm von außen. Sie muss im Herzen gehegt und gepflegt werden wie ein kleiner Hund. Bald wird dein Ich nicht mehr so stark sein, dass es leidet.« Er fuhr mit dem Ritual fort, verbrannte Kampfer in einer Schale, sang Slokas über einem Krug Wasser und strich mit Gesten wortloser Gebete durch die rauchige Luft – während Arjun sich heimlich schämte, weil er das alles nicht wollte.

Auf einem seiner seltenen Gänge aus dem Dorf sah Arjun einen Mann mit einer Hand voll Schlingen aus Hirschsehnen, die zum Vogelfangen verwendet wurden. Ein älterer Vetter von Arjun hatte auch auf diese Art gejagt. Arjun versuchte sich an die Züge des älteren Vetters zu erinnern, dann an die Gesichter von Mutter, Vater, Bruder und an Gauris Gesicht. Nach einer

Weile schienen sie in seinem Gedächtnis zu verschmelzen und hinterließen nur Bilder von Menschen, die sich langsam durch morgendliche Nebelschwaden entfernen.

Am sandigen Ufer des Meers sah er die mit Gewichten beschwerten Fischernetze, die vor verwitterten, alten Booten zum Trocknen über Bambusgerüsten hingen. Das Wasser lag glatt gespannt bis zum Horizont. Der Anblick gefiel ihm. Während seiner ganzen Kindheit hatte er sich gewünscht, einmal das endlose Wasser zu sehen; als er es zum ersten Mal gesehen hatte, waren seine Augen getrübt gewesen vom Blutdurst der Schlacht. Jetzt konnte er über das weite Meer blicken und sich freuen, dass ein Traum in Erfüllung ging. Aber er fühlte keine Freude. Langsam ging er zum Ashram zurück und absolvierte pflichtbewusst seine Yogaübungen. Der Bhagavan kam herein und sah zu, wie Arjun die Kobra-Übung machte, die Heuschrecke, den Pflug, den Kopfstand. Als Arjun mit seiner letzten Übung fertig war, nickte der Bhagavan anerkennend. »Du hast Kraft und Geschmeidigkeit, Arjun. Du bist gesegnet.«

Vielleicht gesegnet, dachte Arjun, aber auch verflucht – und genau das schien der Bhagavan nicht zu erkennen. Arjun war verflucht von einem Verstand, der sich weigerte, die Oberherrschaft einer Macht im Innern anzuerkennen. Gedanken kreiselten wie Treibgut in einem Wasserstrudel – die Reste von Erinnerung und unbestimmtem Verlangen. Oft sah er sich, wie er mit Hammer und Meißel Stein behaute. Ihm fehlte ganz einfach die Fähigkeit zu entsagen. Er dachte daran, sein abgrundloses Scheitern einzugestehen, doch die Wahrscheinlichkeit, seinen Lehrer zu verletzen, hielt ihn zurück. Bruchstücke, Teilchen, Splitter von Bildern stoben gegen das Innere seiner geschlossenen Augen wie Kehricht, den ein Sturm aufwirbelte. Arjun saß felsenfest in der Lotussitz-Position, Daumen und Zeigefinger jeder Hand zum Ewigen Rad gebogen, und suchte durch diese äußere Erscheinung gelassener Reglosigkeit den Bhagavan zu überzeugen, dass sein Geist ebenso ruhig sei.

Es überraschte ihn, als der Bhagavan eines Tages unvermittelt sagte: »Du willst nicht weiter vordringen, Arjun. Du hast dir große Mühe gegeben, aber dein Sinn hängt an der äußeren Welt. Und ich glaube, so wird es immer sein.«

Jetzt konnte Arjun sagen: »Das ist wahr, Swami. Ich glaube, so wird es immer sein.«

»Heute Morgen ist ein Mann aus Mamallapuram ins Dorf gekommen. Wenn du soweit bist – und wenn ich es gutheiße –, kannst du zurückkehren.«

»Ich bin soweit.«

»Arjun, ich habe selbst etwas zu gestehen: Stolz und Eigensinn hatten mich gepackt. Aus Stolz und Eigensinn wollte ich dich auf den Weg ins Innen zwingen. Das war falsch, denn du gehörst in die äußere Welt.« Der Bhagavan lächelte. »Vielleicht handle auch ich manchmal, ohne es zu verstehen. Ich bin also bereit, dich ziehen zu lassen.«

»Die Wahrheit ist, Swami, ich möchte wieder als Bildhauer arbeiten.«

Eine Weile wurde nichts mehr gesprochen. Arjun versuchte seine Gedanken in Worte zu fassen. Schließlich beugte er respektvoll den Kopf und sagte: »Ihr wart wie ein Vater zu seinem Sohn. Ihr habt mich gelehrt, dass es mehr gibt, als wir sehen. Selber kann ich es nicht erkennen, aber ich weiß jetzt, dass es vorhanden ist.«

»Das soll dann genügen.«

Sie regten sich nicht, bis das Licht nachließ. Dann erhob sich Arjun, um eine Kerze anzuzünden, und sein Meister streichelte den eben aufwachenden Hund.

24

Arjun hatte bei seiner Rückkehr nach Mamallapuram kaum Zeit, seine wenigen Habseligkeiten auszupacken, da verlangte die äußere Welt bereits wichtige Entscheidungen von ihm. Bei Einbruch der Dunkelheit führte ihn der Baumeister persönlich den Hügel hinauf zu der Höhle, in der während der letzten Monate die Steinbrecher an der rechten Tafel gearbeitet hatten – an der Tafel, die der Göttin Durga geweiht war und die unter der Schirmherrschaft von Prinz Narasimha stand.

Mit einer Fackel in der Hand studierte Arjun, was sich verändert hatte, seit er zuletzt in der Höhle gewesen war. Mahisha, der büffelköpfige Dämon, war bereits grob in den Stein gehauen, dazu einige der Kämpfer, doch die Kriegergöttin und der Löwe, auf dem sie ritt, hatte man als Kreidezeichnung stehen lassen.

»Durga ist nicht angerührt worden«, sagte der Baumeister, »weil dir die Zeichnung des großen Shiruttondar nicht gefallen hat. Gefällt sie dir immer noch nicht?«

Finster grübelnd betrachtete Arjun die Zeichnung.

»Nein? Gut. Der große Shiruttondar war wütend, als er hörte, dass ein junger Silpin aus dem Dekkan unzufrieden war mit seiner Göttin.« Der Baumeister lachte. »›Wer ist der Junge?‹, hat er geschrien. ›Was versteht ein Junge vom Krieg?‹ Als ich ihm sagte, dass du Kriegsgefangener warst und Elefantenreiter, wurde er blass. Du hättest es sehen sollen!« Der Architekt überschlug sich fast vor Vergnügen. Ganz offensichtlich konnte er den großen Shiruttondar nicht leiden. Vielleicht war das der Grund, weshalb er Arjun diesen wichtigen Auftrag gegeben hatte. Er brauchte jemanden, der unbefangen und mutig genug war, gegen den großen Shiruttondar, einen Liebling des Prinzen, anzugehen und ihn zu kritisieren. Arjun hatte diese Möglichkeit bereits bedacht, aber es war ihm egal. Früher hatte er sich sehnlichst gewünscht, Gandiva zu reiten. Jetzt trieb es ihn mit ähnlicher Leidenschaft wieder zur Bildhauerei.

Beim Schein der Fackel taxierte Arjun jeden Ausschnitt der Steintafel. Am besten fand er die angedeutete Figur eines Mannes, der kopfüber zwischen der Göttin und dem Dämon hing. Mit dieser ungeschützten Stellung hatte Shiruttondar die leidvolle Lage darstellen wollen, in der die Menschheit zwischen Gut und Böse schwebte. Kein Wunder, dass er mit seiner Kunst Gefallen fand beim Prinzen und anderen königlichen Gönnern, die selbst Künstler und Musiker waren.

Auf der Kreidezeichnung trug Durga ein Karana Mukuta – einen hoch aufgetürmten königlichen Kopfputz –, üppigen Halsschmuck und einen mit Juwelen besetzten Gürtel. Das war gut. Ihre Gestalt war in die Länge gezogen, ihr Gesicht herzförmig. Das war gut. In ihren vier Armen hatte sie Waffen, sie stand vorgebeugt in grimmiger Angriffshaltung gegen den Dämon, der mit einer mächtigen Keule bewaffnet war. Da stimmte etwas nicht.

Er drehte sich um und betrachtete die Steintafel auf der gegenüberliegenden Wand – die Oberfläche hatte bereits den letzten Schliff erhalten, war poliert und wartete auf eine Gipsgrundierung für den Farbauftrag. Gott Vishnu, etwa in der Größe eines Tigers, ruhte in göttlichem Trancezustand auf der mächtigen Kobra Ananta, von deren tausend Köpfen fünf den Gott beschirmten. Die Windungen der Unendlichen standen für den Kreislauf der Zeit. Am Ende jedes Kreises wurde das Universum vernichtet, doch hielt Ananta kosmische Macht für Gott Vishnu in Reserve. Auf diese Weise wurde die Welt immer wieder neu erschaffen und die Zeit ging weiter und weiter.

Das gemeißelte Bild war ausdrucksstark, überzeugend, wenn auch vielleicht etwas zu steif für Arjuns Geschmack. Doch König Mahendravarman war gut bedient worden von seinen Künstlern.

Gespannt beobachtete der Baumeister seinen jungen Silpin. »Sag, Arjun, hast du etwas gelernt von dem Bhagavan?«

»Man kann nicht mit ihm zusammen sein und nichts lernen.«

»Was hast du gelernt?«

»Eins ganz bestimmt. Dass ich sehr wenig weiß.«

Der Baumeister lächelte. »Ich hoffe, du weißt noch, wie man ein Bild meißelt. Bist du soweit und kannst anfangen?«

»Kann die Arbeit eine Weile weitergehen, ohne dass ich mit der Göttin beginne?«

»Soll das heißen, du bittest um Aufschub?«

»Ja, Meister. Ich bin noch nicht soweit.«

Der Baumeister zog die Schultern hoch und ging zum Eingang der Höhle. Dort drehte er sich um und verkündete grimmig: »Ich setze mein Vertrauen in dich, jung wie du bist. Ich lass dich tun, was du willst. Falls du mich aber im Stich lässt, wirst du wünschen, du hättest in deinem Leben keinen Meißel auch nur angefasst.«

Verheiratete tamilische Bildhauer lebten in einem kleinen Dorf an der Küste nördlich von Mamallapuram. Ihre unverheirateten tamilischen Kollegen teilten sich kleine Steinhäuschen weiter im Landesinnern, und Silpins fremder Herkunft wohnten zusammen in Hütten aus Flechtwerk und Palmstrohdächern westlich der ratha-Tempel. Arjun war in einer der Hütten untergebracht, zusammen mit einem wortkargen Bildhauer aus Pandya, der freiwillig hier war, und einem lustigen Burschen aus Andhra. Der aus Andhra erzählte, indem er seine Worte mit Seufzern und stillvergnügtem Lachen ausmalte: »Ich war in Pishtapura, als die Stadt von eurer Armee eingenommen wurde. Ihr hattet doch dieses Ramm-Ding, diese Schildkröte? Was für eine starke Schildkröte! Eure Elefanten haben sie mitten durch den Pfeilhagel gezogen und das Tor zertrümmert. Was für Elefanten! Sie haben euch den Sieg gebracht.Ich bin mit Prinz Manchanna Bhattaraka geflohen, der eigentlich mein Schirmherr sein sollte – immerhin habe ich ihm zehn Jahre gedient! Ach, ein schöner Schirmherr! Einschmeicheln wollte er sich bei den Tamilen und hier Asyl finden, deshalb hat er mich Mamalla Narasimha als Geschenk angeboten. Das Geschenk wurde natürlich angenommen. Narasimha will Ruhm! Und so bin ich hier und zerschinde mir die Hände bis auf die Knochen – für einen ehrgeizigen Prinzen, der nicht mal meine Sprache kann. Aber vielleicht verbessert solches Unglück ja mein Karma für das nächste Leben. Weiß Gott, das wäre nötig! Als was warst du in der Armee?«

»Als Mahout.«

»Dann bist du ja vielleicht auf einem der Elefanten geritten, die die Schildkröte gezogen haben! Aber das ist nicht möglich«, sagte der Mann aus Andhra und verzog das Gesicht. »Die Welt ist nicht so merkwürdig, als dass sie einen solchen Helden in diese schäbige Hütte zu mir stecken würde.«

Arjun hätte – in Erinnerung an seinen Freund Manoja, der behauptet hatte, das meiste gesehen und den Rest gehört zu haben – viel dazu sagen können, dass die Welt sehr wohl so merkwürdig war. Aber er sagte nichts.

Es war der gesellige Silpin aus Andhra, der eines Tages, kurz nach Arjuns Rückkehr in die Hütte gestürzt kam und fröhlich rief: »Komm mit und sieh dir die Heilige an! Unten am Strand ist eine ganze Schar, und sie tanzen und singen. Komm mit! Hast du schon mal eine Heilige gesehen?«

»Nein«, sagte Arjun mit einem Lachen.

»Also, dann ist das deine Gelegenheit«, sagte der Andhraner und zog Arjun am Arm.

Auf dem Weg zum Strand erklärte der Silpin, der über solche Dinge gut informiert schien, Arjun eine neue Form religiöser Verehrung. »Es wird Bhakti genannt, völlige Hingabe an Gott. Sowohl Shiva- wie Vishnu-Anhänger praktizieren es. Ich glaube, die verschiedenen Sekten sind sich nur in einem einig – in ihrer Angst vor den Buddhisten.« Er lachte. »Jede Sekte wird von ein paar Heiligen angeführt. Ach was, es sind mehr als nur ein paar. Allein bei den Vishnu-Anhängern gibt es eine Unmenge. Da ist eine Frau aus Karaikal, deren Namen ich nicht mehr weiß. Da ist ein Unberührbarer, der Nandanfrom Adanur genannt wird und der aus ich-weiß-nicht-woher kommt. Die Tamilen sagen, es ist auch ein General dabei, der das Kriegshandwerk aufgegeben hat für Gott. Und dann Appar aus Triuvamur. Nachdem man ihn wegen Zersetzung der Regierung gefoltert hatte, überzeugte er Prinz Narasimha von Gott Shivas Macht. Deshalb ist unser ehrgeiziger Prinz ein so eifriger Shiva-Anhänger geworden, hast du das gewusst? Ist es nicht erstaunlich? Erst foltert man einen Menschen, dann verehrt man ihn!«

Im Gehen fuhr der Andhraner in seinem Vortrag fort: »Und dann ist da ein Brahmane aus Tanjore, der als Dreijähriger die Milch des Wissens aus den göttlichen Brüsten der Göttin Parvati gesogen hat, er wurde in einer mit Perlen besetzten Sänfte durch das ganze Land getragen, und als er sechs war, hat er die Gelehrten in der Kunst des Debattierens übertroffen. Jemand hat mir gesagt, dieser Kerl habe nichts aus seiner Vergangenheit zu bereuen, sondern sei von völliger Reinheit – was immer das heißen mag. Und dann gab es da Tirumalishai. Bei der Geburt war er ein formloser Klumpen Fleisch, den seine Mutter im Stich ließ, weil er ihr lästig war, und der dann von einer Unberührbaren aufgezogen wurde. Ich glaube, er hat Gedichte geschrieben. Und ein anderer war Straßenräuber, der sich zu Gott bekehrt hat, nachdem eins seiner Opfer ihm verziehen hatte. Und dann gab es Tiruppan, einen Sänger aus dem niedrigsten Stand, der dafür bekannt wurde, dass er Lieder schrieb, die jeder singen konnte. Die Heilige, die wir heute hören, ist seine Schülerin – eine der zwölf Alvars, die durch das Land ziehen und Gott Vishnu preisen. Siehst du, irgendwo hier, in *diesem* Haufen!«

Während der weitschweifigen Rede über Bhakti und seine Kulte hatten die beiden den Strand erreicht. Der Andhraner zeigte auf eine Menschenmenge, die sich um jemanden drängte, der im Sand saß. Flüchtig erkannte Arjun die im langen Haar einer Frau eingeflochtenen Blumen, Armreifen an den schmalen Armen, deren Haut mithilfe von Sandelholzpaste zu einem dunklen Schokoladenbraun gefärbt war. Bevor er genauer hinsehen konnte, lösten sich drei Tänzer aus der wogenden Menge und schüttelten sich leidenschaftlich, als seien ihre Knochen aus den Gelenken gesprungen. Während des Tanzes tobten die Zuschauer vor Begeisterung. Trommeln wurden geschlagen, Flötenspiel erklang, die Tänzer klopften dumpf mit den Füßen auf den Sand und machten Handzeichen, die religiöse Bedeutung hatten: Anbetung und Beteuerung, ausgedrückt durch Finger und Handflächen in den verschiedenen Stellungen von ahbaya und chinmudra und bhumisparsha und karana.

Die Zuschauer schwankten und taumelten vor Verzückung, als der Tanz schließlich zu Ende war.

Wieder ertönte die Flöte, es war ein lang anhaltender, vibrierender Ton, der wie Rauch in die dämmrige Luft aufstieg. Die Menge wurde mit einem Schlag ruhig.

Dann fing eine Stimme zu singen an.

Arjun stand wie angewurzelt.

»Was ist?«, flüsterte sein Kamerad. »Was hast du, Arjun? Arjun! Du siehst so ...«

Arjun bahnte sich einen Weg durch die Menge.

Die Stimme – konnte das ihre sein? Die Erinnerung an Gauris Stimme war so lebhaft, als würde er – viele Jahre früher – neben dem Dorfteich stehen und den lieblichen Klang in der Ferne hören, als würden sich Bauern, die mit ihren Ochsen auf dem Heimweg waren, danach umdrehen, Frauen innehalten beim Erbsenschälen und Kinder aufhören mit ihrem Ballspiel.

Als sich Arjun bis nach vorn durchgedrängt hatte, fiel sein Blick auf eine Stirn, die zu Ehren Gott Vishnus mit einer geraden roten Linie aus Kumkum-Pulver bemalt war. Zwei Augen sahen ihn an – ohne Erkennen.

Arjun wandte sich ab und schob sich aus der Menge. Der Andhraner kam und griff nach Arjuns Arm. »Einen Augenblick habe ich geglaubt, du bist verrückt geworden oder du hast dich den Jüngern der Heiligen angeschlossen – was vielleicht das Gleiche ist. Aber du bist doch wieder normal?«

Arjun nickte.

»Ich dachte, du kennst die Frau vielleicht?«

»Ich dachte es wirklich.«

Der Andhraner seufzte. »Leute wie ich und du, wir kommen so viel im Land herum, dass wir wohl viele Gelegenheiten haben, Familienangehörigen oder alten Freunden zu begegnen. Gesichter tauchen aus der Menge auf, hier eins und dort eins, und für einen Augenblick lebt man ganz in der Erinnerung. Dann merkt man es auf einmal. Und es tut weh, wenn man merkt, dass man sich getäuscht hat.«

Arjun drehte sich nach dem Andhraner um und sah ihn an. »Jetzt hast du so wahr gesprochen, wie ich es noch nie gehört habe.«

In dieser Nacht lag Arjun wach und malte sich aus, wie es anders hätte ausgehen können. Die umherziehende Heilige wäre tatsächlich Gauri gewesen. Sie hätten sich miteinander auf ein Stück Treibholz gesetzt und hätten in den Vollmond geschaut, der sein Licht über die Wellen breitete.

Sie gab zu: Sprechen hatte sie immer können, doch hatte sie auf den richtigen Moment gewartet etwas zu sagen. Als er nicht kam, war sie stumm geblieben. Sie hatte selbst dann nicht gesprochen, als die Banditen sie in ein reiches Haus verkauften, wo sie Böden fegen und Stoff weben musste. Dann zog eines Tages ein Mann singend durch den Ort. Sie war zur Straße gegangen und hatte ihn vorbeigehen sehen. Er trug ein Lendentuch und hatte einen Stock in der Hand. Kinder umkreisten ihn und liefen lachend und singend hinter ihm her. Gauri folgte dem Mann und als die Nacht kam, folgte sie ihm noch immer. Er gab ihr zu essen, und am nächsten Morgen, als er singend aufstand, sang auch sie – ein Lied mit Worten, seinen Worten, ein Lied, das Gott Krishna pries. So war sie ihm die ganze Zeit über gefolgt, und als er starb, war sie seinen Weg weitergegangen, sah, was er gesehen hatte, pries, was er gepriesen hatte, sang seine Lieder, lehrte die Verzückung des Geistes in der Hingabe an Gott – so wie er es gelehrt hatte. Und auf diese Weise würde sie auch den Rest ihres Lebens verbringen.

Nach dieser Erzählung hätte Arjun sich zu ihren Füßen niedergeworfen und sie um ihren Segen gebeten, denn sie hatte das göttliche Selbst in ihrem Innern gefunden. Danach hätte sie ihn am Strand stehen lassen und wäre zu ihrer Anhängerschar gegangen, die geduldig auf sie gewartet hatte. Und er würde die heilige Gauri nie wieder sehen.

Am Ende dieses Wachtraums hatte Arjun Tränen in den Augen. Es war eine ausgedachte Begegnung, die er in Ehren halten wollte, doch Arjun wusste, der Bhagavan hätte darüber gelacht.

»Törichter Traum eines Jungen«, hätte der Meister gegrummelt. »Denk allein an dhyana.«

Aber Arjun dachte an etwas ganz anderes. Religiöse Hingabe und strenge Meditation hatten wenig mit ihm zu tun. Das war nicht sein Weg. Er wusste nicht einmal, wohin der Weg führen sollte. Und wie ein mächtiger Felsblock in eine genau passende Mulde rollt, so richtete sich von diesem Augenblick an Arjuns Aufmerksamkeit nur noch auf den einen Gedanken: Er würde die Göttin Durga in Stein meißeln.

25

Der echte Guru* kann eine offene Seele ohne Hilfe von Wörtern dahin bringen, endlos, aber lautlos das Mantra zu hören: ›Tat tvam asi‹ – Das bist du –, welches das Bewusstsein mit dem gesamten Universum verbindet.

So hatte ihm der Bhagavan gesagt.

Doch Arjun hatte das nie so empfunden, und erst recht nicht jetzt, als er den Hügel zur Durga-Höhle hinaufstieg. Sein Bewusstsein war nur auf eines gerichtet – auf eine Felswand. Steinbrecher waren bereits an der Arbeit, wirbelten Staub auf und ließen ihre Hämmer auf die Meißel krachen. Links neben dem Eingang lag Gott Vishnu in Trance und wartete auf den richtigen Zeitpunkt, um die Welt neu zu erschaffen. An der Wand gegenüber musste die Göttin Durga einen Dämon bezwingen, der so Furcht einflößend war, dass er die Götter aus dem Himmel vertrieben hatte. Ein Mensch hing kopfüber in einer Pose der Hilflosigkeit, was die Gewaltherrschaft des Bösen und das menschliche Bedürfnis nach göttlicher Hilfe unterstrich. Die Krieger in Durgas Begleitung waren kleine, dicke Gestalten. Einer war bereits gefallen; die anderen würden ihm bald folgen. Durga auf ihrem Löwen musste den büffelköpfigen Mahisha ganz allein besiegen. Shiruttondar hatte ihr vier Arme gegeben, in jeder Hand hielt sie eine Waffe: einen Diskus, einen Dolch, ein Schwert, einen dreizackigen Speer.

Um besser nachdenken zu können, verließ Arjun die Höhle und ging hinunter ans Meer; lange blieb er stehen und sah auf das blaue Wasser hinaus.

Auf das Meer starrend sah er bald nichts mehr als Männer in der Schlacht, verzerrte und verrenkte Körper, die schlugen und geschlagen wurden. Der Dämon wich vor der heranstürmenden Göttin zurück, doch die mächtige Keule in seinen Händen war zum Schwung erhoben. Viele Male hatte Arjun diese Verteidigungshaltung gesehen. Unterlegene Krieger erhoben sich zu einem letzten ungestümen Schwung, ehe sie in kopfloser Flucht davonjagten. Das Relief auf der Steintafel erzählte vom Getöse des Krieges, vom Kitzel der Verfolgung, von der Trostlosigkeit des Rückzugs. Er dachte an den eigenen sonderbaren Begeisterungstaumel, als er in die Schlacht gezogen war. Genau so musste Durga diese Mischung aus Gelassenheit, Grimm und Freude ausdrücken, wenn sie sich gegen einen Feind stellte, der sich zu einem letzten, verzweifelten Duell aufgerichtet hatte.

Gelassen, grimmig, freudig. Alles zusammen. Sie musste den siegesgewissen Ausdruck eines großen Kriegers zeigen.

Arjun fühlte sich frei von der Vergangenheit, er dachte nur an Mahishasuramardini – die Vernichterin des Mahisha –, die Kriegermutter, die die Götter wieder in den Himmel einließ.

Alles war ihm plötzlich klar.

Durga musste mehr als vier Arme haben. Sie brauchte noch vier dazu. Sie brauchte insgesamt acht Arme, um ihre göttliche Macht zu demonstrieren. Ein Kranz aus acht Armen, der sie umwirbelte wie ein Feuerring.

Arjun warf die Arme hoch und schickte einen Schrei in den wolkenlosen Himmel. Leute, die am Strand entlangschlenderten, sahen verwundert dem jungen Mann nach, der in wilden Sprüngen zu den Granithügeln westlich der Stadt hinaufrannte.

Wochen, Monate, ein Jahr, zwei ganze Jahre widmete sich Arjun der Vision, die ihm am sandigen Strand von Mamallapuram gekommen war.

Um ungestört zu sein, schlief er tagsüber und arbeitete nachts. Im ersten Stadium ließ er einen Gehilfen den schweren Hammer schwingen, während er selbst den Meißel hielt. Später, als der grobe Entwurf fertig war, arbeitete er mit kleinem Hammer und Spitzmeißel allein weiter, um den Stein scheibchenweise und glatt aus der Wand zu schlagen. Dann, für die Feinarbeit, ging er zu Kreuzmeißel und Flachmeißel über. Nach endlosen Stunden des Hämmerns zeigten sich langsam, aber deutlich die Züge einer lebensgroßen Göttin. Silpins und Tempelfeger, erfüllt von ehrfürchtiger Scheu vor Arjuns unnachgiebiger Konzentration, kamen vorbei und sahen zu, wie sich im Fackellicht auf der grauen Oberfläche des Steins allmählich eine Durga erhob – grimmig und heiter gelassen.

Zwei ihrer acht Arme waren tiefer eingeschlagen als die andern und vermittelten deshalb eine stärkere Wirklichkeitsnähe. Ein markanter linker Arm, weit ausgestreckt, umfasste einen Bogen. Ein rechter Arm war angewinkelt, wie um einen Pfeil abzuschießen. Weder der Pfeil noch die Bogensehne waren dargestellt. Die anderen sechs Hände hielten einen dreizackigen Speer, eine Glocke, einen Dolch, ein Seil, einen Diskus und ein Schwert. Arjun hatte die Göttin auf den Löwen gesetzt wie einen Chalukyer Kavalleristen: Rücken nach hinten gewölbt, Oberschenkel fest an die muskulösen Flanken des Tiers gepresst.

Wenn Arjun nicht arbeitete oder schlief, meditierte er und machte Yoga- und Atemübungen. Er tat es nicht, um die Innenwelt zu finden, sondern um Verbindung zur Außenwelt zu halten. Das tiefe Schweigen, die starke Konzentration und ständige Selbstbeherrschung erfrischten seinen Sinn und Körper jedes Mal, wenn er sich an die Arbeit machte.

Oft kam der Baumeister und betrachtete prüfend die Steintafel. Manchmal murmelte er etwas, bevor er wieder ging.

Arjun träumte allmählich von Durga: Ihre Arme vervielfältigten sich zu dutzenden schwankender Äste wie die eines riesigen Baums im Sturm. Manchmal hatte die Göttin etwas Freundliches an sich, doch manchmal, wenn ihr Gesicht drohend aus der Dunkelheit eines Alptraums auftauchte, erinnerte es ihn an sterbende Männer in der Schlacht – dann erwachte er jäh und war überrascht vom Laut seines eigenen Schluchzens.

Trotz allem arbeitete er mit besessener Tatkraft weiter.

Er hatte die Polierphase erreicht, als eines Morgens kurz nach Tagesanbruch ein Besucher auftauchte. Arjun stand über Durgas Hand mit dem Schwert gebeugt und bearbeitete gerade mit einem Schleifstein aus Quarz die zusammengepressten Finger.

Der junge Silpin hörte hinter sich ein Rascheln, er drehte sich um und sah einen kleinen, dunklen, verhutzelten Mann im Eingang kauern. Weil sich der Mann nicht vorstellte, wandte sich Arjun wieder der Arbeit zu. Fast hatte er die Gegenwart des Besuchers vergessen, da sagte eine schneidende Stimme hinter ihm: »Es ist kein Pfeil da und keine Sehne am Bogen.«

Arjun drehte sich nach dem Mann um.

»Du hast sie weggelassen und ich weiß warum. Sie würden den Blick vom Bogen ablenken, der gerade gespannt wird.«

Arjun legte seinen Quarzstein weg und setzte sich auf den Boden, den Rücken gegen die kalte Steinwand gelehnt. »Wer seid Ihr?«

»Ein Mann aus Madurai in Pandya.«

Arjun hatte schon vermutet, dass es wohl Shiruttondar sein müsse – Shiruttondar, die wertvolle Gabe eines unterlegenen Königs an den Hof der Pallavas. Er faltete respektvoll die Hände. »Willkommen, Shri Shiruttondar.«

Auf diese Weise erkannt, erhob sich der Künstler und ging vor der Durga auf und ab. »Ich war nicht glücklich, als ich erfuhr, dass du meinen Entwurf geändert hast. Aber das musst du verstehen.«

Arjun nickte.

»Ich war wütend, als ich daran dachte, dass ein so unerfahrener junger Mann, kaum mehr als ein Junge, es wagte, mich zu korrigieren. Dann hörte ich immer mehr Einzelheiten über deine Arbeit, sodass mich die Neugier hergetrieben hat.« Lange sagte er nichts mehr, sondern ließ seinen kritischen Blick von einem Ausschnitt des Reliefs zum andern schweifen. Mit einem jähen Seufzer drehte er sich nach Arjun um und erklärte schroff: »Dem König wird es nicht gefallen.« Wieder studierte er den Stein.

Arjun wartete geduldig auf das bevorstehende Urteil.

Plötzlich streckte der gestrenge Mann aus Madurai die Hände aus. »Die Luft um ihre Arme herum ist voller Getöse!« Er drehte sich um und lächelte Arjun zu. »Du machst dem Stein Ehre. Es war richtig, dass du noch vier Arme hinzugefügt hast. Deine Durga ist wundervoll. Ihr Körper stürzt sich wütend ins Unheil der Schlacht, doch ihr Gesicht drückt Freude aus. Dem König wird es nicht gefallen, weil es den Vishnu, den seine Silpins gestaltet haben, dumpf und schwerfällig macht. Doch der Prinz wird dich belohnen. Sei dessen gewiss. Du hast ihm den Sieg über seinen Vater beschert.« Shri Shiruttondar legte einen Finger an die Unterlippe und betrachtete die Skulptur ein letztes Mal. »Wer ist sie?«

»Ich verstehe nicht?«, sagte Arjun.

»Das Modell für deine Durga.«

»Es gibt kein Modell.«

Shiruttondar runzelte die Stirn. »O doch. Aber vielleicht weißt du es nicht. Du hast im Granit ein flüchtiges Lächeln festgehalten. Du hast ein Gesicht voller Rätsel eingefangen. Keiner wird je hier stehen, ohne sich zu fragen, wer diese Frau war. Das ist dein Werk, Silpin. Erzähl mir also nicht, es gibt kein Modell.«

Lange nachdem Shiruttondar die Höhle verlassen hatte, sah Arjun sein Werk forschend an. Steckte in Durgas Gesicht das Gesicht Gauris? Es schien ihm eher so, als könne er aus dem Sumpf seiner Erinnerung keinen einzigen Gesichtszug seiner Schwester hervorholen.

Doch als er jetzt den Stein betrachtete, erkannte Arjun etwas, das ganz ohne Absicht in sein Bild eingeflossen war. Es war nicht Erinnerung, sondern etwas Neues – eine Vision, einzigartig und vergänglich wie ein Büffel, der knietief in einem Teich steht, eine Schar Krähen, die als schwarze Wolke von einem Feld aufsteigt. In der Höhle von Ajanta, als er einem

Künstler bei der Arbeit zugesehen hatte, hatte er zu seinem Freund Karna gesagt: »Was vorher nicht da war, ist jetzt da. Und was da ist, gleicht nichts anderem.«

Arjun trat dicht vor die gemeißelte Wand und sah die Göttin Durga aufmerksam an. Befriedigt darüber, dass seine Skulptur diesen kleinen Teil der Welt verändert hatte, wurde ihm endlich bewusst, dass er genau dafür so lange Zeit gearbeitet hatte. Arjun nahm den Quarzstein und polierte weiter.

Worterklärungen

Mahabharata — Sanskrit-Epos, eine der bedeutendsten indischen Erzählungen. Es handelt von dem blutigen Bruderkrieg zwischen den Kaurava- und den Pandavaprinzen.

Die Veden — Name der ältesten heiligen Schriften der Inder (bis 1250 v. Chr. zurückreichend).

Sarong — Rockähnliches Kleidungsstück.

Rigveda — Ältester Teil der Veden und ältestes Denkmal indischer Literatur.

Sloka — Zweizeiler zu je 32 Silben.

Chalukyer — Indische Dynastie, die vom 6. bis 8. Jahrhundert im Dekkangebiet herrschte.

Karma — Gesetz im Hinduismus, wonach das Leben eines Menschen die Folge seiner Handlungen in einem früheren Leben darstellt.

Ashram — Sanskrit: Ort der religiösen Bemühung.

Puja — Gebete zur rituellen Reinigung.

Guru — Sanskrit: Ehrwürdiger Lehrer. In Indien der geistliche Lehrer und Führer zum Heilsweg.

Die im Buch beschriebenen Steinmetzarbeiten

1. Ganges-Relief (vgl. Seite 236)

Unter einem großen Bullen drängten sich vier Kälber, und hinter ihnen kam eine Kuh ohne Stoßzähne. In der Größe reichte der Bulle an Gandiva heran, wenn auch seine Stoßzähne nicht ganz so lang waren. Die glatte Granitoberfläche, auf der der Elefantenbulle wie ein schützender Baum über seinen Nachkommen stand, schimmerte in der Nachmittagssonne. Arjun trat näher heran und strich über den kühlen Stein, so wie er früher über die warme Haut seines Gajas gestrichen hatte. Obwohl Kopf und Gesicht aus Stein waren, sah Arjun dahinter das Bild seines Freundes aus der Erinnerung aufsteigen: die langen, mädchenhaften Augenwimpern, die klugen kleinen Augen, die vorstehende Unterlippe, das feuchte, rosa Maul, und der Rüssel, der sich wie eine Ranke rollte.

Hier war kein Atem, aber er hörte es atmen. Für immer hob die Elefantenkuh ihr linkes Vorderbein und folgte Gandiva. Sie hatten vier Kälber, pummelig und zufrieden.

2. Durga-Relief (vgl. Seite 271)

Zwei ihrer acht Arme waren tiefer eingeschlagen als die andern und vermittelten deshalb eine stärkere Wirklichkeitsnähe. Ein markanter linker Arm, weit ausgestreckt, umfasste einen Bogen. Ein rechter Arm war angewinkelt, wie um einen Pfeil abzuschießen. Weder der Pfeil noch die Bogensehne waren dargestellt. Die anderen sechs Hände hielten einen dreizackigen Speer, eine Glocke, einen Dolch, ein Seil, einen Diskus und ein Schwert. Arjun hatte die Göttin auf den Löwen gesetzt wie einen Chalukyer Kavalleristen. Rücken nach hinten gewölbt, Oberschenkel fest an die muskulösen Flanken des Tiers gepresst.

Malcolm Bosse, geboren 1928 in Detroit, Michigan, lebt heute in Seattle im amerikanischen Bundesstaat Washington. Er ist Professor für Literatur. 1960 veröffentlichte er sein erstes Buch für Erwachsene. Sein erstes Jugendbuch erschien 1979. Viele seiner Bücher wurden ins Deutsche übersetzt. Für seinen dritten Jugendroman »Ganesh oder eine neue Welt« erhielt er 1983 den Deutschen Jugendliteraturpreis. Bei Hanser erschien 1997 der Roman »Die Prüfung oder die abenteuerliche Reise der Brüder Chen und Hong«.

In gleicher Ausstattung liegt vor:

Malcolm Bosse
Die Prüfung
oder die abenteuerliche Reise
der Brüder Chen und Hong
392 Seiten
ISBN 3-446-18237-3

China im 16. Jahrhundert. Chen und Hong sind zwei ungleiche Brüder, der eine versunken in die Lehre des Konfuzius, der andere fasziniert von Drachen- und Grillenkämpfen. Doch als Chen sein Wissen unter Beweis stellen und eine Karriere als Gelehrter anstreben möchte, ist er auf seinen Bruder angewiesen. Nur Hong kann es gelingen, den vergeistigten Chen sicher von Prüfung zu Prüfung zu bringen. Denn der Weg führt quer durch das riesige chinesische Reich bis ins ferne Peking. Wo sie hinkommen, lauern Gefahren.

Auf eine geradezu umwerfende Weise gelingt es dem Amerikaner Bosse, diese Welt des mittelalterlichen China lebendig zu machen. (...) Bosses Sprache ist unprätentiös, anschaulich und bildreich. Ihm gelingen ungemein dichte Beschreibungen von Landschaft und Menschen, ...

Süddeutsche Zeitung

»Die Prüfung« ist weit mehr als ein Abenteuerbuch, sie ist zugleich ein anspruchsvoller Bildungs- und Reiseroman. (...) Er stellt die Geschichte des Landes und das konfuzianische Denken ebenso brillant wie unaufdringlich dar. Dem Autor gelingt es, eine fremde Welt lebendig werden zu lassen.

Der Tagesspiegel